银行业专业人员职业资格考试辅导系列

风险管理(中级)

过关必做1000题(含历年真题)

(第2版)

主编:圣才学习网

www.100xuexi.com

中国石化出版社

内　容　提　要

本书是银行业专业人员职业资格考试科目“风险管理（中级）”过关必做习题集。本书遵循风险管理（中级）考试大纲的章目编排，共分为13章，根据《风险管理（中级）》教材内容及相关法律法规精心编写了约1000道习题，包括历年机考真题。所选习题基本涵盖了考试大纲规定需要掌握的知识内容，侧重于选编常考重难点习题，并对大部分习题进行了详细的分析和解答。

圣才学习网（www.100xuexi.com）提供银行业专业人员职业资格考试辅导方案【视频课程、电子书、题库等】。购书即可享受大礼包增值服务【本书电子书（手机版、电脑版）】。手机扫码（本书封底）领取本书大礼包。

图书在版编目（CIP）数据

风险管理（中级）过关必做1000题：含历年真题/圣才学习网主编. —2版. —北京：中国石化出版社，2019.6（2023.12重印）
ISBN 978-7-5114-5360-0

Ⅰ. ①风… Ⅱ. ①圣… Ⅲ. ①银行风险-风险管理-中国-资格考试-习题集 Ⅳ. ①F832.2-44

中国版本图书馆CIP数据核字（2019）第113433号

中国石化出版社出版发行
地址：北京市东城区安定门外大街58号
邮编：100011　电话：(010)57512500
发行部电话：(010)57512575
http://www.sinopec-press.com
E-mail：press@sinopec.com
武汉市盛宏源印务有限公司印刷
全国各地新华书店经销
*
787×1092毫米16开本13印张290千字
2019年7月第2版　2023年12月第2次印刷
定价：58.00元

序　言

为了帮助考生顺利通过银行业专业人员职业资格考试，我们根据考试大纲和指定参考教材精心编写了银行业专业人员职业资格考试辅导系列。

1. 银行业法律法规与综合能力(中级)过关必做1200题(含历年真题)

2. 银行业法律法规与综合能力(中级)历年真题与考前押题详解

3. 个人理财(中级)过关必做1200题(含历年真题)

4. 个人理财(中级)历年真题与考前押题详解

5. 公司信贷(中级)过关必做1000题(含历年真题)

6. 公司信贷(中级)历年真题与考前押题详解

7. 个人贷款(中级)过关必做1000题(含历年真题)

8. 个人贷款(中级)历年真题与考前押题详解

9. 风险管理(中级)过关必做1000题(含历年真题)

10. 银行管理(中级)过关必做1000题(含历年真题)

本书是银行业专业人员职业资格考试科目“风险管理(中级)”过关必做习题集。本书遵循风险管理(中级)考试大纲的章目编排，共分为13章，根据《风险管理(中级)》教材内容及相关法律法规精心编写了约1000道习题，包括历年机考真题。所选习题基本涵盖了考试大纲规定需要掌握的知识内容，侧重于选编常考重难点习题，并对大部分习题进行了详细的分析和解答。

购书即可享受大礼包增值服务。手机扫码(本书封底)领取本书大礼包。具体包括：本书电子书(手机版、电脑版)。

与本书相配套，圣才学习网提供银行业专业人员职业资格考试视频课程、电子书、题库。

圣才学习网(www.100xuexi.com)是一家为全国各类考试和专业课学习提供名师视频课程、电子书、题库等全方位教育服务的综合性学习型视频学习网站，拥有近100种考试(含418个考试科目)、194种经典教材(含英语、经济、管理、证券、金融等共16大类)，合计近万小时的面授班、网授班课程。

资格考试：www.100xuexi.com(圣才学习网)

考研辅导：kaoyan.100xuexi.com(圣才考研网)

圣才学习网编辑部

目　录

第一章　风险管理基础

一、单选题(下列选项中只有一项最符合题目的要求)

1. 下列选项中，(　　)揭示了在一定条件下资产的风险溢价、系统性风险和非系统性风险的定量关系，为现代风险管理提供了重要的理论基础。[2020 年 10 月真题]

A. 欧式期权定价模型　　B. 投资组合原理

C. 资本资产定价模型　　D. 套利定价模型

【解析】威廉·夏普等人在 1964 年提出的资本资产定价模型(CAPM)，揭示了在一定条件下资产的风险溢价、系统性风险和非系统性风险的定量关系，为现代风险管理提供了重要的理论基础。

2. 一般来说，如果影响小微企业贷款违约率指标的随机因素非常多，即每个因素所起的作用相对有限，各个因素之间又近乎独立，则小微企业贷款违约率指标可以近似看作服从(　　)。[2018 年 10 月真题]

A. 正态分布　　B. 二项分布　　C. 0－1 分布　　D. 泊松分布

【解析】在风险计量的理论研究和实际应用中，正态分布起着特别重要的作用。实际中遇到的许多随机现象都服从或近似地服从正态分布。例如，可以用正态分布来描述股票(或资产组合)每日收益率的分布。一般来说，如果影响某一数量指标的随机因素非常多，而每个因素所起的作用相对不太大，各个因素之间近乎独立，则这个指标可以近似看作服从正态分布。

3. 债务人或交易对手未能履行合同规定的义务或信用质量发生变化，影响金融产品价值，从而给债权人或金融产品持有人造成经济损失的风险属于(　　)。[2018 年 10 月真题]

A. 信用风险　　B. 操作风险　　C. 市场风险　　D. 流动性风险

【解析】信用风险是指债务人或交易对手未能履行合同规定的义务或信用质量发生变化，影响金融产品价值，从而给债权人或金融产品持有人造成经济损失的风险。

4. 某一投资组合由两种证券组成，证券甲的预期收益率为 8%，权重为 0.3，证券乙的预期收益率为 6%，权重为 0.7，则该投资组合的收益率为(　　)。[2016 年 11 月真题]

A. 6.6%　　B. 2.4%　　C. 3.2%　　D. 4.2%

【解析】资产组合的预期收益率为：$R_p = W_1R_1 + W_2R_2 = 8\% \times 0.3 + 6\% \times 0.7 = 6.6\%$。

5. 表 1－1 为 A、B、C 三种交易类金融产品每日收益率的相关系数。

假设三种产品标准差相同，则下列投资组合中风险最低的是(　　)。[2016 年 11 月真题]

A. 60% 的 A 和 40% 的 B　　B. 40% 的 B 和 60% 的 C

C. 40% 的 A 和 60% 的 B　　D. 40% 的 A 和 60% 的 C

1C　2A　3A　4A　5B

表 1－1　A、B、C 每日收益率的相关系数

	A	B	C
A	1		
B	0.85	1	
C	0.25	−0.5	1

【解析】如果资产组合中各资产存在相关性，则风险分散的效果会随着各资产间的相关系数有所不同。假设其他条件不变，当各资产间的相关系数为正时，风险分散效果较差；当相关系数为负时，风险分散效果较好。由表可知只有 BC 组合的相关系数为 −0.5，所以风险最低。

6. 商业银行外汇交易部门针对一个外汇投资组合过去 250 天的收益率进行分析，所获得的收益率分布为正态分布，假设该组合的日平均收益率为 0.1%，标准差为 0.15%，则在下一个市场交易日，该外汇投资组合的当日收益率有 95% 的可能性落在（　　）。［2018 年 10 月真题］

A. −0.05% ~0.1%　　B. −0.05% ~0.25%

C. 0.1% ~0.25%　　D. −0.2% ~0.4%

【解析】正态随机变量 X 的观测值落在距均值的距离为 1 倍、2 倍、2.5 倍标准差范围内的概率分别如下：$P(\mu-\sigma<X<\mu+\sigma)\approx68\%$；$P(\mu-2\sigma<X<\mu+2\sigma)\approx95\%$；$P(\mu-2.5\sigma<X<\mu+2.5\sigma)\approx99\%$。则当概率为 95% 时，可得 $-0.2\%<X<0.4\%$。

7.（　　）属于商业银行所面临的市场风险。［2016 年 5 月真题］

A. 商业银行无力为负债的减少或资产的增加提供融资而造成损失或破产的风险

B. 金融资产价格和商品价格的波动给商业银行表内、表外头寸造成损失的风险

C. 交易双方在结算过程中，一方支付了合同资金但另一方发生违约的风险

D. 由于人为错误、流程缺失给商业银行造成损失的风险

【解析】市场风险是指金融资产价格和商品价格的波动给商业银行表内头寸、表外头寸造成损失的风险。市场风险包括利率风险、汇率风险、股票风险和商品风险。

8. 假设投资者有两种金融产品可供选择，一是国债，年收益率为 5.5%；二是银行理财产品，收益率可能为 8%、6%、5%，其对应的概率分别为 0.2、0.6、0.2，则下列投资方案中效益最高的是（　　）。［2016 年 5 月真题］

A. 40% 投资国债、60% 投资银行理财产品

B. 100% 投资国债

C. 100% 投资银行理财产品

D. 60% 投资国债、40% 投资银行理财产品

【解析】银行理财产品预期收益率：$E(R)=p_1r_1+p_2r_2+p_3r_3=0.2\times8\%+0.6\times6\%+0.2\times5\%=6.2\%$。根据资产组合的收益率公式 $R_p=W_1R_1+W_2R_2$：A 项，收益率为 5.92%；B 项，收益率为 5.5%；C 项，收益率为 6.2%；D 项，收益率为 5.78%。

9. 商业银行在贷款审批时，如要求借款人提供第三方信用担保，这种做法属于（　　）管理

6D　7B　8C　9B

策略。［2023 年 10 月真题］

A. 风险补偿　B. 风险转移　C. 风险对冲　D. 风险规避

【解析】风险转移是指通过购买某种金融产品或采取其他合法的经济措施将风险转移给其他经济主体的一种策略性选择。风险转移可分为保险转移和非保险转移，其中，担保属于非保险转移。

10. 通过分析过去三个月内英镑兑美元的汇率，得到汇率均值为 1 英镑 = 1.64 美元，汇率波动标准差为 250 个基点。假设英镑兑美元的汇率波动基本符合正态分布，则预期未来三个月中，英镑兑美元的汇率有 95% 的可能性处于(　　)美元之间。［2015 年 10 月真题］

A. 1.565 ~ 1.750　B. 1.590 ~ 1.690

C. 1.615 ~ 1.665　D. 1.540 ~ 1.740

【解析】若随机变量 X 的概率密度函数为：$f(x)=\frac{1}{\sigma\sqrt{2\pi}}e^{-\frac{1}{2}\left(\frac{x-\mu}{\sigma}\right)^2}(-\infty<x<+\infty)$，其中，$\sigma>0$，$\mu$ 与 σ 均为常数，则称 X 服从参数为 μ、σ 的正态分布，记为 $N(\mu,\sigma^2)$，μ 是正态分布的均值，σ^2 是方差。$P(\mu-2\sigma<X<\mu+2\sigma)\approx 95\%$，表示正态随机变量 X 有 95% 的可能落在均值左右两个标准差之间。本题中，$\mu=1.64$；一个基点表示 0.01%，则 $\sigma=0.025$，则该题英镑兑美元的汇率有 95% 的可能性处于 1.59 ~ 1.69 美元之间。

11. 权威信用评级机构将一家受金融危机影响的 AAA 级企业改评为 AA 级，则表明与该企业发生业务往来的商业银行所面临的(　　)增加。［2015 年 10 月真题］

A. 声誉风险　B. 操作风险　C. 信用风险　D. 法律风险

【解析】信用风险是指债务人或交易对手未能履行合同规定的义务或信用质量发生变化，影响金融产品价值，从而给债权人或金融产品持有人造成经济损失的风险。该企业的评级下降会使与该企业发生业务往来的商业银行所面临的信用风险增加。

12. 商业银行通常设定贷款投放的行业比例，这种做法属于(　　)策略。［2015 年 10 月真题］

A. 风险转移　B. 风险规避　C. 风险分散　D. 风险对冲

【解析】风险分散是指通过多样化投资分散并降低风险的策略性选择。根据多样化投资分散风险的原理，商业银行信贷业务应是全方位、多种类的，而不应集中于同一业务、同一性质甚至同一个借款人。

13. 商业银行发放贷款时，未严格执行先落实抵押手续、后放款的规定，致使贷款处于无抵押的高风险状态，此类风险事件属于(　　)类别。［2015 年 5 月真题］

A. 操作风险　B. 流动性风险　C. 法律风险　D. 市场风险

【解析】操作风险可分为人员因素、内部流程、系统缺陷和外部事件四大类别。其中，内部流程方面表现为流程不健全、流程执行失败、控制和报告不力、文件或合同缺陷、担保品管理不当、产品服务缺陷、泄密、与客户纠纷等。银行未严格执行“先落实抵押手续、后放款”的规定，属于该商业银行流程执行失败。

10B　11C　12C　13A

14. 在现代金融风险管理实践中，关于商业银行经济资本配置的表述，最不恰当的是（　　）。［2023年6月真题］

A. 对不擅长且不愿意承担风险的业务可提高风险容忍度和经济资本配置

B. 经济资本的分配最终表现为授信额度和交易限额等各种业务限额

C. 经济资本的分配依据董事会制定的风险战略和风险偏好来实施

D. 对不擅长且不愿意承担风险的业务，设立非常有限的风险容忍度并配置非常有限的经济资本

【解析】A项，对于不擅长且不愿承担风险的业务，商业银行对其配置非常有限的经济资本，并设立非常有限的风险容忍度，迫使业务部门降低该业务的风险暴露，甚至完全退出该业务领域。

15. 在现代商业银行风险管理实践中，风险规避策略主要通过（　　）来实现。［2021年6月真题］

A. 减少经济资本配置

B. 降低风险暴露

C. 风险转移

D. 设定止损限额

【解析】风险规避是指商业银行拒绝或退出某一业务或市场，以避免承担该业务或市场风险的策略性选择。在现代商业银行风险管理实践中，风险规避可以通过限制某些业务的经济资本配置实现。

16. 关于商业银行流动性风险与其他风险的相互作用关系，下列表述错误的是（　　）。［2023年10月真题］

A. 操作风险不会对流动性造成显著影响

B. 声誉风险可能削弱存款人的信心而造成大量资金流失，进而导致流动性困难

C. 承担过多的信用风险会同时增加流动性风险

D. 市场风险会影响投资组合产生流动资金的能力，造成流动性波动

【解析】A项，流动性风险的产生除了因为商业银行的流动性计划不完善之外，信用、市场、操作等风险领域的管理缺陷同样会导致商业银行流动性不足，甚至引发风险扩散，造成整个金融系统出现流动性困难。

17. 假设下列银行贷款的债务人为同一客户，则这几种贷款中风险最大的是（　　）。［2014年11月真题］

A. 贷款金额为2000万元且可收回率为40%

B. 贷款金额为1000万元且无任何担保

C. 贷款金额为1100万元且有保证担保

D. 贷款金额为2200万元且可收回率为50%

【解析】风险通常采用损失的可能性以及潜在的损失规模来计量。A项，估计贷款违约后的损失金额 = 2000 ×（1 − 40%）= 1200（万元）；B项，可能产生的最大损失为1000万元；C项，可能产生的最大损失为1100万元；D项，估计贷款违约后的损失金额 = 2200 ×（1 − 50%）= 1100（万元）。由此可见，A项的贷款风险最大。

14A　15A　16A　17A

18. 下列不属于商业银行代理业务中的操作风险的是(　　)。[2014 年 11 月真题]

A. 代客理财产品由于市场利率波动而造成损失

B. 客户通过代理收付款进行洗钱活动

C. 委托方伪造收付款凭证骗取资金

D. 业务中贪污或截留代理业务手续费

【解析】操作风险是指由不完善或有问题的内部程序、员工、信息科技系统以及外部事件所造成损失的风险。A 项属于商业银行代理业务中面临的市场风险。

19. 某银行为争取客户资源开发了一种新的理财产品，但该理财产品存在的设计缺陷可能给银行带来巨大损失。该情况对应的操作风险成因属于(　　)类别。[2018 年 10 月真题]

A. 外部事件　　B. 内部流程　　C. 人员因素　　D. 系统缺陷

【解析】操作风险可分为人员因素、内部流程、系统缺陷和外部事件四大类别。其中，内部流程方面表现为流程不健全、流程执行失败、控制和报告不力、文件或合同缺陷、担保品管理不当、产品服务缺陷、泄密、与客户纠纷等。

20. 商业银行计划推出 A、B、C 三种不同金融产品。预期在不同市场条件下，三种产品可能产生的收益率分别为 5%、10%、15%，产生不同收益率的可能性如表 1－2 所示。

表 1－2　A、B、C 产生不同收益率的可能性

预期与情景	收益率	可能性		
		A	B	C
低于市场预期	5%	25%	50%	25%
正常市场条件	10%	50%	0	25%
高于市场预期	15%	25%	50%	50%

根据上表，商业银行如果以预期收益率作为决策依据，下列描述正确的是(　　)。[2014 年 11 月真题]

Ⅰ. A 和 B 具有同样的预期收益水平

Ⅱ. A 和 B 的预期收益率同为 10%，C 的预期收益率为 11.25%

Ⅲ. C 的预期收益水平最高，因此可以作为最佳选择

Ⅳ. A 和 B 的组合是一种良好的风险转移策略

A. Ⅰ、Ⅲ　　B. Ⅱ、Ⅲ　　C. Ⅰ、Ⅳ　　D. Ⅰ、Ⅱ

【解析】通过预期收益率和方差可判断金融产品的收益与风险：A 的预期收益率 $=0.25\times5\%+0.5\times10\%+0.25\times15\%=10\%$，方差 $=0.25\times(5\%-10\%)^2+0.5\times(10\%-10\%)^2+0.25\times(15\%-10\%)^2=0.00125$；B 的预期收益率 $=0.5\times5\%+0.5\times15\%=10\%$，方差 $=0.5\times(5\%-10\%)^2+0.5\times(15\%-10\%)^2=0.0025$；C 的预期收益率 $=0.25\times5\%+0.25\times10\%+0.5\times15\%=11.25\%$，方差 $=0.25\times(5\%-11.25\%)^2+0.25\times(10\%-11.25\%)^2+0.5\times(15\%-11.25\%)^2=0.00171$。Ⅲ项，金融产品的选择不仅要考虑预期收益率，还要考虑风险；Ⅳ项，风险转移是指银行将自身的风险暴露转移给第三方，包括出售风险头寸、购买保险或者进行避险交易(如互换、期权等)等。

18A　19B　20D

21. (　　)是指由于不完善或有问题的内部程序、员工和信息科技系统，以及外部事件给银行造成损失的风险。[2014 年 6 月真题]

A. 操作风险　　B. 国别风险　　C. 流动性风险　　D. 市场风险

22. 下列关于风险的定义中，印证了商业银行力图通过改善公司治理结构、强化内部控制机制，从而降低风险损失的管理理念的是(　　)。[2014 年 6 月真题]

A. 风险是未来结果的不确定性　　B. 风险是未来的期望收益

C. 风险是未来的盈利　　D. 风险是损失的可能性

【解析】风险一般被定义为“未来结果出现收益或损失的不确定性”。如果某个事件的收益或损失是固定的并已经被事先确定下来，则不存在风险；若该事件的收益或损失存在变化的可能，且这种变化过程事先无法确定，则存在风险。

23. 下列商业银行面临的风险中，不能采用风险对冲策略进行管理的是(　　)。[2013 年 11 月真题]

A. 汇率风险　　B. 操作风险　　C. 商品价格风险　　D. 利率风险

【解析】风险对冲对管理市场风险(利率风险、汇率风险、股票风险和商品风险)非常有效，可以分为自我对冲和市场对冲两种情况。

24. 商业银行降低贷款组合信用风险的最有效办法是(　　)。[2013 年 11 月真题]

A. 将贷款分散到不同的行业和区域　　B. 将贷款分散到正相关的行业

C. 将贷款集中到个别高收益行业　　D. 将贷款集中到少数风险低的行业

【解析】商业银行可以利用资产组合分散风险的原理，将贷款分散到不同的行业、区域，通过积极实施风险分散策略，显著降低发生大额风险损失的可能性，从而达到管理和降低风险、保持收益稳定的目的。

25. 假设商业银行持有资产组合 A，根据投资组合理论，下列哪种操作降低该组合风险的效果最差？(　　)[2013 年 11 月真题]

A. 卖出 50% 资产组合 A，用于购买与资产组合 A 的相关系数为 0 的资产组合 Y

B. 卖出 50% 资产组合 A，用于购买与资产组合 A 的相关系数为 -0.5 的资产组合 Z

C. 卖出 50% 资产组合 A，持有现金

D. 卖出 50% 资产组合 A，用于购买与资产组合 A 的相关系数为 +0.8 的资产组合 X

【解析】如果资产组合中各资产存在相关性，则风险分散的效果会随着各资产间的相关系数有所不同。假设其他条件不变，当各资产间的相关系数为正时，风险分散效果较差；当相关系数为负时，风险分散效果较好。

26. 在商业银行的经营过程中，决定其风险承担能力的最重要因素是(　　)。[2013 年 11 月真题]

A. 盈利能力和流动性管理水平　　B. 盈利能力和风险管理水平

C. 资本金规模和流动性管理水平　　D. 资本充足率水平和风险管理水平

【解析】在商业银行的经营管理过程中，决定其风险承担能力的两个重要因素是：①资本充足率水平，资本充足率较高的商业银行有能力接受相对高风险、高收益的项目，比

21A　22A　23B　24A　25D　26D

资本充足率低的商业银行具有更强的竞争力；②商业银行的风险管理水平，资本充足率仅仅决定了商业银行承担风险的潜力，而其所承担的风险究竟能否带来实际收益，最终取决于商业银行的风险管理水平。

27. 下列最具有明显的系统性风险特征的风险类别是(　　)。[2013年11月真题]

A. 信用风险　B. 市场风险　C. 声誉风险　D. 操作风险

【解析】由于市场风险主要来自所属经济体，因此具有明显的系统性风险特征，难以通过在自身经济体内分散化投资完全消除。国际金融机构通常采取分散投资于多国金融市场的方式来降低系统性风险。

28. 如果商业银行资产分散于负相关或弱相关的多种行业、地区和信用等级的客户，其资产组合的总体风险一般会(　　)。[2013年6月真题]

A. 增加　B. 降低　C. 不变　D. 负相关

【解析】如果资产组合中各资产存在相关性，则风险分散的效果会随着各资产间的相关系数有所不同。假设其他条件不变，当各资产间的相关系数为正时，风险分散效果较差；当相关系数为负时，风险分散效果较好。

29. 在业务外包过程中，由于供应商的过错造成供应中断，引起银行部分支付业务无法正常进行而造成严重损失。此事件对应的操作风险成因是(　　)。[2013年6月真题]

A. 违反内部流程　B. 人员因素　C. 系统缺陷　D. 外部事件

【解析】商业银行的操作风险可分为人员因素、内部流程、系统缺陷和外部事件四大类别，其中，外部事件方面表现为外部欺诈、自然灾害、交通事故、外包商不履责等。在业务外包过程中由于供应商的过错造成的损失属于外部事件。

30. 商业银行的操作风险与市场风险、信用风险相比，具有(　　)的特点。[2012年10月真题]

A. 普遍性、非营利性　B. 普遍性、营利性

C. 特殊性、非营利性　D. 特殊性、营利性

【解析】操作风险是指由不完善或有问题的内部程序、员工、信息科技系统以及外部事件所造成损失的风险。与市场风险主要存在于交易账户和信用风险主要存在于银行账户不同，操作风险广泛存在于商业银行业务和管理的各个领域，具有普遍性和非营利性，不能给商业银行带来盈利。

31. 假设某风险资产的预期收益率为8%，标准差为0.15，同期国债的无风险收益率为4%。如果希望利用该风险资产和国债构造一个预期收益率为6%的资产组合，则该风险资产和国债的投资权重分别为(　　)。[2012年10月真题]

A. 50%，50%　B. 30%，70%　C. 20%，80%　D. 40%，60%

【解析】根据资产组合的收益率为：$R_p = W_1R_1 + W_2R_2$，其中，两种资产的预期收益率分别为 R_1 和 R_2，每一种资产的投资权重分别为 W_1 和 $W_2 = 1 - W_1$。本题由该风险资产和国债构造的资产组合的收益率 $R_p = W_1 \times 8\% + (1 - W_1) \times 4\% = 6\%$，可得 $W_1 = 50\%$，$W_2 = 1 - W_1 = 50\%$。

27B　28B　29D　30A　31A

32. 根据监管机构的规定，操作风险包含(　　)。[2012 年 10 月真题]

A. 声誉风险　　B. 法律风险　　C. 战略风险　　D. 流动性风险

【解析】操作风险是指由不完善或有问题的内部程序、员工、信息科技系统以及外部事件所造成损失的风险，包括法律风险，但不包括声誉风险和战略风险。

33. “不要将所有鸡蛋放在一个篮子里”，这一投资格言说明的风险管理策略是(　　)。

A. 风险分散　　B. 风险对冲　　C. 风险转移　　D. 风险补偿

【解析】风险分散是指通过多样化投资分散并降低风险的策略性选择。

34. 基于(　　)的风险管理策略要求商业银行的信贷业务不应集中于同一业务、同一性质甚至同一个借款人。

A. 风险对冲　　B. 风险转移　　C. 风险分散　　D. 风险补偿

【解析】风险分散是指通过多样化投资分散并降低风险的策略性选择。根据多样化投资分散风险原理，商业银行信贷业务应是全方位、多种类的，而不应集中于同一业务、同一性质甚至同一个借款人。商业银行可通过信贷资产组合管理或与其他商业银行组成银团贷款的方式，使授信对象多样化，从而分散和降低风险。

35. (　　)是指商业银行利用资产负债表或某些具有收益负相关性质的业务组合本身所具有的对冲特性进行风险对冲。

A. 组合对冲　　B. 风险对冲　　C. 自我对冲　　D. 市场对冲

【解析】商业银行的风险对冲可以分为自我对冲和市场对冲两种情况。其中，自我对冲是指商业银行利用资产负债表或某些具有收益负相关性质的业务组合本身所具有的对冲特性进行风险对冲；市场对冲是指对于无法通过资产负债表和相关业务调整进行自我对冲的风险，通过衍生产品市场进行对冲。

36. 现有 A、B、C 三种产品，其资产收益率的相关系数如表 1－3 所示，则(　　)。

表 1－3　三种产品资产收益率的相关系数

	A	B	C
A	1		
B	0.92	1	
C	0.12	−0.75	1

A. B 与 C 的组合可以很好的起到风险对冲的作用

B. A 与 B 的组合可以很好地分散风险

C. A 与 C 的组合不能起到风险分散的作用

D. B 与 C 的组合不能很好地分散风险

【解析】风险对冲是指通过投资或购买与标的资产收益波动负相关的某种资产或衍生产品，来抵消标的资产潜在损失的一种策略性选择。风险分散是指通过多样化投资分散并降低风险的策略性选择。如果资产组合中各资产存在相关性，则风险分散的效果会随着各资产间的相关系数有所不同。假设其他条件不变，当各资产间的相关系数为正时，风

32B　33A　34C　35C　36A

险分散效果较差；当相关系数为负时，风险分散效果较好。

37. (　　)并不消灭风险源，只是风险承担主体改变。

A. 风险转移　　B. 风险规避　　C. 风险分散　　D. 风险对冲

【解析】风险转移是指通过购买某种金融产品或采取其他合法的经济措施将风险转移给其他经济主体的一种策略性选择。

38. 小张在出差之前要求公司为其投一份意外伤害险，小张的行为属于(　　)。

A. 风险规避　　B. 损失控制　　C. 风险自留　　D. 风险转移

【解析】风险转移可分为保险转移和非保险转移两种。小张的行为属于保险转移，即以缴纳保险费为代价将风险转移给承保人。

39. 下列各项属于风险转移措施的是(　　)。

A. 资产出售　　B. 银团贷款

C. 针对不同客户贷款　　D. 针对不同客户收取不同利率

【解析】风险转移是指通过购买某种金融产品或采取其他合法的经济措施将风险转移给其他经济主体的一种策略性选择。BC 两项均属于风险分散措施；D 项属于风险补偿措施。

40. 在风险发生之前，风险管理者因发现从事某种经营活动可能带来风险损失，因而有意识地采取规避措施，主动放弃或拒绝承担该风险，属于(　　)的风险管理方法。

A. 风险补偿　　B. 风险分散　　C. 风险规避　　D. 风险转移

【解析】风险规避是指商业银行拒绝或退出某一业务或市场，以避免承担该业务或市场风险的策略性选择。

41. 关于商业银行常用的风险规避策略，下列叙述不正确的是(　　)。

A. 采取授信额度

B. “收软付硬”“借硬贷软”的币种选择原则

C. 设立非常有限的风险容忍度

D. 使用交易限额

【解析】风险规避可以通过限制某些业务的经济资本配置实现。例如，商业银行首先将所有业务面临的风险进行量化，然后依据董事会所确定的风险战略和风险偏好确定经济资本分配，最终表现为授信额度和交易限额等各种限制条件。对于不擅长且不愿承担风险的业务，商业银行对其配置非常有限的经济资本，并设立非常有限的风险容忍度，迫使业务部门降低该业务的风险暴露，甚至完全退出该业务领域。B 项，“收硬付软”“借软贷硬”的币种选择原则属于风险规避的原则之一，即在国际业务中，对将要收入或构成债权的项目选用汇价稳定趋升的“硬”货币，对将要支付或构成债务的项目选用汇价明显趋跌的“软”货币。

42. 关于商业银行风险管理的主要策略，下列说法正确的是(　　)。

A. 风险转移只能降低非系统性风险

37A　38D　39A　40C　41B　42D

B. 风险规避策略是一种积极的风险管理策略

C. 风险补偿是指事后(损失发生后)对风险承担的价格补偿

D. 风险分散的成本与承担的潜在风险损失相比是非常有意义的

【解析】A 项，风险转移可以转移非系统性风险和系统性风险；B 项，风险规避策略是一种消极的风险管理策略；C 项，风险补偿是指事前(损失发生前)对风险承担的价格补偿。

43. 某国家外汇储备中美元所占的比重较大，为了防止美元下跌带来损失，可以(　　)。

A. 卖出一部分美元，买入英镑、欧元等其他国际主要储备货币

B. 买入美元，卖出一部分英镑、欧元等其他国际主要储备货币

C. 买入美元，同时买入英镑、欧元等其他国际主要储备货币

D. 卖出一部分美元，同时卖出一部分英镑、欧元等其他国际主要储备货币

【解析】风险对冲是指通过投资或购买与标的资产收益波动负相关的某种资产或衍生产品，来抵消标的资产潜在损失的一种策略性选择。题目中，为了防止美元下跌带来损失，可以卖出一部分美元的同时买入英镑、欧元等其他国际主要储备货币，从而降低风险。

44. 下列关于信用风险的说法，不正确的是(　　)。

A. 对大多数商业银行来说，贷款是最大、最明显的信用风险来源

B. 信用风险只存在于传统的贷款、债券投资等表内业务中，不存在于信用担保、贷款承诺等表外业务中

C. 对衍生产品而言，对手违约造成的损失虽然会小于衍生产品的名义价值，但由于衍生产品的名义价值通常十分巨大，因此潜在的风险损失不容忽视

D. 从投资组合角度出发，交易对手的信用级别下降可能会给投资组合带来损失

【解析】B 项，信用风险既存在于传统的贷款、债券投资等表内业务中，又存在于信用担保、贷款承诺及衍生产品交易等表外业务中。

45. 1974 年德国赫斯塔特银行宣布破产时，已经收到许多合约方支付的款项，但无法完成与交易对方的正常结算，这属于(　　)。

A. 市场风险　　B. 操作风险　　C. 流动性风险　　D. 信用风险

【解析】结算风险是指交易双方在结算过程中，一方支付了合同资金但另一方发生违约的风险，它是一种特殊的信用风险。德国赫斯塔特银行由于结算风险导致破产，促成了国际性金融监管机构巴塞尔委员会的成立。

46. 下列关于商业银行风险的说法正确的是(　　)。

A. 市场风险指交易双方在结算过程中，一方支付了合同资金但另一方发生违约的风险

B. 结算风险是一种市场风险

C. 信用风险具有明显的系统性风险特征

D. 与市场风险相比，信用风险的观察数据少，且不易获取

【解析】AB 两项，结算风险是指交易双方在结算过程中，一方支付了合同资金但另一方发生违约的风险，它是一种特殊的信用风险；C 项，信用风险具有明显的非系统性风险

43A　44B　45D　46D

特征。

47. 历史上曾多次发生银行工作人员违反公司规定私自操作给银行造成重大经济损失的事故，银行面临的这种风险属于(　　)。

A. 法律风险　　B. 政策风险　　C. 操作风险　　D. 策略风险

【解析】本题中银行面临的这种风险属于由人员因素引起的操作风险。

48. 下列商业银行风险中，(　　)应当重视和加强跨风险种类的风险管理，其管理水平体现了商业银行的整体经营管理水平。

A. 战略风险　　B. 市场风险　　C. 信用风险　　D. 流动性风险

【解析】流动性风险的产生除了因为商业银行的流动性计划不完善之外，信用、市场、操作等风险领域的管理缺陷同样会导致商业银行流动性不足，甚至引发风险扩散，造成整个金融系统出现流动性困难。因此，流动性风险管理除了应当做好流动性安排之外，还应当重视和加强跨风险种类的风险管理。从这个角度来说，流动性风险管理水平体现了商业银行的整体经营管理水平。

49. 无论是银行本身的跨国经营，还是商业银行与外国代理行或客户的业务往来，都势必要与一系列非本国事务打交道。而凡是涉及到两个或两个以上主权地区的业务，就难免会受到(　　)的影响。

A. 国别风险　　B. 法律风险　　C. 声誉风险　　D. 流动性风险

【解析】国别风险是指由于某一国家或地区经济、政治、社会变化及事件，导致该国家或地区借款人或债务人没有能力或者拒绝偿付商业银行债务，或使商业银行在该国家或地区的商业存在遭受损失，或使商业银行遭受其他损失的风险。

50. 商业银行通常将(　　)看作是对其经济价值最大的威胁。

A. 市场风险　　B. 流动性风险　　C. 声誉风险　　D. 操作风险

【解析】声誉风险是指由商业银行经营、管理及其他行为或外部事件导致利益相关方对商业银行负面评价的风险。商业银行通常将声誉风险看作是对其经济价值最大的威胁。

51. 根据巴塞尔协议Ⅱ，法律风险是一种特殊类型的(　　)。

A. 声誉风险　　B. 国别风险　　C. 操作风险　　D. 流动性风险

【解析】根据巴塞尔协议Ⅱ，法律风险是一种特殊类型的操作风险，包括但不限于因监管措施和解决民商事争议而支付的罚款、罚金或者惩罚性赔偿所导致的风险敞口。

52. (　　)是指由于法律或者监管规定的变化，可能影响商业银行正常运营，或削弱其竞争能力、生存能力的风险。

A. 法律风险　　B. 监管风险　　C. 国别风险　　D. 合规风险

【解析】A 项，法律风险是指商业银行因日常经营和业务活动无法满足或违反法律规定，导致不能履行合同、发生争议/诉讼或其他法律纠纷而造成经济损失的风险；C 项，国别风险是指由于某一国家或地区经济、政治、社会变化及事件，导致该国家或地区借款人或债务人没有能力或者拒绝偿付商业银行债务，或使商业银行在该国家或地区的商业

47C　48D　49A　50C　51C　52B

存在遭受损失，或使商业银行遭受其他损失的风险；D 项，合规风险，是指商业银行因没有遵循法律、规则和准则可能遭受法律制裁、监管处罚、重大财务损失和声誉损失的风险。

53. 商业银行通过银团贷款的方式来降低风险的做法属于（　　）管理策略。［2023 年 10 月真题］

A. 风险分散　　B. 风险转移　　C. 风险对冲　　D. 风险补偿

【解析】A 项，风险分散是指通过多样化投资分散并降低风险的策略性选择。商业银行可通过信贷资产组合管理或与其他商业银行组成银团贷款的方式，使授信对象多样化，从而分散和降低风险。

54. 假设资产组合包括 A、B 两种资产，资产 A 的标准差为 0.3，预期收益率为 12%，在资产组合中的占比为 35%；资产 B 的标准差为 0.2，预期收益率为 9%，在资产组合中的占比为 65%。两项资产的相关系数为 0.6，则该资产组合的标准差为（　　）。［2023 年 10 月真题］

A. 0.21　　B. 0.16　　C. 0.20　　D. 0.11

【解析】如果两种资产的标准差分别为 σ_1 和 σ_2，两种资产投资权重分别为 W_1 和 W_2，两种资产之间的相关系数为 ρ，则该资产组合的标准差为：

$$\sigma = \sqrt{W_1^2\sigma_1^2 + W_2^2\sigma_2^2 + 2\rho W_1 W_2\sigma_1\sigma_2}$$

$$= \sqrt{0.35^2 \times 0.3^2 + 0.65^2 \times 0.2^2 + 2 \times 0.6 \times 0.35 \times 0.65 \times 0.3 \times 0.2}$$

$$= 0.21$$

55. 下列各项指标中，（　　）可以反映资产收益率的波动性。

A. 概率　　B. 标准差　　C. 概率密度　　D. 分布函数

【解析】在风险管理实践中，通常将标准差作为刻画风险的重要指标。资产收益率标准差越大，表明资产收益率的波动性越大。当标准差很小或接近于零时，资产的收益率基本稳定在预期收益水平，出现的不确定性程度逐渐减小。

56. 某些资产的预期收益率 Y 的概率分布如表 1－4 所示，则其方差为（　　）。

表 1－4　随机变量 Y 的概率分布

Y	1	4
P	60%	40%

A. 2.16　　B. 2.76　　C. 3.16　　D. 4.76

【解析】该资产的预期收益率 Y 的期望为：$E(Y) = 1 \times 60\% + 4 \times 40\% = 2.2$；其方差为：$Var(Y) = 0.6 \times (1-2.2)^2 + 0.4 \times (4-2.2)^2 = 2.16$。

57. 下列关于正态分布的描述，正确的是（　　）。

A. 正态分布是一种重要的描述离散型随机变量的概率分布

B. 正态分布既可以描述对称分布，也可描述非对称分布

53A　54A　55B　56A　57C

C. 整个正态曲线下的面积为1

D. 正态曲线是递增的

【解析】正态分布是描述连续型随机变量的概率分布。如图1－1所示，正态分布曲线关于 $x=\mu$ 对称；在 $x=\mu$ 左侧递增，右侧递减。

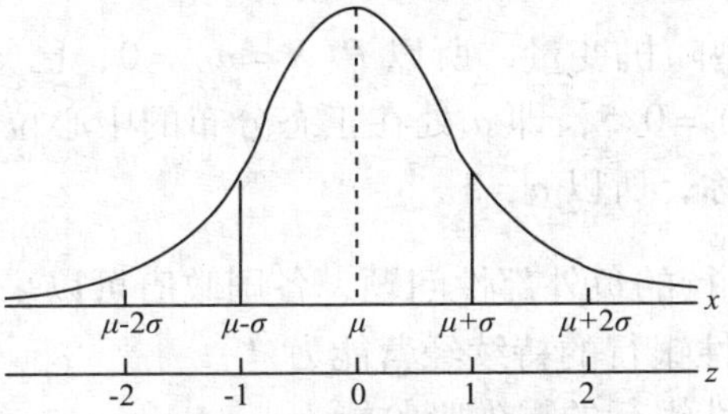

图1－1 正态分布图

58. 对于正态曲线，若固定 σ 的值，随 μ 值不同，曲线位置(　　)。

A. 不同　　B. 相同　　C. 不动　　D. 不确定

【解析】正态曲线由 σ 和 μ 决定其形状：μ 为均值决定了曲线中心，σ 为标准差决定了曲线的离散程度。若固定 σ 的值，随 μ 值不同，曲线位置将不同。

59. 某资产组合包含两个资产，权重相同，资产组合的标准差为13。资产1和资产2的相关系数为0.5，资产2的标准差为19.50，则资产1的标准差为(　　)。

A. 1　　B. 10　　C. 20　　D. 无法计算

【解析】设资产1的标准差为 σ，则根据公式：$13^2=(0.5\sigma)^2+(0.5\times19.5)^2+2\times0.5\times0.5\times0.5\times\sigma\times19.5$，解得 $\sigma=10$。

60. 风险分散的原理是(　　)。

A. 两种资产之间的收益率变化完全正相关

B. 用标准差度量的加权组合资产的风险小于各资产风险的加权和

C. 用标准差度量的加权组合资产的风险大于各资产风险的加权和

D. 用标准差度量的加权组合资产的风险等于各资产风险的加权和

【解析】因为相关系数 $-1\leqslant\rho\leqslant1$，所以有：

$$W_1^2\sigma_1^2+W_2^2\sigma_2^2+2\rho W_1W_2\sigma_1\sigma_2\leqslant W_1^2\sigma_1^2+W_2^2\sigma_2^2+2W_1W_2\sigma_1\sigma_2=(W_1\sigma_1+W_2\sigma_2)^2$$

则根据上述公式可得，当两种资产之间的收益率变化不完全正相关(即 $\rho<1$)时，该资产组合的整体风险小于各项资产风险的加权之和，揭示了资产组合降低和分散风险的数理原理。

61. 离散型随机变量的概率分布为 $P(X=K)=(K+1)/10$，$K=0$，1，2，3，则 $E(X)$ 为(　　)。

A. 2.4　　B. 1.8　　C. 2　　D. 1.6

【解析】离散型随机变量期望值为

$$E(X)=\sum_{i=1}^{\infty}X_iP_i$$

58A　59B　60B　61C

根据 $P(X=K)=(K+1)/10$，得：$P(X=0)=0.1$，$P(X=1)=0.2$，$P(X=2)=0.3$，$P(X=3)=0.4$。所以，$E(X)=0\times0.1+1\times0.2+2\times0.3+3\times0.4=2$。

62. 设随机变量 $X\sim N(3,\ 2^2)$，且 $P(X>a)=P(X<a)$，则常数 a 为(　　)。

A. 0　　B. 2　　C. 3　　D. 4

【解析】由于 X 为连续型随机变量，所以 $P(X=a)=0$，已知 $P(X>a)=P(X<a)$，可得 $P(X<a)=P(X>a)=0.5$，即 a 处在正态分布的中心位置，根据题干中的条件可知该分布关于 $\mu=3$ 轴对称，所以 $a=3$。

63. 针对全球系统重要性银行的负外部性问题，各国政府可以采取的措施不包括(　　)。

A. 增强全球系统重要性银行的持续经营能力

B. 增强全球系统重要性银行的损失吸收能力

C. 建立全球系统重要性银行的恢复和处置框架

D. 限制全球系统重要性银行的业务范围

【解析】针对全球系统重要性银行的负外部性问题，各国政府主要采取两种措施来解决：①通过增强全球系统重要性银行的持续经营能力和损失吸收能力来降低风险；②通过建立全球系统重要性银行的恢复和处置框架，来减少全球系统重要性银行破产的影响范围和影响程度。

64. (　　)是描述只有两种可能结果的多次重复事件的离散型随机变量的概率分布。

A. 二项分布　　B. 泊松分布　　C. 均匀分布　　D. 正态分布

【解析】B 项，泊松分布是一种常见的离散分布，通常用来描述独立单位时间内(也可以是单位面积、单位产品)某一事件成功次数所对应的概率。C 项，如果连续型随机变量 X 在一个区间 $[a,\ b]$ 里以相等的可能性取 $[a,\ b]$ 中的任何一个实数值，即分布密度函数在区间里是一个常数，则称 X 在区间 $[a,\ b]$ 上服从均匀分布。D 项，若随机变量 x 的概率密度函数为：$f(x)=\frac{1}{\sigma\sqrt{2\pi}}e^{-\frac{1}{2}\left(\frac{x-\mu}{\sigma}\right)^2}(-\infty<x<+\infty)$，其中，$\sigma>0$，$\mu$ 与 σ 均为常数，则称 x 服从参数为 μ、σ 的正态分布，记为 $N(\mu,\ \sigma^2)$；μ 是正态分布的均值；σ^2 是方差。

65. 投资者 A 以 30 元/股的价格购买了 1000 股 B 公司股票，持有一年后以 40 元/股的价格卖出，持有期间收到一次 0.6 元/股的现金股利。投资者 A 持有该股票一年的持有期收益率是多少？(　　)

A. 33.3%　　B. 135.3%　　C. 35.3%　　D. 2%

【解析】持有期收益率是最常用的评价投资收益的方式，是当期资产总价值的变化及其现金收益占期初投资额的百分比。用数学公式表示为：$R=[(P_1+D-P_0)/P_0]\times100\%$，其中，$R$ 为某资产或资产组合的持有期收益率；P_0 为期初的投资额；P_1 为期末的资产价值；D 为资产持有期间的现金收益。由上述公式可得：$R=[(40\times1000+0.6\times1000-30\times1000)/(30\times1000)]\times100\%=35.3\%$。

66. (　　)是对投资成果的直接衡量，反映投资行为得到的增值部分的绝对量。

62C　63D　64A　65C　66A

A. 绝对收益　　B. 持有期收益率　　C. 预期收益率　　D. 期望收益率

【解析】绝对收益是对投资成果的直接衡量，反映投资行为得到的增值部分的绝对量。不论初始投资是多少，投资方式有什么不同，增值部分就是投资所得到的绝对收益。

二、多选题（下列选项中有两项或两项以上符合题目的要求）

1. 下列投资组合中，能够产生风险分散效果的有（　　）。［2018 年 10 月真题］

A. 投资于 2 种收益率相关系数为 0 的资产

B. 投资于 2 种收益率相关系数为 -1 的资产

C. 投资于 2 种收益率相关系数为 0.5 的资产

D. 投资于 2 种收益率相关系数为 1 的资产

E. 投资于 2 种收益率相关系数为 -0.5 的资产

【解析】马柯维茨的投资组合理论认为，只要两种资产收益率的相关系数不为 1（即不完全正相关），分散投资于两种资产就具有降低风险的作用。而对于由相互独立的多种资产组成的投资组合，只要组合中的资产个数足够多，该投资组合的非系统性风险就可以通过这种分散策略完全消除。

2. 商业银行的战略风险主要体现在（　　）。［2019 年 6 月真题］

A. 政治、经济和社会环境发生变化

B. 实现战略目标所需要的资源匮乏

C. 整个战略实施过程的质量难以保证

D. 商业银行战略目标缺乏整体兼容性

E. 为实现战略目标而制定的经营战略存在缺陷

【解析】战略风险是指商业银行在追求短期商业目的和长期发展目标的过程中，因不适当的发展规划和战略决策给商业银行造成损失或不利影响的风险。战略风险主要体现在四个方面：①商业银行战略目标缺乏整体兼容性；②为实现战略目标而制定的经营战略存在缺陷；③为实现战略目标所需要的资源匮乏；④整个战略实施过程的质量难以保证。

3. 如果房地产市场发展过热，一方面居民大量存款买房，另一方面大量房地产企业和个人向银行借款，这种情况下，当房地产市场严重下跌，大量个人住房贷款无法偿还，房地产企业也由于倒闭而无力偿还贷款，这时商业银行所面临的主要风险包括（　　）。［2015 年 10 月真题］

A. 操作风险　　B. 市场风险　　C. 流动性风险　　D. 国别风险

E. 信用风险

【解析】B 项，"房地产市场严重下跌"，预示着银行面临市场风险；C 项，由于大量贷款无法收回，商业银行无法及时获得充足资金用于偿付到期债务、履行其他支付义务和满足正常业务开展的其他资金需求，预示着银行面临流动性风险；E 项，"大量个人住房贷款无法偿还，房地产企业也由于倒闭而无力偿还贷款"，预示着银行面临信用风险。

4. 关于商业银行风险、收益与损失之间的关系，下列描述正确的有（　　）。［2014 年 11 月真题］

1ABCE　2BCDE　3BCE　4ADE

A. 损失是一个事后概念

B. 承担高风险一定会带来高收益

C. 某项业务的预期损失较高反映了该业务的不确定性或风险较高

D. 通常情况下，当期收益较高的业务所承担的风险也相对较高

E. 风险是一个事前概念

【解析】B 项，因管理不善承担的高风险不一定能够带来高收益；C 项，预期损失是指商业银行业务发展中基于历史数据分析可以预见到的损失，通常为一定历史时期内损失的平均值(有时也采用中间值)，预期损失不等同于不确定性风险。

5. 下列哪些事件属于商业银行操作风险中的“人员因素”类别？(　　)[2014 年 6 月真题]

A. 首席外汇交易员跳槽至另一家金融机构

B. 信贷审核人员协助隐瞒虚假信息并批准放贷

C. 理财业务人员因口头承诺客户固定收益而遭遇诉讼

D. 部分员工因长期处于不良工作环境导致健康受损

E. 资金交易员未经授权进行交易并造成损失

【解析】操作风险可分为人员因素、内部流程、系统缺陷和外部事件四大类别。题中 ABCDE五项均属于“人员因素”风险类别。

6. 下列商业银行的风险事件中，应当归属于操作风险类别的有(　　)。[2013 年 11 月真题]

A. 交易部门因错误判断市场趋势而造成较大规模的损失

B. 营业场所及设施因地震彻底损毁

C. 财务部门因系统故障未能及时发布财务报告，受到监管机构处罚

D. 数据中心因安全漏洞导致大量客户信息被窃

E. 理财业务人员因向客户做出误导性的收益承诺，遭到诉讼并做出相应赔偿

【解析】商业银行的操作风险可按人员因素、内部流程、系统缺陷和外部事件四大类别分类。AE 两项属于人员因素；B 项属于外部事件；CD 两项属于系统缺陷。

7. 下列可能对商业银行的声誉产生不利影响的事件有(　　)。[2013 年 6 月真题]

A. 商业银行所提供的金融产品/服务存在严重缺陷

B. 商业银行缺乏经营特色和社会责任感

C. 商业银行受到监管处罚

D. 商业银行流动性状况恶化，出现支付困难

E. 商业银行内控缺失导致违规案件层出不穷

【解析】声誉是商业银行所有利益持有者基于持久努力、长期信任建立起来的无形资产。声誉风险是指由商业银行经营、管理及其他行为或外部事件导致利益相关方对商业银行负面评价的风险。几乎所有风险都可能影响商业银行声誉，因此声誉风险也被视为一种多维风险。

8. 下列哪些事件应当归属于商业银行操作风险中的“外部事件”类别？(　　)[2012 年 10 月真题]

5ABCDE　6ABCDE　7ABCDE　8BDE

A. 银行员工窃取客户账户资金

B. 被不法分子以大额假存单、假国债、假人民币等诈骗资金

C. 商业银行信息系统故障，导致大量业务信息丢失

D. 网上支付系统遭受黑客攻击，造成千万名用户的账户资料被盗

E. 客户采取化整为零的手段进行洗钱活动

【解析】操作风险可分为人员因素、内部流程、系统缺陷和外部事件四大类别。其中，外部事件表现为外部欺诈、自然灾害、交通事故、外包商不履责等。A 项属于人员因素；C 项属于系统缺陷。

9. 商业银行下列业务中存在信用风险的有(　　)。[2012 年 10 月真题]

A. 货币互换　B. 基金代销　C. 票据贴现　D. 外汇交易

E. 同城票据交换

【解析】信用风险是指债务人或交易对手未能履行合同规定的义务或信用质量发生变化，影响金融产品价值，从而给债权人或金融产品持有人造成经济损失的风险。信用风险既存在于传统的贷款、债券投资等表内业务中，又存在于信用担保、贷款承诺及衍生产品交易等表外业务中。B 项，基金代销中银行是代理人，不存在信用风险。

10. 下列关于银行流动性风险与其它风险关系的表述，正确的有(　　)。[2012 年 10 月真题]

A. 利率上升会导致银行融资成本上升，可能导致流动性风险

B. 支付结算系统出现问题影响银行现金收支，可能导致流动性风险

C. 不良贷款率上升会导致银行资产质量下降，可能导致流动性风险

D. 良好的声誉能够确保银行资金的稳定性，有助于降低流动性风险

E. 战略决策失误在长期内会影响银行流动性，短期内没有影响

【解析】流动性风险的产生除了因为商业银行的流动性计划不完善之外，信用、市场、操作等风险领域的管理缺陷同样会导致商业银行流动性不足，甚至引发风险扩散，造成整个金融系统出现流动性困难。E 项，战略决策失误不仅在长期内会影响银行的流动性，短期内也可能影响。

11. 下列关于商业银行信用风险控制措施的表述，正确的有(　　)。[2019 年 6 月真题]

A. 限额管理是管理贷款集中度的重要手段

B. 经济资本配置能够有效限制高风险的信贷业务

C. 贷款转让可以实现信用风险转移

D. 贷款定价能够有效地实现信用风险对冲

E. 资产证券化除了可以转移信用风险，还可以增强资产的流动性

【解析】D 项，商业银行在贷款定价中，对于那些信用等级较高，而且与商业银行保持长期合作关系的优质客户，可给予适当的优惠利率；而对于信用等级较低的客户，商业银行可在贷款市场报价利率的基础上调高利率。即贷款定价是通过风险溢价的手段对风险进行补偿，而不能有效地实现信用风险对冲。

12. 商业银行通常采用(　　)的方式来应对和吸收预期损失。

9ACDE　10ABCD　11ABCE　12DE

A. 风险分散　B. 风险转移　C. 风险规避　D. 冲减利润

E. 提取损失准备金

【解析】在实践中，通常将金融风险可能造成的损失分为预期损失、非预期损失和灾难性损失。商业银行通常采取提取损失准备金和冲减利润方式应对和吸收预期损失。

13. 下列关于商业银行开展信贷业务的说法，正确的是(　　)。

A. 不应集中于同一业务　B. 不应集中于同一性质借款人

C. 可以集中于同一个借款人　D. 可以与其他商业银行组成银团贷款

E. 应当使自己的授信对象多样化

【解析】根据多样化投资分散风险原理，商业银行信贷业务应是全方位、多种类的，而不应集中于同一业务、同一性质甚至同一个借款人。商业银行可通过信贷资产组合管理或与其他商业银行组成银团贷款的方式，使授信对象多样化，从而分散和降低风险。

14. 商业银行的风险对冲可以分为(　　)。

A. 自我对冲　B. 一般对冲　C. 市场对冲　D. 特殊对冲

E. 内部对冲

【解析】商业银行的风险对冲可以分为：①自我对冲，指商业银行利用资产负债表或某些具有收益负相关性质的业务组合本身所具有的对冲特性进行风险对冲；②市场对冲，指对于无法通过资产负债表和相关业务调整进行自我对冲的风险，通过衍生产品市场进行对冲。

15. 商业银行风险管理的主要策略中，可以降低系统性风险的有(　　)。

A. 风险转移　B. 投资组合　C. 风险分散　D. 风险规避

E. 风险补偿

【解析】BC 两项，风险分散是指通过多样化投资分散并降低风险的策略性选择。系统性风险是因外部条件的变化，如宏观经济形势和市场的波动、经济政策的突然变化等因素给资产价格带来的变化。而非系统性风险是一项资产特有的风险，这种风险不随资产组合中其他资产价格的变动而同方向同幅度变动。充分多样化的资产组合可以消除组合中不同资产的非系统性风险，但不能消除系统性风险。

16. 下列关于风险管理策略的说法正确的是(　　)。

A. 风险分散不能完全消除非系统性风险

B. 商业银行的风险对冲可以分为自我对冲和市场对冲两种情况

C. 风险规避是指商业银行拒绝或退出某一业务或市场，以避免承担该业务或市场具有的风险

D. 根据多样化投资分散风险原理，商业银行的信贷业务应是全面的，不应集中于同一业务、同一性质甚至同一个借款人

E. 风险规避策略的局限性在于它是一种消极的风险管理策略，不宜成为商业银行的主导风险管理策略

13ABDE　14AC　15ADE　16BCDE

【解析】A 项，对于由相互独立的多种资产组成的投资组合，只要组合中的资产个数足够多，该投资组合的非系统性风险就可以通过这种分散策略完全消除。

17. 关于商业银行的风险管理策略，下列说法正确的是(　　)。

A. 某商业银行购买出口信贷保险，这应用了风险对冲的方法

B. 某商业银行向多个国家的企业发放贷款，这应用了风险分散的方法

C. 某商业银行在买入股票的同时，买入相应的看跌期权，这应用了风险转移的方法

D. 某商业银行董事会在确定经济资本分配时，对某项业务配置非常有限的资本限制其规模，这应用了风险规避的方法

E. 某商业银行对于信用等级较低的借款客户，给予高于基准贷款利率的利率水平，这应用了风险补偿的方法

【解析】A 项应用了风险转移的方法；C 项应用了风险对冲的方法。

18. 根据商业银行的业务特征及诱发风险的原因，巴塞尔委员会将商业银行面临的风险划分为(　　)等类别。

A. 信用风险　　B. 操作风险　　C. 声誉风险　　D. 流动性风险

E. 战略风险

【解析】根据商业银行的业务特征及诱发风险的原因，通常将商业银行面临的风险划分为八类，分别为信用风险、市场风险、操作风险、法律风险、流动性风险、国别风险、声誉风险及战略风险。

19. 下列各项中，属于商业银行信用风险的有(　　)。

A. 债务未能如期偿还造成的风险　　B. 金融资产价格波动带来的风险

C. 员工操作不当造成的风险　　D. 结算过程中发生的结算风险

E. 国家政局变动引发的风险

【解析】信用风险是指债务人或交易对手未能履行合同规定的义务或信用质量发生变化，影响金融产品价值，从而给债权人或金融产品持有人造成经济损失的风险。作为一种特殊的信用风险，结算风险是指交易双方在结算过程中，一方支付了合同资金但另一方发生违约的风险。B 项属于市场风险；C 项属于操作风险；E 项属于国别风险。

20. 下列各项属于市场风险的是(　　)。

A. 利率风险　　B. 政治风险　　C. 汇率风险　　D. 商品风险

E. 结算风险

【解析】市场风险是指金融资产价格和商品价格的波动给商业银行表内头寸、表外头寸造成损失的风险。市场风险包括利率风险、汇率风险、股票风险和商品风险，其中利率风险尤为重要。B 项属于国别风险；E 项属于信用风险。

21. 下列宏观审慎政策工具中，属于时间维度的工具有(　　)。

A. 金融基础设施管理工具　　B. 资本管理工具

C. 跨市场金融产品管理工具　　D. 风险处置等阻断风险传染的管理工具

E. 流动性管理工具

17BDE　18ABCDE　19AD　20ACD　21BE

【解析】时间维度的工具主要包括以下几种：①资本管理工具；②流动性管理工具；③资产负债管理工具；④金融市场交易行为工具；⑤跨境资本流动管理工具。结构维度的工具主要包括以下几种：①特定机构附加监管规定；②金融基础设施管理工具；③跨市场金融产品管理工具；④风险处置等阻断风险传染的管理工具。

22. 下列关于商业银行风险的说法，正确的有(　　)。

A. 某法人客户由于破产而不能归还贷款，这反映了银行的流动性风险

B. 美元贬值使得银行的资产价值下降，这反映了银行的国别风险

C. 由于短期内取款额度的迅速增加使得银行不得不以低价抛售部分持有的债券，这反映了银行的监管风险

D. 央行提高法定准备金比率，降低了银行的贷款规模和盈利水平，这反映了银行的监管风险

E. 结算系统发生故障导致结算失败，造成交易成本上升，这反映了银行的操作风险

【解析】A 项反映了银行的信用风险；B 项反映了银行的市场风险；C 项反映了银行的流动性风险。

23. 一国的银行监管机构限制外国商业银行的利润汇出，在此国开设分支机构的一家外国商业银行因此而遭受了一定程度的损失。在这一事件中，此家商业银行遭受到的风险有(　　)。

A. 信用风险　　B. 国别风险　　C. 法律风险　　D. 声誉风险

E. 市场风险

【解析】“一国的银行监管机构限制外国商业银行的利润汇出”属于国别风险；而该风险因监管措施产生又属于法律风险；“开设分支机构的一家外国商业银行因此而遭受了一定程度的损失”，即导致该国的信用状况下降，这又属于信用风险。

24. 信用风险是商业银行面临的最重要的风险种类，下列关于信用风险的说法正确的有(　　)。

A. 信用风险具有非系统性风险的特征

B. 与市场风险相比，信用风险的观察数据较多

C. 对大多数商业银行来说，贷款是最主要的信用风险来源

D. 信用风险又被称为违约风险

E. 对基础金融产品而言，信用风险造成的损失最多是其债务的全部账面价值

【解析】信用风险是债务人未能如期偿还债务而给经济主体造成损失的风险，因此又被称为违约风险。对大多数商业银行来说，贷款是最主要的信用风险来源。对基础金融产品(如债券、贷款)而言，信用风险造成的损失最多是其债务的全部账面价值。与市场风险相比，信用风险观察数据少且不易获取，因此具有明显的非系统性风险特征。

25. 下列关于商业银行全面风险管理的说法，正确的是(　　)。

A. 风险管理的职责逐渐集中到公司的董事会、高级管理层

B. 组织流程再造与定量分析技术并举

22DE　23ABC　24ACDE　25BCDE

C. 风险管理贯穿于业务发展的每一个阶段

D. 风险管理的重点已经从原有的信用风险管理，扩大到信用风险、市场风险、操作风险、流动性风险等多种风险的一体化综合管理

E. 风险管理越来越重视定量分析，通过内部模型来识别、计量、监测和控制风险

【解析】A 项，全面风险管理体现在对商业银行所有层次的业务单位、全部种类的风险进行集中统筹管理，风险存在于商业银行业务的每一个环节，这决定了所有员工都应具有风险管理意识和自觉性。风险管理绝不仅仅是风险管理部门的职责，无论是董事会、高级管理层，还是业务部门，乃至运营部门，每个人在履行工作职责时，都必须深刻认识潜在风险因素，并主动预防。

26. 下列关于正态分布曲线的描述正确的有(　　)。

A. 关于 $x=\mu$ 对称

B. 关于 $x=\mu$ 不对称

C. 在 $x=\mu+\sigma$ 处有一个拐点

D. 在 $x=\mu$ 处曲线最高

E. 在 $x=\mu-\sigma$ 处有一个拐点

【解析】正态分布曲线的性质包括：关于 $x=\mu$ 对称；在 $x=\mu$ 处曲线最高；在 $x=\mu\pm\sigma$ 处各有一个拐点。

27. 下列关于风险分散化的论述正确的是(　　)。

A. 如果资产之间的收益率不存在线性相关性，那么分散化策略将不会有风险分散的效果

B. 如果资产之间的相关性为 -1，那么风险分散化效果最好

C. 如果资产之间的相关性为 +1，那么分散化策略将不能分散风险

D. 如果资产之间的相关性为正，那么风险分散化效果较好

E. 如果资产之间的相关性为负，那么风险分散化效果较好

【解析】A 项，若资产之间的收益率不存在线性相关性，即两种资产的相关系数 $\rho=0$，分散化策略仍能达到风险分散的效果。D 项，假设其他条件不变，当各资产间的相关系数为正时，风险分散效果较差；当相关系数为负时，风险分散效果较好。

28. 与单个金融机构风险或个体风险相比，系统性金融风险的主要特征包括(　　)。[2022年7月真题]

A. 复杂性　B. 突发性　C. 交叉传染性快　D. 负外部性强

E. 波及范围广

【解析】与单个金融机构风险或个体风险相比，系统性金融风险主要有四个方面的特征：①复杂性；②突发性；③交叉传染性快，波及范围广；④负外部性强。

三、案例题

战略风险管理案例——全球曼氏金融破产

风险事件：

2011 年 10 月 31 日，拥有长达 200 年历史的世界最大期货交易商——全球曼氏金融控股公司(以下简称“全球曼氏金融”)向纽约南区破产法院提交了破产保护申请。

26ACDE　27BCE　28ABCDE

相关背景：

2010 年 3 月，原新泽西州州长和高盛掌门人乔恩·克辛被任命为全球曼氏金融新一任首席执行官。2011 年 2 月，乔恩·克辛公布在五年内将全球曼氏金融转型为投资银行的计划。全球曼氏金融“看中”因信用评级下滑价格走低但收益率上升的欧洲国家主权债券，于是大量买入来自西班牙、意大利、比利时、爱尔兰和葡萄牙等国家的债券，并将其抵押获取贷款，希望赚得利差。短短几个月，公司持有高达 63 亿美元的欧债敞口。随着欧债危机的不断加深，2011 年 10 月 24 日，穆迪将全球曼氏金融评级调降至略高于垃圾级别。10 月 25 日，全球曼氏金融提前公布了截至 9 月 30 日的第二财季的财务状况，披露损失高达 1. 91 亿美元，创历史记录，致使公司股价当天暴跌 48%。随后在不到一周的时间内，全球曼氏金融市值蒸发已超过 2/3。10 月 31 日，在寻求整体或至少部分出售公司以避免破产命运的多轮谈判失败后，全球曼氏金融只好正式提出破产保护申请。

根据以上案例描述，回答下列 5 小题。

(1)乔恩·克辛将全球曼氏金融转型为投资银行的计划，使这家机构面临的最主要风险是(　　)。(单选题)

A. 声誉风险　　B. 战略风险　　C. 信用风险　　D. 流动性风险

【解析】战略风险是指商业银行在追求短期商业目的和长期发展目标的过程中，因不适当的发展规划和战略决策给商业银行造成损失或不利影响的风险。

(2)全球曼氏金融买入欧洲国家主权债券，并将其抵押获取贷款。此业务决策给全球曼氏金融带来的三个主要风险是(　　)。(单选题)

A. 信用风险、市场风险、流动性风险　　B. 市场风险、流动性风险、法律风险

C. 声誉风险、国别风险、市场风险　　D. 流动性风险、国别风险、声誉风险

【解析】欧债危机的加深，使得持有欧洲国家主权债券面临巨大的信用风险；市场对欧洲国家主权债券的看跌会致使其价格大幅下降，全球曼氏金融将面临市场风险；巨大的信用风险和市场风险最终会引发流动性风险。

(3)2011 年 10 月 24 日，穆迪将全球曼氏金融评级调降至略高于垃圾级别。此时全球曼氏金融面临的最主要风险有(　　)。(多选题)

A. 流动性风险　　B. 市场风险　　C. 信用风险　　D. 战略风险

E. 声誉风险

【解析】ABC 三项，全球曼氏金融持有的欧洲国家主权债券依然会使其面临信用风险、市场风险及流动性风险。E 项，穆迪对全球曼氏金融评级的下调会引发贷款人对全球曼氏金融资产质量的担忧，要求其提前还款，从而使全球曼氏金融陷入新的财务“流动性”困境，流动性风险加剧会引发市场及投资者对全球曼氏金融的负面评价，使其面临声誉风险。

(4)全球曼氏金融提交破产保护申请时，面临的主要风险有(　　)。(多选题)

A. 流动性风险　　B. 市场风险　　C. 信用风险　　D. 战略风险

E. 声誉风险

【解析】A 项，全球曼氏金融提交破产保护申请后仍然需要清偿债务，面临流动性风险；

---

(1)B　(2)A　(3)ABCE　(4)AE

E 项，破产申请亦会使全球曼氏金融面临声誉风险。

(5)根据上述案例描述，下列对商业银行战略风险管理的认识，最恰当的是(　　)。(单选题)

A. 战略风险管理是一项长期性的战略投资，实施效果短期不能显现

B. 战略风险管理不需要配置资本

C. 战略风险可能引发其他多种风险

D. 战略风险管理短期内没有益处

【解析】战略风险管理通常被认为是一项长期性的战略投资，实施效果需要很长时间才能显现。实质上，商业银行可以在短期内便体会到战略风险管理的诸多益处，例如比竞争对手更早采取风险控制措施、可以更为妥善地处理风险事件等。战略风险与其他主要风险密切联系且相互作用，是一种多维风险。商业银行应当充分评估战略风险可能给银行带来的损失及其对资本水平的影响，并视情况对战略风险配置资本。

---

(5)C

第二章　风险管理体系

一、单选题(下列选项中只有一项最符合题目的要求)

1. 银行识别和评估风险水平的重要手段是严格的(　　)。[2018 年 10 月真题]

A. 压力测试　　B. 资本充足率

C. 利润率　　D. 风险偏好与利益相关人的期望

【解析】压力测试是银行识别和评估风险水平的重要手段，银行通过开展压力测试，判断银行的风险状况是否在风险偏好所容忍的范围内，如果超出，银行需采取行动降低风险水平。

2. 下列关于商业银行风险限额的描述，错误的是(　　)。[2017 年 10 月真题]

A. 风险限额是风险偏好传导的重要手段

B. 风险限额可以包括条线、实体、产品等维度

C. 风险限额是根据宏观经济形势和整体发展战略所设定的主要风险指标的控制上(下)限

D. 风险限额的设定必须以行业标准和监管要求为标准

【解析】在限额水平的设定上，尽管行业标准和监管目标不是限额目标值设定的绝对参考，但大多数银行仍然会把监管目标作为限额管理的底线，并在此之上设置一定的缓冲。

3. 下列未体现商业银行风险管理职能独立性的是(　　)。[2023 年 6 月真题]

A. 风险管理部门具备足够的职权、资源以及与董事会进行直接沟通的渠道

B. 设置独立的风险管理部门

C. 风险管理部门薪酬与业务条线收入挂钩

D. 风险管理部门以独立于业务部门的报告路线直接向高管层和董事会报告业务的风险状况

【解析】C 项，对于控制职能的员工(如风险、合规及内部审计)，薪酬制定应独立于其所监督的业务条线之外，绩效指标也应主要基于他们自身目标的实现，避免影响他们的独立性。

4. 下列关于商业银行内部审计独立性的表述，错误的是(　　)。[2021 年 6 月真题]

A. 独立性要求内部审计人员不能把对其他事物的判断凌驾于对审计事物的判断之上

B. 独立性是指内部审计活动独立于他们所审查的活动之外

C. 内部审计部门在一个特定的组织中，享有经费、人事、内部管理、业务开展等方面的相对独立性

D. 审计人员在审计活动中不受任何来自外界的干扰，独立自主地开展审计工作

【解析】独立性是指内部审计活动独立于他们所审查的活动之外。衡量是否独立的标准是

1A　2D　3C　4A

内部审计活动的开展是否受到干扰。独立性可以理解为内部审计部门的独立性和内部审计人员的独立性。组织上的独立性是指内部审计部门在一个特定的组织中，享有经费、人事、内部管理、业务开展等方面的相对独立性，不受来自管理层和其他方面的干扰和阻挠，独立地开展内部审计活动。人员的独立性是指内部审计人员在审计活动中不受任何来自外界的干扰，独立自主地开展审计工作。A 项，客观性要求内部审计人员不能把对其他事物的判断凌驾于对审计事物的判断之上。

5. 下列关于商业银行风险偏好的表述，错误的是(　　)。[2016 年 11 月真题]

A. 风险偏好是商业银行全面风险管理体系的重要组成部分

B. 商业银行在制定战略规划时，应保持战略规划与风险偏好的协调一致

C. 风险偏好指标值在设定过程中，应主要考虑监管者的期望

D. 风险偏好需要有效传导至各实体、条线

【解析】风险偏好是商业银行全面风险管理体系的重要组成部分，是董事会在考虑利益相关者期望、外部经营环境以及自身实际的基础上，最终确定的风险管理的底线。商业银行在制定战略时需要充分考虑和反映各类相关利益人的期望以确定如何经营银行，而不是主要考虑监管者期望。

6. 监管机构对于商业银行数据灵活性的要求，不包括(　　)。[2021 年 6 月真题]

A. 银行生成的汇总风险数据能够满足内部需求以及监管问询的要求

B. 银行的数据加总流程能够生成客制化数据，适应监管要求变化，适应组织架构变化和新业务

C. 银行应该能够获取和汇总整个集团的所有重要风险数据

D. 银行生成的汇总风险数据应该有针对性地满足压力/危机情境下风险管理报告的需要

【解析】对于商业银行数据的灵活性，巴塞尔委员会要求：银行生成的汇总风险数据应该有针对性地满足风险管理报告的需要，包括压力/危机情境下的需要、内部需求以及监管问询的要求。加总流程的灵活性是指能够生成客制化数据，适应监管要求变化，适应组织架构变化和新业务。除生成总的风险敞口外，还要具有按监管要求生成数据子集的能力，例如敞口的国别、行业分布，同时强调了“指定日期”，也就变相要求了数据的灵活性。C 项属于数据完整性的要求。

7. 操作风险是银行面临的一项重要风险，商业银行应为抵御操作风险造成的损失安排(　　)。[2021 年 6 月真题]

A. 存款准备金　　B. 存款保险　　C. 经济资本　　D. 资本充足率

【解析】经济资本是在给定置信水平下，银行用来抵御非预期损失的资本量，也称风险资本，它是一种虚拟的、与银行风险的非预期损失额相等的资本。

8. 对于我国多数商业银行而言，开发风险计量模型遇到的最大困难是(　　)。[2016 年 5 月真题]

A. 计量模型假设条件太多，与实践不符

B. 历史数据积累不足，数据真实性难以保障

5C　6C　7C　8B

C. 计算机系统无法支持复杂的模型运算

D. 计量模型运算运用数理知识较多，难以掌握

【解析】开发风险管理模型的关键是模型开发所采用的数据源是否具有高度的真实性、准确性和充足性，以确保最终开发的模型可以真实反映商业银行的风险状况。对于我国的大多数商业银行而言，历史数据积累不足、数据真实性难以评估是目前模型开发遇到的最大难题。

9. 根据商业银行风险管理的最佳实践，下列关于风险管理部门职能的描述，恰当的是（　　）。[2019 年 6 月真题]

A. 风险管理部门应当与业务部门保持相对独立

B. 风险管理部门应当全面负责风险管理策略的执行

C. 风险管理能力有限的商业银行可以将风险识别转移到其他部门

D. 风险管理部门应当承担风险管理的最终责任

【解析】A 项，风险管理职能应与业务部门之间保持充分独立，并且不得参与产生收入的经营活动。这种独立性是有效风险管理职能的一个重要组成部分。

10. 商业银行风险管理部门的主要职责不包括（　　）。[2015 年 5 月真题]

A. 制定风险管理策略　　B. 建设完善的风险管理体系

C. 组织开展各项风险管理工作　　D. 对银行承担的风险进行识别

【解析】风险管理部门在高管层（首席风险官）的领导下，负责建设完善包括风险管理政策制度、工具方法、信息系统等在内的风险管理体系，组织开展各项风险管理工作，对银行承担的风险进行识别、计量、监测、控制、缓释以及风险敞口的报告，促进银行稳健经营、持续发展。A 项是董事会的职责。

11. 根据《商业银行资本管理办法（试行）》，商业银行的（　　）负责设定本行的风险偏好。[2014 年 11 月真题]

A. 董事会　　B. 风险管理部门　　C. 监事会　　D. 风险管理委员会

【解析】《商业银行资本管理办法（试行）》中规定董事会负责设定风险偏好，高级管理层负责根据业务战略和风险偏好组织实施资本管理工作。

12. 下列关于商业银行高级管理层对市场风险管理职责的表述，错误的是（　　）。[2014 年 6 月真题]

A. 负责承担对市场风险管理的最终责任

B. 负责组织人力、物力、系统等资源有效地识别、计量、监测和控制市场风险

C. 及时掌握市场风险水平及其管理状况

D. 负责定期审查和监督执行市场风险管理政策、程序以及具体操作规程

【解析】A 项，在风险管理方面，董事会对商业银行风险管理承担最终责任，负责风险偏好等重大风险管理事项的审议、审批，对银行承担风险的整体情况和风险管理体系的有效性进行监督。

13. 商业银行计算经济资本时，置信水平的选择对经济资本配置的规模有很大影响。通常，

9A　10A　11A　12A　13D

置信水平______，则相应配置的经济资本规模______，抵御风险的能力______。(　　)［2019 年 6 月真题］

A. 不变；减小；变高　　B. 越低；越小；越高

C. 越高；越大；越低　　D. 越高；越大；越高

【解析】经济资本是在给定置信水平下，银行用来抵御非预期损失的资本量，与银行风险的非预期损失额相等的资本。经济资本不是真正的银行资本，它是“算”出来的，在数额上与非预期损失相等。置信水平越高，经济资本对损失的覆盖程度越高，其数额也越大。

14. 商业银行采用高级风险量化技术面临(　　)。［2013 年 11 月真题］

A. 声誉风险　　B. 模型风险　　C. 市场风险　　D. 法律风险

【解析】B 项，商业银行在追求和采用高级风险量化方法时，应当意识到，高级量化技术随着业务复杂程度的增加，通常会产生新的风险，如模型风险。因此，使用高级风险量化技术进行辅助决策以及核算监管资本的数量时，商业银行应当具备相应的知识和技术条件，并且事先通过监管机构的审核与批准。

15. 商业银行的(　　)有权制定风险管理策略，并决定采取何种有效措施来控制商业银行的整体或重大风险。［2021 年 6 月真题］

A. 业务部门　　B. 风险管理部门　　C. 高级管理层　　D. 风险管理委员会

【解析】大部分银行特别是大型银行和国际活跃银行，在高级管理层层面设立了风险管理相关委员会，对银行风险管理相关重要事项进行讨论、审议或决策；在我国商业银行，高管层层面普遍设立负责对风险管理政策制度、风险管理和风险水平等进行审议的风险管理委员会。

16. 根据商业银行公司治理原则，商业银行的战略目标应由(　　)审核批准。

A. 董事会　　B. 高级管理层　　C. 监事会　　D. 股东大会

【解析】巴塞尔委员会发布的第四版《银行公司治理原则》强调董事会对银行负有整体责任，包括批准并监督管理层实施银行的战略目标、治理框架和公司文化。

17. 关于风险管理组织中各机构的主要职责，下列说法正确的是(　　)。

A. 风险管理部门对商业银行的财务活动、经营决策、风险管理和内部控制进行监督

B. 董事会负责组织实施经董事会审核通过的重大风险管理事项，以及在董事会授权范围内就有关风险管理事项进行决策

C. 高级管理层是商业银行的最高风险管理/决策机构，承担商业银行风险管理的最终责任

D. 风险管理部门负责建设完善包括风险管理政策制度、工具方法、信息系统等在内的风险管理体系

【解析】A 项属于监事会的职责；B 项属于高级管理层的职责；C 项属于董事会的职责。

18. 某商业银行分行要求下属支行风险部门负责人每年必须按照年初制定的休假计划休假，休假期间的工作由分行风险管理部门安排人员接替。这项管理要求属于内部控制五大要

14B　15D　16A　17D　18A

素的(　　)。[2023年10月真题]

A. 内部环境　　B. 内部监督　　C. 信息与沟通　　D. 控制活动

【解析】A项，内部环境处于内部控制五大要素之首。内部环境具体内容包括治理结构、机构设置及权责分配、内部审计、人力资源政策、企业文化等。

19. (　　)负责建立识别、计量、监测并控制风险的程序和措施。

A. 董事会　　B. 监事会　　C. 股东大会　　D. 高级管理层

【解析】在商业银行风险管理方面，高级管理层负责组织实施经董事会审核通过的重大风险管理事项，以及在董事会授权范围内就有关风险管理事项进行决策，负责建设银行风险管理体系，组织开展各类风险管理活动，识别、计量、监测、控制或缓释银行的风险，向董事会就银行风险管理和风险承担水平进行报告并接受监督。

20. 风险管理部门在(　　)的领导下，负责建设完善包括风险管理政策制度、工具方法、信息系统等在内的风险管理体系。

A. 监事会　　B. 高管层　　C. 经营部门　　D. 董事会

【解析】风险管理部门在高管层(首席风险官)的领导下，负责建设完善包括风险管理政策制度、工具方法、信息系统等在内的风险管理体系，组织开展各项风险管理工作，对银行承担的风险进行识别、计量、监测、控制、缓释以及风险敞口的报告，促进银行稳健经营、持续发展。

21. 商业银行在制定风险偏好的过程中需要考虑的因素不包括(　　)。

A. 充分考虑压力测试

B. 银行需考虑该行愿意承担的风险，以及承担风险的能力

C. 监管要求

D. 竞争对手的情况

【解析】D项，银行在制定战略时需要充分考虑和反映各类相关利益人的期望以确定如何经营银行，这些期望划定了银行经营所应遵循的界限，并通过风险偏好的形式加以明确。

22. 风险计量既需要对单笔交易承担的风险进行计量，也要对组合层面、银行整体层面承担的风险水平进行评估，也就是通常所说的(　　)。

A. 风险识别　　B. 风险监测　　C. 风险控制　　D. 风险加总

【解析】风险计量既需要对单笔交易承担的风险进行计量，也要对组合层面、银行整体层面承担的风险水平进行评估，也就是通常所说的风险加总。风险加总的关键在于对相关性的考量，不同类型的风险之间、风险参数之间、不同机构之间都存在着相关性，对相关性假设的合理性成为风险加总可信度的关键。

23. (　　)是指通过系统化的方法发现商业银行所面临的风险种类和性质。

A. 识别风险　　B. 制作风险清单　　C. 感知风险　　D. 分析风险

【解析】风险识别包括感知风险和分析风险两个环节：①感知风险是通过系统化的方法发现商业银行所面临的风险种类和性质；②分析风险是深入理解各种风险的成因及变化

19D　20B　21D　22D　23C

规律。

24. 风险因素与风险管理复杂程度的关系是(　　)。

A. 风险因素考虑得越充分，风险管理就越容易

B. 风险因素越多，风险管理就越复杂，难度就越大

C. 风险管理流程越复杂，则会有效减少风险因素

D. 风险因素的多少同风险管理的复杂性的相关程度并不大

【解析】风险因素考虑得愈充分，风险识别与分析也会愈加全面和深入。但随着风险因素的增加，风险管理的复杂程度和难度呈几何倍数增长，所产生的边际收益呈递减趋势。

25. 下列关于风险计量的说法中，错误的是(　　)。

A. 风险计量就是对单笔交易承担的风险进行计量

B. 风险计量可以基于专家经验

C. 风险计量采取定性、定量或者定性与定量相结合的方式

D. 准确的风险计量结果需要建立在卓越的风险模型基础之上

【解析】A 项，风险计量既需要对单笔交易承担的风险进行计量，也要对组合层面、银行整体层面承担的风险水平进行评估，也就是通常所说的风险加总。

26. 不同的职能部门对于风险状况的需求是不一样的，前台交易人员需要的是(　　)。

A. 最佳避险报告　　B. 整体风险报告

C. 具体的头寸报告　　D. 风险监测报告

【解析】风险监测和报告要满足不同风险层级和不同职能部门对于风险状况的多样化需求。高级管理层需要的是高度概括的整体风险报告；前台交易人员期待的是非常具体的头寸报告；风险管理委员会则通常要求风险管理部门提供最佳避险报告，以协助制定风险管理策略。

27. 直接体现商业银行的风险管理水平和研究/开发能力的是(　　)。

A. 不断开发出针对不同风险种类的风险量化方法

B. 建立功能强大、动态/交互式的风险监测和报告系统

C. 采取科学的方法，识别商业银行所面临的各种风险

D. 采取有效措施控制商业银行的整体或重大风险

【解析】建立功能强大、动态/交互式的风险监测和报告系统，对于提高商业银行风险管理效率和质量具有非常重要的作用，也直接体现了商业银行的风险管理水平和研究/开发能力。

28. 风险控制可以分为事前控制和事后控制，常用的事前控制方法不包括(　　)。

A. 限额管理　　B. 制定应急预案　　C. 风险定价　　D. 风险转移

【解析】商业银行常用的事前控制方法有：限额管理、风险定价和制定应急预案等；常用的事后控制的方法有：风险缓释或风险转移、风险资本的重新分配、提高风险资本水平等。

24B　25A　26C　27B　28D

29. 下列关于风险管理信息传递的说法，不正确的是(　　)。

A. 先进的企业级风险管理信息系统一般采用浏览器和服务器结构

B. 风险分析人员在报告发送给外界之前要核准风险报告结果准确无误

C. 风险管理应当在最短的时间将所有正确的信息传递给商业银行所有人员

D. 风险监测人员在发布信息时要确保适当的人员得到他们所应当看到的风险信息

【解析】C 项，高效的风险管理流程应当能够确保正确的风险信息，在正确的时间传递给正确的人。

30. (　　)作为商业银行的重要“无形资产”，必须设置严格的安全保障，确保能够长期、不间断地运行。

A. 完善的公司治理架构　　B. 健全的内部控制机制

C. 有效的风险管理策略　　D. 风险管理信息系统

31. 根据 COSO 委员会对内部控制的定义，内部控制的目标不包括(　　)。

A. 确保对于企业所适用的法律及法规的遵循

B. 确保企业的基本业务目标，包括业绩和盈利目标以及资源的安全性

C. 明确划分股东、董事会和高级管理层、经理人员各自的权利、责任、利益形成的相互制衡关系

D. 确保可靠的公开发布的财务报表，包括中期和简要的财务报表以及从这些公开发布的报表中精选的财务数据，例如业绩公告

【解析】C 项是内部控制的具体内容之一。

32. 下列不属于商业银行内部控制要素的是(　　)。[2017 年 10 月真题]

A. 控制活动　　B. 风险评估　　C. 风险治理　　D. 内部环境

【解析】内部控制主要包括五大要素：内部环境、风险评估、控制活动、内部监督、信息与沟通。

33. 根据《银行业金融机构数据治理指引》规定，在数据治理结构方面，(　　)对数据治理承担最终责任。

A. 董事会　　B. 监事会　　C. 高级管理层　　D. 业务部门

【解析】在数据治理架构方面，要求银行业金融机构应当建立组织架构健全、职责边界清晰的数据治理架构，明确董事会、监事会、高级管理层和相关部门的职责分工，建立多层次、相互衔接的运行机制。董事会应当制定数据战略，审批或授权审批与数据治理相关的重大事项，督促高级管理层提升数据治理有效性，对数据治理承担最终责任。

34. 根据《银行业金融机构全面风险管理指引》规定，业务条线承担风险管理的(　　)责任。

A. 最终　　B. 直接

C. 监测和管理风险　　D. 审计

【解析】《银行业金融机构全面风险管理指引》规定，银行业金融机构应当确定业务条线承担风险管理的直接责任；风险管理条线承担制定政策和流程，监测和管理风险的责任；内审部门承担业务部门和风险管理部门履职情况的审计责任。

29C　30D　31C　32C　33A　34B

二、多选题(下列选项中有两项或两项以上符合题目的要求)

1. 商业银行风险治理框架应包含“三道防线”，具体的部门包括(　　)。[2023 年 6 月真题]

A. 前台业务部门　B. 人事管理部门　C. 支持保障部门　D. 风险管理职能部门

E. 内部审计部门

【解析】风险管理的“三道防线”：第一道防线——前台业务部门；第二道防线——风险管理职能部门；第三道防线——内部审计。

2. 商业银行在制定风险偏好的过程中，应考虑的因素包括(　　)。[2016 年 11 月真题]

A. 监管要求　B. 风险偏好与利益相关人的期望

C. 同业的风险偏好水平　D. 愿意承担的风险，以及承担风险的能力

E. 压力测试结果

【解析】商业银行在制定风险偏好过程中需要考虑以下因素：①风险偏好与利益相关人的期望；②该行愿意承担的风险，以及承担风险的能力；③监管要求；④压力测试的结果。

3. 在商业银行风险管理“三道防线”中，属于第二道防线的是(　　)。[2016 年 5 月真题]

A. 风险管理部门　B. 监察稽核部门　C. 公司业务部门　D. 合规部门

E. 内部审计部门

【解析】风险管理部门和合规部门是第二道风险防线。其中，风险管理部门负责监督和评估业务部门承担风险的业务活动。合规部门负责定期监控银行对于法律、公司治理规则、监管规定、行为规范和政策的执行情况。C 项属于第一道防线；BE 两项属于第三道防线。

4. 下列对商业银行风险计量的理解，正确的有(　　)。[2015 年 10 月真题]

A. 风险模型开发所采用的数据源应当具有高度的真实性、准确性和充足性

B. 风险模型应当能够真实反映商业银行的风险状况

C. 应确保所开发的风险模型准确并长期有效

D. 深刻理解不同风险计量方法的优缺点，采用多种分析手段相互补充

E. 所采用的风险计量方法/模型越高级，计量出来的风险越准确

【解析】C 项，商业银行开发的风险模型要准确，并且能够在未来一定时期内满足商业银行风险管理的需要，这一模型并非一成不变的，需要考虑变化的市场环境和政策；E 项，商业银行应当意识到，高级量化技术随着业务复杂程度的增加，通常会产生新的风险，如模型风险。

5. 下列关于商业银行风险管理信息系统的表述，正确的有(　　)。[2014 年 11 月真题]

A. 风险管理系统中采集的数据包括外部数据和内部数据

B. 风险管理信息系统是商业银行的重要“有形资产”，必须设置严格的安全保障

C. 风险管理信息系统应高度重视数据的来源、流程和时效

D. 针对风险管理组织体系、部门职能、岗位职责，风险管理系统必须设置不同的登录级别

1ADE　2ABDE　3AD　4ABD　5ACDE

E. 风险管理信息系统需要明确的、基于业务的规范标准和操作规程，与业务人员的日常工作紧密联系

【解析】风险管理信息系统高度重视数据的来源、流程和时效，需要良好的 IT 构架和技术支持，并且需要明确的、基于具体业务的规范标准和操作规程，与业务人员的日常工作紧密联系。风险管理信息系统需要收集的风险信息/数据通常分为内部数据和外部数据。风险管理信息系统作为商业银行的重要“无形资产”，必须设置严格的安全保障，确保系统能够长期、不间断地运行，应该针对风险管理组织体系、部门职能、岗位职责等设置不同的登录级别，以保证系统的安全。

6. 商业银行风险计量模型应当能够真实反映商业银行的风险状况，模型开发应做到(　　)。[2013 年 11 月真题]

A. 考虑不同业务的性质、规模和复杂程度

B. 采用商业银行真实、准确、充足的数据

C. 根据需要对模型进行验证和必要的修正

D. 应用尽可能复杂的建模方法和高深的数理知识

E. 选择合理的假设前提和参数

【解析】商业银行应当根据不同的业务性质、规模和复杂程度，对不同类别的风险选择适当的计量方法，尽可能准确计算可以量化的风险、评估难以量化的风险。开发风险管理模型的难度不在于所应用的数理知识多么深奥，关键是模型开发所采用的数据源是否具有高度的真实性、准确性和充足性，以确保最终开发的模型可以真实反映商业银行的风险状况。因此，商业银行应当充分认识到不同风险计量方法的优势和局限性，适时采用敏感性分析、压力测试和情景分析等方法作为补充。

7. 风险文化是商业银行在经营管理活动中逐步形成的(　　)。[2013 年 6 月真题]

A. 哲学　　B. 公司治理原则　　C. 内部控制体系　　D. 风险管理理念

E. 价值观

【解析】风险文化是商业银行在经营管理活动中逐步形成的风险管理理念、哲学和价值观，通过商业银行的风险管理战略、风险管理制度以及广大员工的风险管理行为表现出来的一种企业文化。

8. 当风险分散之后仍有较大的风险存在时，商业银行可使用(　　)方法将风险转嫁出去。

A. 出售风险头寸　　B. 购买保险　　C. 互换　　D. 期权

E. 准时结算

【解析】风险转移是指通过购买某种金融产品或采取其他合法的经济措施将风险转移给其他经济主体的一种策略性选择。银行将自身的风险暴露转移给第三方，包括出售风险头寸、购买保险或者进行避险交易(如互换、期权等)等。

9. 商业银行风险监测/报告的具体内容包括(　　)。

A. 开发风险计量模型

B. 监测各种风险水平的变化和发展趋势

6ABCE　7ADE　8ABCD　9BCD

C. 随时关注所采取的风险管理/控制措施的实施质量/效果
D. 报告商业银行所有风险的定性/定量评估结果
E. 调整高风险授信限额

【解析】风险监测/报告包含风险管理的两项重要内容：①监测各种风险水平的变化和发展趋势，在风险进一步恶化之前提交相关部门，以便其密切关注并采取恰当的控制措施，确保风险在银行设定的目标范围以内；②报告商业银行所有风险的定性/定量评估结果，并随时关注所采取的风险管理/控制措施的实施质量/效果。

10. 商业银行风险控制/缓释策略应当实现的目标主要有(　　)。
A. 监测各种可量化的关键风险指标
B. 满足不同职能部门对于风险状况的多样化需求
C. 风险控制/缓释策略应与商业银行的整体战略目标保持一致
D. 所采取的具体控制措施与缓释工具符合成本/收益要求
E. 通过对风险诱因的分析，能够发现风险管理中存在的问题，并重新完善风险管理程序

11. 根据数据的来源不同，风险管理信息系统的风险数据可以分为(　　)。
A. 内部数据　　B. 历史数据　　C. 中间计量数据　　D. 组合结果数据
E. 外部数据

【解析】根据数据的来源不同，风险管理信息系统的风险数据可以分为：①内部数据，指从各个业务信息系统中抽取的、与风险管理相关的数据信息；②外部数据，指通过专业数据供应商所获得的数据，限于当前国内数据供应商的专业实力，很多数据需要商业银行自行采集、评估或用其他数据来替代。

12. 商业银行风险管理涉及到大量的数据，下列各项属于外部数据的有(　　)。
A. 国内市场行情数据　　B. 外部评级数据
C. 外部损失数据　　D. 行业统计分析数据
E. 客户在本行的信用记录

【解析】外部数据是通过专业数据供应商所获得的数据，或者从税务、海关、公共服务提供部门、征信系统等记录客户经营和消费活动的机构获得的数据。内部数据是从各个业务系统中抽取的、与风险管理相关的数据信息。E 项属于内部数据。

13. 风险管理信息系统应当(　　)。
A. 设置灾难恢复以及应急操作程序
B. 建立错误承受程序
C. 随时进行数据信息备份和存档，定期进行检测并形成文件记录
D. 为所有系统用户设置相同的使用权限和识别标志
E. 设置严格的网络安全/加密系统，防止外部非法入侵

【解析】风险管理信息系统应当：①针对风险管理组织体系、部门职能、岗位职责等，设置不同的登录级别；②为每个系统用户设置独特的识别标志，并定期更换登录密码或

10CDE　11AE　12ABCD　13ABCE

磁卡；③对每次系统登录或使用提供详细记录，以便为意外事件提供证据；④设置严格的网络安全/加密系统，防止外部非法入侵；⑤随时进行数据信息备份和存档，定期进行检测并形成文件记录；⑥设置灾难恢复以及应急操作程序；⑦建立错误承受程序，以便发生技术困难时，仍然可以在一定时间内保持系统的完整性。

14. 根据《银行业金融机构数据治理指引》规定，在数据治理结构方面，下列说法正确的是(　　)。

A. 董事会应当制定数据战略，审批或授权审批与数据治理相关的重大事项

B. 监事会负责对董事会和高级管理层在数据治理方面的履职尽责情况进行监督评价

C. 高级管理层负责建立数据治理体系，并定期向监事会报告

D. 可根据实际情况设立首席数据官

E. 业务部门应当负责本业务领域的数据治理，管理业务条线数据源

【解析】C 项，高级管理层负责建立数据治理体系，确保数据治理资源配置，制定和实施问责和激励机制，建立数据质量控制机制，组织评估数据治理的有效性和执行情况，并定期向董事会报告。

15. 根据《银行业金融机构数据治理指引》规定，在数据质量控制方面，要确保数据的(　　)。

A. 真实性　　B. 准确性　　C. 连续性　　D. 完整性

E. 及时性

【解析】在数据质量控制方面，要求银行业金融机构应当确立数据质量管理目标，建立控制机制，确保数据的真实性、准确性、连续性、完整性和及时性。

16. 根据《银行业金融机构全面风险管理指引》规定，董事会在风险管理中的职责包括(　　)。

A. 承担全面风险管理的最终责任

B. 负责建立风险文化

C. 制定清晰的执行和问责机制

D. 聘任风险总监(首席风险官)或其他高级管理人员

E. 承担全面风险管理的监督责任

【解析】《银行业金融机构全面风险管理指引》规定，董事会承担全面风险管理的最终责任，负责建立风险文化，制定风险管理策略，设定风险偏好和确保风险限额的设立，审批重大风险管理政策和程序，监督高级管理层开展全面风险管理，审议全面风险管理报告，审批全面风险和各类重要风险的信息披露，聘任风险总监(首席风险官)或其他高级管理人员，牵头负责全面风险管理，同时还明确董事会可以授权其下设的风险管理委员会履行其全面风险管理的部分职责。C 项，高级管理层负责制定清晰的执行和问责机制，确保风险管理策略、风险偏好和风险限额得到充分传达和有效实施；E 项，监事会承担全面风险管理的监督责任，负责监督检查董事会和高级管理层在风险管理方面的履职尽责情况并督促整改。

14ABDE　15ABCDE　16ABD

三、案例题

风险事件：

2016年9月，美国消费者金融保护局(CFPB)、货币监理署与洛杉矶检方指控富国银行私自开户等不端行为，对其处罚1.85亿美元。CFPB调查发现，2011年5月至2015年6月期间，富国银行产生不端行为的雇员多达5300名。根据初步估算，这些雇员未经客户授权开立的储蓄账户和未经客户申请发行的信用卡数量分别达到了153万和56.6万，这些账户因为余额不足产生的管理费和信用卡透支费、滞纳金等费用约为240万美元。CFPB还证实，该行内部普遍存在本行雇员私自为客户激活借记卡、未经客户允许注册个人识别码、假冒客户电邮地址为其开通网上银行等不端行为。

交叉销售策略一直是富国银行的经营法宝，富国银行同时还提出"伟大的8"(Gr-eight)战略，即希望实现平均每个客户拥有富国8个产品，并形成以此为核心的激励机制，如果雇员没有达到销售目标，需要无薪资加班来完成任务，甚至受到解雇威胁。在销售目标和薪酬激励驱动下，很多富国银行雇员铤而走险。

富国银行事件发生后，其股价大跌、全球市值第一大行"宝座"被摩根大通取代，美国加利福尼亚州、伊利诺伊州宣布中止与富国银行的多项重要业务关系。

(1)风险偏好是商业银行全面风险管理体系的重要组成部分，高管层在考虑利益相关者期望、外部经营环境以及自身实际的基础上，最终确定的风险管理底线。(　　)(判断题)

A. 正确　　　　B. 错误

【解析】风险偏好是商业银行全面风险管理体系的重要组成部分，是董事会在考虑利益相关者期望、外部经营环境以及自身实际的基础上，最终确定的风险管理的底线。

(2)富国银行事件中涉及到的风险类型包括(　　)。(单选题)

A. 信用风险、市场风险、操作风险、流动性风险

B. 操作风险、合规风险、声誉风险、战略风险

C. 市场风险、操作风险、流动性风险、国别风险

D. 交易对手信用风险、操作风险、合规风险、国别风险

【解析】富国银行雇员私自为客户激活借记卡、未经客户允许注册个人识别码、假冒客户电邮地址为其开通网上银行等不端行为涉及操作风险。CFPB、货币监理署与洛杉矶检方指控富国银行私自开户等不端行为，对其处罚1.85亿美元，涉及到合规风险。富国银行事件发生后，其股价大跌、全球市值第一大行"宝座"被摩根大通取代，美国加利福尼亚州、伊利诺伊州宣布中止与富国银行的多项重要业务关系，涉及到声誉风险。富国银行为了实现"伟大的8"战略，要求员工无薪资加班来完成任务，甚至使员工受到解雇威胁，涉及到战略风险。

(3)下列(　　)属于富国银行不端行为产生的原因。(多选题)

A. 销售目标过于激进，风险文化存在扭曲

B. 高管层对基层员工集体私自开户的行为未予以充分重视

C. 该行的交叉销售策略本身不存在问题，完全因基层雇员不遵守职业操守

D. 董事会未能有效履行风险管理职责，风险治理能力薄弱

---

(1)B　(2)B　(3)ABDE

E. 重激励、轻约束，短期高盈利为导向的高风险经营模式

【解析】C 项，该行的交叉销售策略本身就有一定的问题，从而使部分员工铤而走险。

(4)富国银行事件中涉及到的操作风险事件类型有(　　)。(多选题)

A. 就业制度和工作场所安全事件　　B. 外部欺诈事件

C. 实物资产的损坏　　D. 内部欺诈事件

E. 客户、产品和业务活动事件

【解析】A 项，就业制度和工作场所安全事件是指违反就业、健康或安全方面的法律或协议，个人工伤赔付或者因歧视及差别待遇导致的损失事件。富国银行为了实现“伟大的8”战略，要求员工无薪资加班来完成任务，甚至使员工受到解雇威胁属于就业制度和工作场所安全事件。DE 两项，内部欺诈事件是指故意骗取、盗用财产或违反监管规章、法律或公司政策导致的损失事件；客户、产品和业务活动事件是指因未按有关规定造成未对特定客户履行分内义务(如诚信责任和适当性要求)或产品性质或设计缺陷导致的损失事件。富国银行雇员私自为客户激活借记卡、未经客户允许注册个人识别码、假冒客户电邮地址为其开通网上银行等不端行为涉及到内部欺诈事件和客户、产品和业务活动事件。

(5)以下(　　)措施有助于解决本案例中存在的问题。(多选题)

A. 改革销售策略和激励机制

B. 塑造良好的公司文化

C. 改变经营战略，继续扩大产品和业务规模

D. 直接解雇参与不端行为的雇员，但不对高管层进行问责

E. 建立“三道防线”为核心的内部控制体系

【解析】C 项，应当减小产品和业务规模，减少盲目扩张所带来的风险；D 项，在风险管理方面，高管层负责组织实施经董事会审核通过的重大风险管理事项，以及在董事会授权范围内就有关风险管理事项进行决策，负责建设银行风险管理体系，组织开展各类风险管理活动，识别、计量、监测、控制或缓释银行的风险，向董事会就银行风险管理和风险承担水平进行报告并接受监督。富国银行事件的发生说明高管层未能及时识别及控制银行潜在的风险，因此应当对高管层问责。

(6)富国银行遭受监管处罚的事件被媒体曝光后，以下(　　)措施无助于降低其声誉风险。(单选题)

A. 宣传富国银行“以客户为核心”的价值理念

B. 将部分涉事员工调岗

C. 增强对客户和公众的透明度

D. 良好处理与媒体的关系

【解析】A 项，宣传富国银行“以客户为核心”的价值理念有助于树立其值得信赖的机构形象，提高声誉。B 项，仅将部分涉事员工调岗不能降低其声誉风险，应当强化声誉风险管理培训，高度重视对员工守则和利益冲突政策的培训，确保所有员工都能深入贯彻、理解商业银行的价值理念和风险管理政策，恪守内部流程，将声誉风险管理渗透到商业

---

(4)ADE　(5)ABE　(6)B

银行的每一个环节，从微观处减少潜在的声誉风险因素。C 项，增强对客户和公众的透明度，将产品研发、未来发展计划向客户和公众告知，并广泛征求意见，能够提早预知和防范新产品/服务可能引发的声誉风险。D 项，商业银行的良好声誉源自利益持有者的持久信任，而媒体是商业银行和这些利益相关群体保持密切联系的纽带。因此，商业银行需要通过不同的媒体，定期或不定期地宣传商业银行的价值理念。

(7) 富国银行事件的启示之一是商业银行应该建立完善的内部控制框架，下列关于内部控制的表述不恰当的是(　　)。(单选题)

A. 商业银行内部控制实质上是全面风险管理

B. 内部控制包含内部环境、风险评估、控制活动、内部监督、信息与沟通五大要素

C. 不相容职务分离控制是内部控制的基本手段之一

D. 评价内部控制的有效性和发现有缺陷的业务的活动

【解析】内部控制主要包括五大要素：①内部环境，具体内容包括治理结构、机构设置及权责分配、内部审计、人力资源政策、企业文化等。②风险评估。③控制活动，不相容职务分离控制是内部控制的基本手段之一。④内部监督，内部监督是商业银行对内部控制建立与实施情况进行监督检查，评价内部控制的有效性，发现内部控制缺陷的活动，主要目标是发现内部控制缺陷，改善内部控制体系，促进内部控制的健全性、合理性。⑤信息与沟通，信息与沟通是组织稳定的基础，对一个组织的发展具有重要作用。A 项，内部控制是由董事会、管理层和其他员工实施的，旨在为经营的有效性和效率、财务报告的可靠性、法律法规的遵循性等目标的实现提供合理保证的过程；而全面风险管理体现在对商业银行所有层次的业务单位、全部种类的风险进行集中统筹管理。

---

(7) A

第三章　资本管理

一、单选题(下列选项中只有一项最符合题目的要求)

1. 杠杆率监管覆盖了表外资产，弥补了(　　)资本监管下表外资产风险计提不足的问题。[2022 年 7 月真题]

A. 巴塞尔协议Ⅱ

B. 巴塞尔协议Ⅰ

C. 巴塞尔协议Ⅲ

D. 巴塞尔协议框架的改进(巴塞尔协议 2.5)

【解析】杠杆率监管覆盖表外资产，弥补了巴塞尔协议Ⅱ资本监管下表外资产风险计提不足的问题，减少了银行向表外转移资产进行监管套利的可能性。

2. 监管当局规定的银行必须持有的与其业务总体风险水平相匹配的资本称为(　　)。[2018 年 6 月真题]

A. 账面资本　　B. 会计资本　　C. 监管资本　　D. 经济资本

【解析】监管资本是监管当局规定的银行必须持有的与其业务总体风险水平相匹配的资本，一般是指商业银行自身拥有的或者能长期支配使用的资金，以备非预期损失出现时随时可用，故其强调的是抵御风险、保障银行持续稳健经营的能力，并不要求其所有权归属。

3. 原银监会规定，我国商业银行杠杆率的监管标准是不低于(　　)。[2017 年 10 月真题]

A. 4%　　B. 3%　　C. 5%　　D. 6%

【解析】杠杆率衡量总资产规模可能带来的风险，原银监会根据巴塞尔协议Ⅲ的相关内容，制定了针对我国商业银行的杠杆率监管要求：杠杆率 =(一级资本 - 一级资本扣减项)/调整后的表内外资产余额。《商业银行杠杆率管理办法》规定，商业银行并表和未并表的杠杆率均不得低于4%。

4. 下列资本工具中，(　　)属于商业银行的二级资本。[2017 年 10 月真题]

A. 超额贷款损失准备可计入部分　　B. 优先股及其溢价

C. 资本公积及盈余公积可计入部分　　D. 一般风险准备可计入部分

【解析】商业银行的监管资本包括一级资本和二级资本。其中，一级资本包括核心一级资本和其他一级资本。二级资本包括二级资本工具及其溢价、超额贷款损失准备可计入部分、少数股东资本可计入部分。B 项属于其他一级资本；CD 两项属于核心一级资本。

5. 商业银行经济资本是指(　　)。[2017 年 6 月真题]

A. 商业银行在一定的期间和置信区间内，为了覆盖和抵御不良贷款所需的资本

B. 商业银行在一定的期间和置信区间内，为了覆盖和抵御预期损失所需的资本

1A　2C　3A　4A　5C

C. 商业银行在一定的期间和置信区间内，为了覆盖和抵御非预期损失所需的资本

D. 商业银行在一定的期间和置信区间内，为了覆盖和抵御损失类贷款所需的资本

【解析】经济资本又称为风险资本，是指在一定的置信度和期限下，为了覆盖和抵御银行超出预期的经济损失(即非预期损失)所需要持有的资本数额，是银行抵补风险所要求拥有的资本。

6. 根据我国《商业银行资本管理办法(试行)》，符合条件的优先股属于(　　)。[2016年11月真题]

A. 资本扣除项　　B. 核心一级资本　　C. 其他一级资本　　D. 二级资本

【解析】根据《商业银行资本管理办法(试行)》，监管资本包括一级资本和二级资本。其中，一级资本包括核心一级资本和其他一级资本。其他一级资本包括其他一级资本工具及其溢价(如优先股及其溢价)、少数股东资本可计入部分。

7. 根据《商业银行资本管理办法(试行)》，我国系统重要性银行的资本充足率不得低于(　　)。[2015年10月真题]

A. 11.5%　　B. 11%　　C. 8%　　D. 10.5%

【解析】2013年1月1日，《商业银行资本管理办法(试行)》正式施行后，我国系统重要性银行和非系统重要性银行的资本充足率分别不得低于11.5%和10.5%。

8. 下列选项中，(　　)反映了银行实际拥有的资本水平。[2015年10月真题]

A. 监管资本　　B. 经济资本　　C. 商品资本　　D. 账面资本

【解析】账面资本是银行资本金的静态反映，反映了银行实际拥有的资本水平。

9. 根据《商业银行资本管理办法(试行)》，我国商业银行一级资本充足率的最低要求为(　　)。[2013年11月真题]

A. 6%　　B. 4.5%　　C. 5%　　D. 3%

【解析】根据《商业银行资本管理办法(试行)》，资本监管要求分为四个层次：第一层次为最低资本要求，即核心一级资本充足率、一级资本充足率和资本充足率分别为5%、6%和8%；第二层次为储备资本要求和逆周期资本要求，分别为2.5%和0~2.5%；第三层次为系统重要性银行附加资本要求，国内系统重要性银行附加资本为1%(2021年12月以后调整为0.25~1.5%)；第四层次为第二支柱资本要求。

10. 与一般企业相比，商业银行的突出特点是(　　)。[2013年11月真题]

A. 低负债经营　　B. 全负债经营　　C. 中负债经营　　D. 高负债经营

【解析】与其他一般企业相比，商业银行的特殊性首先在于它以负债经营为特色，是高杠杆经营的金融机构，其资本占比较低，承担着巨大的风险。同时，商业银行在一国经济中具有重要地位，尤其是大型商业银行在国民经济中要比一般企业重要得多。

11. 从保护存款人利益和增强银行体系安全性的角度出发，银行资本的核心功能是(　　)。

A. 保护银行的正常经营　　B. 为银行的注册提供资金

C. 吸收损失　　D. 组织营业

6C　7A　8D　9A　10D　11C

【解析】从保护存款人利益和增强银行体系安全性的角度出发，银行资本的核心功能是吸收损失：①在银行清算条件下吸收损失，其功能是为高级债权人和存款人提供保护；②在持续经营条件下吸收损失，体现为随时用来弥补银行经营过程中发生的损失。

12. 根据巴塞尔协议Ⅲ，普通商业银行的总资本充足率不得低于(　　)。

A. 7%　　B. 8%　　C. 10.5%　　D. 11.5%

【解析】根据巴塞尔协议Ⅲ，通常情况下普通商业银行的普通股充足率应达到7%，总资本充足率不得低于10.5%。

13. 下列关于巴塞尔协议Ⅲ的说法错误的是(　　)。

A. 大幅度提高高风险业务的资本要求

B. 重新界定监管资本的构成，强调优先股在监管资本中的核心地位

C. 建立逆周期资本监管机制

D. 提高了资本充足率监管标准

【解析】B项，巴塞尔协议Ⅲ重新界定了监管资本的构成，恢复普通股在监管资本中的核心地位，严格各类资本工具的合格标准，从严确定资本扣除项目，强化监管资本工具的损失吸收能力。

14. 在现代商业银行的风险管理体系中，商业银行进行风险管理的最根本驱动力是(　　)。

A. 客户利益　　B. 股东利益

C. 资本　　D. 金融监管机构的要求

【解析】资本是风险的最终承担者，因而也是风险管理最根本的动力来源。在商业银行经营管理活动中，风险管理始终是由代表资本利益的董事会来推动并承担最终风险责任的。

15. 根据不同的管理需要和本质特性，商业银行资本可以分为(　　)。

A. 账面资本、经济资本、监管资本

B. 持续经营资本、破产清算资本

C. 核心一级资本、其他一级资本、二级资本

D. 实收资本、资本公积、盈余资本

【解析】根据不同的管理需要和本质特性，商业银行资本主要有账面资本、经济资本和监管资本三个概念。其中，账面资本是银行持股人的永久性资本投入；经济资本是指在一定的置信度和期限下，为了覆盖和抵御银行超出预期的经济损失(即非预期损失)所需要持有的资本数额；监管资本是监管当局规定的银行必须持有的与其业务总体风险水平相匹配的资本。

16. 下列关于经济资本的说法，不正确的是(　　)。

A. 经济资本又称为风险资本

B. 经济资本小于银行的账面资本

C. 商业银行的整体风险水平高，要求的经济资本就多

D. 经济资本是为了应对非预期损失而持有的资本

12C　13B　14C　15A　16B

【解析】经济资本又称为风险资本，是指在一定的置信度和期限下，为了覆盖和抵御银行超出预期的经济损失(即非预期损失)所需要持有的资本数额，是银行抵补风险所要求拥有的资本，并不必然等同于银行所持有的账面资本，可能大于账面资本，也可能小于账面资本。经济资本是一种取决于商业银行实际风险水平的资本，商业银行的整体风险水平高，要求的经济资本就多，反之要求的经济资本就少。

17. 下列各项中，应列入商业银行二级资本的是(　　)。

A. 未分配利润　　B. 二级资本工具及其溢价

C. 盈余公积　　D. 一般风险准备

【解析】在巴塞尔协议Ⅲ中，监管资本包括一级资本和二级资本。其中，一级资本又包括核心一级资本和其他一级资本。核心一级资本包括：实收资本或普通股、资本公积、盈余公积、一般风险准备、未分配利润、少数股东资本可计入部分。其他一级资本包括：其他一级资本工具及其溢价(如优先股及其溢价)、少数股东资本可计入部分。二级资本包括：二级资本工具及其溢价、超额贷款损失准备可计入部分、少数股东资本可计入部分。

18. 我国商业银行的核心一级资本不包括(　　)。

A. 实收资本　　B. 盈余公积　　C. 一般风险准备　　D. 次级债券

【解析】核心一级资本是指在银行持续经营条件下无条件用来吸收损失的资本工具，具有永久性、清偿顺序排在所有其他融资工具之后的特征。核心一级资本主要包括以下六个项目：实收资本或普通股、资本公积、盈余公积、一般风险准备、未分配利润、少数股东资本可计入部分。

19. 其他一级资本包括(　　)。

A. 普通股　　B. 优先股　　C. 实收资本　　D. 盈余公积

【解析】其他一级资本是非累积性的、永久性的、不带有利率跳升及其他赎回条款，本金和收益都应在银行持续经营条件下参与吸收损失的资本工具，主要包括：其他一级资本工具及其溢价(如优先股及其溢价)，少数股东资本可计入部分。ACD 三项均属于核心一级资本。

20. 下列不属于其他一级资本的特征的是(　　)。

A. 永久性　　B. 清偿顺序排在所有其他融资工具之后

C. 非积累性　　D. 不带有其他赎回条款

【解析】其他一级资本是非累积性的、永久性的、不带有利率跳升及其他赎回条款，本金和收益都应在银行持续经营条件下参与吸收损失的资本工具。B 项属于核心一级资本的特征。

21. 其他一级资本和二级资本自发行之日起，至少(　　)年后方可由发行银行赎回，且应具备相应条件。

A. 2　　B. 3　　C. 4　　D. 5

【解析】其他一级资本和二级资本自发行之日起，至少 5 年后方可由发行银行赎回，但

17B　18D　19B　20B　21D

发行银行不得形成赎回权将被行使的预期，且行使赎回权应得到国务院银行业监督管理机构的事先批准。

22.《巴塞尔新资本协议》中，风险加权资产的计算公式为(　　)。

A. 信用风险加权资产 + 市场风险资本要求

B. 信用风险加权资产 + 市场风险资本要求 + 操作风险资本要求

C.（信用风险加权资产 + 市场风险资本要求 + 操作风险资本要求）×12.5

D. 信用风险加权资产 +（市场风险资本要求 + 操作风险资本要求）×12.5

【解析】D 项，风险加权资产包括信用风险加权资产、市场风险加权资产和操作风险加权资产。市场风险加权资产为市场风险资本要求的 12.5 倍，即市场风险加权资产 = 市场风险资本要求 ×12.5；操作风险加权资产为操作风险资本要求的 12.5 倍，即操作风险加权资产 = 操作风险资本要求 ×12.5。

23. 资本充足率是指商业银行持有的符合规定的资本与风险加权资产之间的比率，这里的资本就是(　　)。

A. 账面资本　　B. 经济资本　　C. 监管资本　　D. 实收资本

【解析】以监管资本为基础计算的资本充足率，是监管部门限制银行过度承担风险、保证金融市场稳定运行的重要工具。资本充足率是指商业银行持有的符合规定的资本(监管资本)与风险加权资产之间的比率。

24. 下列不属于增加商业银行二级资本方法的是(　　)。

A. 发行可转换债券　　B. 提高超额贷款损失准备

C. 发行长期次级债券　　D. 提高留存利润

【解析】二级资本主要来源于超额贷款损失准备、次级债券、可转换债券等，故 ABC 三项均可以增加商业银行二级资本。D 项，提高留存利润属于增加一级资本的方法。

25. (　　)是银行增加一级资本最快捷的方式。

A. 发行普通股　　B. 发行优先股

C. 留存利润　　D. 次级债券

【解析】一级资本的来源最常用的方式是发行普通股和提高留存利润。普通股是银行核心一级资本主要内容，但发行普通股成本通常较高，且银行不能经常采用；留存利润是银行增加一级资本最便捷的方式，相对于发行股票来说，其成本相对要低得多。

26. 对风险管理水平高、资产结构合理的商业银行而言，采用(　　)能够适度降低风险加权资产、节约资本。

A. 权重法　　B. 蒙特卡洛模拟法

C. 资本计量的高级方法　　D. 标准法

【解析】与权重法相比，资本计量的高级方法(如信用风险内部评级法)能更加敏感、准确地反映风险，对风险管理水平高、资产结构合理的商业银行而言，采用资本计量的高级方法后能够适度降低风险加权资产、节约资本。

22D　23C　24D　25C　26C

27. 国内系统重要性银行分为五组，其中第一组和第五组的银行分别适用______和______的附加资本要求。( )

A. 0.25%，1.5%　B. 0.5%，1%　C. 0.75%，1.5%　D. 0.25%，1%

【解析】根据《系统重要性银行附加监管规定（试行）》，国内系统重要性银行分为五组，第一组到第五组的银行分别适用0.25%、0.5%、0.75%、1%和1.5%的附加资本要求。若银行同时被认定为我国系统重要性银行和全球系统重要性银行，附加资本要求不叠加，采用二者孰高原则确定。

28. 第二支柱资本要求是在( )的基础上提出的。

A. 储备资本要求　B. 逆周期资本要求

C. 最低资本要求　D. 最低资本充足率

【解析】第二支柱资本要求是指监管机构在最低资本要求的基础上提出的各类特定资本要求的总和。

29. 巴塞尔委员会在( )中，对杠杆率的目标、定义、基本构成、计量方法和过渡期安排做出了规定。

A. 巴塞尔协议Ⅰ　B. 巴塞尔协议Ⅱ

C. 巴塞尔协议Ⅲ　D. 巴塞尔Ⅲ最终方案

【解析】2010年12月，巴塞尔委员会在巴塞尔协议Ⅲ中，对杠杆率的目标、定义、基本构成、计量方法和过渡期安排做出了规定。

30. 目前，一般银行的杠杆率国际标准最低为______，最高为______。( )

A. 2%；2.75%　B. 3%；4.75%　C. 3%；4%　D. 2%；3.75%

【解析】巴塞尔委员会于2017年发布的《巴塞尔Ⅲ最终方案》，对全球系统重要性银行提出了更高的杠杆率要求。目前，巴塞尔委员会将全球系统重要性银行分为5个组别，资本附加要求分别为1%、1.5%、2%、2.5%、3.5%，一般银行的杠杆率国际标准最低为3%，最高为4.75%。

二、多选题(下列选项中有两项或两项以上符合题目的要求)

1. 下列关于商业银行账面资本的表述，正确的有( )。[2017年6月真题]

A. 是银行持股人的永久性资本投入

B. 是资产负债表上的所有者权益

C. 等于银行资产负债表上总资产减去总负债后的余额

D. 反映商业银行应该拥有的资本水平

E. 是对银行资本的动态反映

【解析】DE两项，账面资本是银行资本金的静态反映，反映了银行实际拥有的资本水平。

2. 下列属于商业银行核心一级资本的有( )。[2016年10月真题]

A. 优先股　B. 资本公积　C. 损失准备缺口　D. 盈余公积

E. 实收资本或普通股

【解析】核心一级资本包括：实收资本或普通股、资本公积、盈余公积、一般风险准备、

27A　28C　29C　30B　▌　1ABC　2BDE

未分配利润、少数股东资本可计入部分。A 项，优先股属于其他一级资本；C 项，商业银行在计算资本充足率时，应当从核心一级资本中全额扣除贷款损失准备缺口。

3. 商业银行资本的作用主要有（　　）。［2015 年 10 月真题］

A. 吸收损失　　B. 承担风险

C. 限制银行业务过度扩张　　D. 为银行提供融资

E. 维持市场信心

【解析】银行资本的作用主要体现在以下几个方面：①为银行提供融资；②吸收和消化损失；③限制业务过度扩张和承担风险，增强银行系统的稳定性；④维持市场信心。

4. 根据《商业银行资本管理办法（试行）》，我国商业银行计算资本充足率时，应当从核心一级资本中全额扣除的项目包括（　　）。［2015 年 5 月真题］

A. 商誉　　B. 土地使用权

C. 贷款损失准备缺口　　D. 盈余公积

E. 由经营亏损引起的净递延税资产

【解析】商业银行在计算资本充足率时，应当从核心一级资本中全额扣除以下项目：①商誉；②其他无形资产（土地使用权除外）；③由经营亏损引起的净递延税资产；④贷款损失准备缺口；⑤资产证券化销售利得；⑥确定受益类的养老金资产净额；⑦直接或间接持有本银行的股票；⑧对资产负债表中未按公允价值计量的项目进行套期形成的现金流储备，若为正值，应予以扣除，若为负值，应予以加回；⑨商业银行自身信用风险变化导致其负债公允价值变化带来的未实现损益。

5. 下列关于《商业银行资本管理办法（试行）》的表述中，错误的有（　　）。［2014 年 6 月真题］

A. 要求我国商业银行一级资本充足率不低于 10.5%

B. 对于核心一级资本充足率，我国监管要求高于巴塞尔协议Ⅲ的监管标准

C. 若国内银行被认定为全球系统重要性银行，所适用的附加资本要求不得低于巴塞尔委员会的统一规定

D. 将商业银行资本充足率监管要求分为最低资本要求，储备资本要求和逆周期资本要求

E. 要求我国商业银行核心一级资本充足率不低于 8%

【解析】AE 两项，《商业银行资本管理办法（试行）》要求一级资本充足率不得低于 6%，核心一级资本充足率不得低于 5%，资本充足率不得低于 8%；D 项，商业银行资本充足率监管要求包括最低资本要求、储备资本要求、逆周期资本要求、系统重要性银行附加资本要求以及第二支柱资本要求。

6. 根据《商业银行资本管理办法（试行）》，我国商业银行监管资本包括（　　）。［2013 年 11 月真题］

A. 补充资本　　B. 二级资本　　C. 其他一级资本　　D. 核心一级资本

E. 附属资本

3ABCDE　4ACE　5ADE　6BCD

【解析】根据《商业银行资本管理办法(试行)》，监管资本包括一级资本和二级资本。其中，一级资本包括核心一级资本和其他一级资本。

7. 2004 年，巴塞尔委员会发布《统一资本计量和资本标准的国际协议(修订框架)》，提出了以(　　)三大支柱为特色的新资本协议框架。[2012 年 10 月真题]

A. 治理结构　　B. 内部控制

C. 最低资本充足率要求　　D. 市场约束

E. 监管当局的监督检查

【解析】2004 年，巴塞尔委员会发布《统一资本计量和资本标准的国际协议(修订框架)》，提出了以最低资本充足率要求、监管部门监督检查和市场约束三大支柱为特色的新资本协议框架。2006 年发布的《巴塞尔新资本协议》(巴塞尔协议Ⅱ)增加了对交易账户和双重违约的处理。

8. 商业银行资本可以用来(　　)等。

A. 缓冲意外损失　　B. 保护银行的正常经营

C. 为银行的注册提供启动资金　　D. 吸收银行的经营亏损

E. 为存款进入前的经营提供启动资金

【解析】商业银行资本是银行从事经营活动必须注入的资金，可以用来吸收银行的经营亏损，缓冲意外损失，保护银行的正常经营，为银行的注册、组织营业以及存款进入前的经营提供启动资金等。从保护存款人利益和增强银行体系安全性的角度出发，银行资本的核心功能是吸收损失。

9. 相比巴塞尔协议Ⅱ，巴塞尔协议Ⅲ突出表现在(　　)。

A. 重新界定监管资本的构成，恢复普通股在监管资本中的核心地位

B. 改进风险权重计量方法，大幅度提高高风险业务的资本要求

C. 增加了对交易账户和双重违约的处理

D. 建立逆周期资本监管机制，提升银行体系应对信贷周期转换的能力

E. 显著提高资本充足率监管标准，通常情况下普通商业银行的普通股充足率应达到 7%，总资本充足率不得低于 10.5%

【解析】相比巴塞尔协议Ⅱ，巴塞尔协议Ⅲ突出表现在：①重新界定监管资本的构成，恢复普通股在监管资本中的核心地位；②改进风险权重计量方法，大幅度提高高风险业务的资本要求；③建立逆周期资本监管机制，提升银行体系应对信贷周期转换的能力，弱化银行体系与实体经济之间的正反馈循环；④显著提高资本充足率监管标准，通常情况下普通商业银行的普通股充足率应达到 7%，总资本充足率不得低于 10.5%。C 项属于巴塞尔协议Ⅱ的内容。

10. 2017 年 12 月，巴塞尔委员会发布《巴塞尔Ⅲ最终方案》，其主要内容包括(　　)。

A. 限制内部模型方法的使用

B. 引入杠杆率缓冲资本要求

C. 显著提高资本充足率监管标准

7CDE　8ABCDE　9ABDE　10ABDE

D．提高信用风险与操作风险标准法的稳健性和风险敏感性

E．重新校准资本底线要求

【解析】2017 年 12 月，巴塞尔委员会发布《巴塞尔Ⅲ：危机后改革的最终方案》（简称《巴塞尔Ⅲ最终方案》），新监管规则将于 2022 年 1 月 1 日起实施，其主要内容包括：①提高信用风险与操作风险标准法的稳健性和风险敏感性，从而提高银行资本比率的可比性；②限制内部模型方法的使用；③在信用估值调整（CVA）风险计量中引入市场隐含的风险暴露参数，同时取消内部模型法，简化为标准法（SA－CVA）和基本法（BA－CVA）；④引入杠杆率缓冲资本要求；⑤重新校准资本底线要求。C 项属于巴塞尔协议Ⅲ对资本监管的重要改进之一。

11．我国商业银行的账面资本包括（　　）。

A．实收资本　　B．盈余公积　　C．未分配利润　　D．资本公积

E．可转换债券

【解析】账面资本是银行持股人的永久性资本投入，即资产负债表上的所有者权益，主要包括普通股股本/实收资本、资本公积、盈余公积、未分配利润、投资重估储备、一般风险准备等，即资产负债表上银行总资产减去总负债后的剩余部分。账面资本是银行资本金的静态反映，反映了银行实际拥有的资本水平。

12．经济资本是可以根据不同角度来区分的银行资本，它是（　　）。

A．为了覆盖和抵御预期损失所需要持有的资本数额

B．资产减去负债后的余额

C．银行抵补风险所要求拥有的资本

D．一个风险概念

E．维持金融体系稳定必须持有的资本

【解析】A 项，经济资本又称为风险资本，是指在一定的置信度和期限下，为了覆盖和抵御银行超出预期的经济损失（即非预期损失）所需要持有的资本数额，是银行抵补风险所要求拥有的资本，并不必然等同于银行所持有的账面资本，可能大于账面资本，也可能小于账面资本；B 项，资产减去负债后的余额是账面资本；E 项，维持金融体系稳定必须持有的资本是监管资本。

13．商业银行提高资本充足率的“分母对策”，总体的思路是降低风险加权资产的总量，要缩小整体的风险加权资产，主要采用的措施有（　　）。[2020 年 10 月真题]

A．节约资本　　B．调整结构　　C．降低规模　　D．扩大市场

E．增加投资

【解析】商业银行提高资本充足率的分母对策，总体的思路是降低风险加权资产的总量，包括分别降低信用风险、市场风险和操作风险的资本要求。要缩小整体的风险加权资产，主要采用两种措施：一是降低规模；二是调整结构。

14．监管当局提出在最低资本要求基础上的储备资本要求，目的是（　　）。

A．确保银行业资本要求要考虑银行运营所面临的宏观金融环境

11ABCD　12CD　13BC　14BCDE

B. 增强银行吸收损失的能力

C. 降低资本监管的顺周期性

D. 保证危机时期银行资本充足率仍能达到最低标准

E. 确保银行在非压力时期建立超额资本用于发生损失时吸收损失

【解析】监管当局提出在最低资本要求基础上的储备资本要求，旨在确保银行在非压力时期建立超额资本用于发生损失时吸收损失，可以增强银行吸收损失的能力，在一定程度上降低资本监管的顺周期性，保证危机时期银行资本充足率仍能达到最低标准。A 项，逆周期资本旨在确保银行业资本要求要考虑银行运营所面临的宏观金融环境。

15. 为提高特定资产组合的资本要求，国务院银行业监督管理机构可采取下列哪些方法？（　　）

A. 调整风险权重、相关性系数、有效期限

B. 根据现金流覆盖比例、区域风险差异，确定地方政府融资平台贷款的集中度风险资本要求

C. 通过期限调整因子，确定中长期贷款的资本要求

D. 根据个人住房抵押贷款用于购买非自住用房的风险状况，提高个人住房抵押贷款资本要求

E. 针对贷款行业集中度风险状况，确定部分行业的贷款集中度风险资本要求

【解析】国务院银行业监督管理机构有权通过调整风险权重、相关性系数、有效期限等方法，提高特定资产组合的资本要求，包括但不限于以下内容：①根据现金流覆盖比例、区域风险差异，确定地方政府融资平台贷款的集中度风险资本要求；②通过期限调整因子，确定中长期贷款的资本要求；③针对贷款行业集中度风险状况，确定部分行业的贷款集中度风险资本要求；④根据个人住房抵押贷款用于购买非自住用房的风险状况，提高个人住房抵押贷款资本要求。

16. 杠杆率指标的优点包括(　　)。

A. 具备逆周期调节作用

B. 简单、透明、具有风险敏感性

C. 避免了资本套利和监管套利

D. 是风险中性的，相对简单易懂

E. 兼具微观审慎和宏观审慎功效

【解析】作为简单、透明、不具有风险敏感性的监管工具，杠杆率兼具宏观审慎和微观审慎功效。具体来说，杠杆率指标的优点包括：①杠杆率具备逆周期调节作用，能维护金融体系稳定和实体经济发展；②杠杆率避免了资本套利和监管套利；③杠杆率是风险中性的，相对简单易懂。

15ABCDE　16ACDE

第四章　信用风险管理

一、**单选题**(下列选项中只有一项最符合题目的要求)

1. 对商业银行来说，开展不良贷款证券化的主要作用不包括(　　)。[2019 年 6 月中级真题]

A. 实现不良贷款本息的全部回收　　B. 提高商业银行资产质量

C. 更好地发现不良贷款价格　　D. 拓宽商业银行处置不良贷款的渠道

【解析】不良贷款证券化能够拓宽商业银行处置不良贷款的渠道，加快不良贷款处置速度，有利于提高商业银行资产质量；同时，能够更好地发现不良贷款价格，有利于提高银行对于不良贷款的回收率水平。

2. 下列信用风险监测指标中，与商业银行自身净资产质量最不相关的是(　　)。[2018 年 10 月真题]

A. 贷款风险迁徙率　　B. 客户授信集中度

C. 不良贷款拨备覆盖率　　D. 不良贷款率

【解析】A 项，贷款风险迁徙率衡量商业银行信用风险变化的程度，表示为资产质量从前期到本期变化的比率；C 项，不良贷款拨备覆盖率是指贷款损失准备与不良贷款余额之比；D 项，不良贷款率为不良贷款与贷款总额之比。CD 两项指标均需用到不良贷款，涉及商业银行自身资产质量。

3. 在我国资产证券化业务实践中，资产支持票据的投资者主要为(　　)。[2017 年 10 月真题]

A. 金融机构、企业年金等

B. 个人投资者

C. 符合《私募投资基金监督管理暂行办法》规定条件的投资者

D. 银行间投资人或特定机构投资者

【解析】资产支持票据的投资者主要为银行间投资人或特定机构投资者。A 项是信贷资产证券化的投资者；C 项是企业资产证券化的投资者。

4. 在商业银行信用风险监测中，行业经营环境恶化的预警指标不包括(　　)。[2016 年 11 月真题]

A. 金融危机对行业发展产生影响　　B. 行业产能明显过剩

C. 市场需求出现明显下降　　D. 行业个别企业出现亏损

【解析】行业经营风险预警指标包括：①行业整体衰退；②出现重大的技术变革，影响到行业的产品和生产技术的改变；③经济环境变化，如经济萧条或出现金融危机，对行业发展产生影响；④产能明显过剩；⑤市场需求出现明显下降；⑥行业出现整体亏损或行业标杆企业出现亏损。

1A　2B　3D　4D

5. 若商业银行通过历史数据分析得知，借款人 A、B 的一年期违约可能性分别为 0.02% 和 0.04%，则根据监管要求，在该银行信用风险内部评级体系中，A、B 的一年期违约概率分别为（ ）。[2016 年 11 月真题]

A. 0.03%，0.03%　　B. 0.02%，0.04%

C. 0.02%，0.03%　　D. 0.03%，0.04%

【解析】违约概率是指借款人在未来一定时期内发生违约的可能性。违约概率一般被具体定义为借款人内部评级 1 年期违约概率与 0.03% 中的较高者，设定 0.03% 的下限是为了给风险权重设定下限，也是考虑到商业银行在检验小概率事件时所面临的困难。

6. 假定一年期零息国债的无风险收益率为 3%，1 年期信用等级为 B 的零息债券的违约概率为 10%，在发生违约的情况下，该债券价值的回收率为 60%，则根据风险中性定价模型可推断该零息债券的年收益率约为（ ）。[2016 年 11 月真题]

A. 8.3%　　B. 7.3%　　C. 9.5%　　D. 10%

【解析】根据风险中性定价原理，无风险资产的预期收益与不同等级风险资产的预期收益是相等的，即 $P_1(1+K_1)+(1-P_1)\times(1+K_1)\times\theta=1+i_1$。其中，$P_1$ 为期限 1 年的风险资产的非违约概率，$(1-P_1)$ 即其违约概率；K_1 为风险资产的承诺利息；θ 为风险资产的回收率，等于“1 - 违约损失率”；i_1 为期限 1 年的无风险资产的收益率。将题中数据代入上式，$(1-10\%)\times(1+K_1)+10\%\times(1+K_1)\times60\%=1+3\%$，解得，$K_1\approx7.3\%$。

7. 根据财政部《金融企业不良资产批量转让管理办法》，金融企业批量转让不良资产的范围不包括（ ）。[2016 年 11 月真题]

A. 抵债资产

B. 按规定程序和标准认定为次级、可疑、损失类的贷款

C. 个人贷款

D. 已核销的账销案存资产

【解析】金融企业批量转让不良资产的范围包括金融企业在经营中形成的以下不良信贷资产和非信贷资产：①按规定程序和标准认定为次级、可疑、损失类的贷款；②已核销的账销案存资产；③抵债资产；④其他不良资产。

8. 某商业银行当期信用评级为 B 级的借款人的违约概率（PD）是 0.10，违约损失率（LGD）是 0.50。假设该银行当期所有 B 级借款人的表内外信贷总额为 30 亿元人民币，违约风险暴露（EAD）是 20 亿元人民币，则该银行此类借款预期损失为（ ）亿元。[2016 年 11 月真题]

A. 0.8　　B. 4　　C. 1　　D. 3.2

【解析】预期损失 = 违约概率（PD）× 违约风险暴露（EAD）× 违约损失率（LGD）= 0.1 × 20 × 0.5 = 1（亿元）。

9. 客户评级是商业银行对客户______的计量和评价，反映客户______的大小。（ ）[2016 年 11 月真题]

A. 偿债能力和偿还意愿；道德风险　　B. 偿债能力和偿还意愿；违约风险

5D　6B　7C　8C　9B

C. 收入水平和偿债能力；违约风险　　　　D. 收入水平和偿债能力；道德风险

【解析】客户评级是商业银行对客户偿债能力和偿债意愿的计量和评价，反映客户违约风险的大小。客户评级的评价主体是商业银行，评价目标是客户违约风险，评价结果是信用等级和违约概率(PD)。

10. 某客户一笔 2000 万元的贷款，其中有 1200 万元国债质押，其余是保证。假如该客户违约概率为 1%，贷款违约损失率为 40%，则该笔贷款的预期损失是(　　)万元。[2016 年 11 月真题]

A. 8　　　　B. 7.2　　　　C. 4.8　　　　D. 3.2

【解析】预期损失(EL) = 违约概率(PD) × 违约风险暴露(EAD) × 违约损失率(LGD)。则该题中，预期损失 = 1% × (2000 − 1200) × 40% = 3.2(万元)。

11. 根据商业银行信用风险内部评级法，不同信用等级的客户，其违约风险与信用等级之间的变化趋势应当为(　　)。[2018 年 10 月真题]

A.

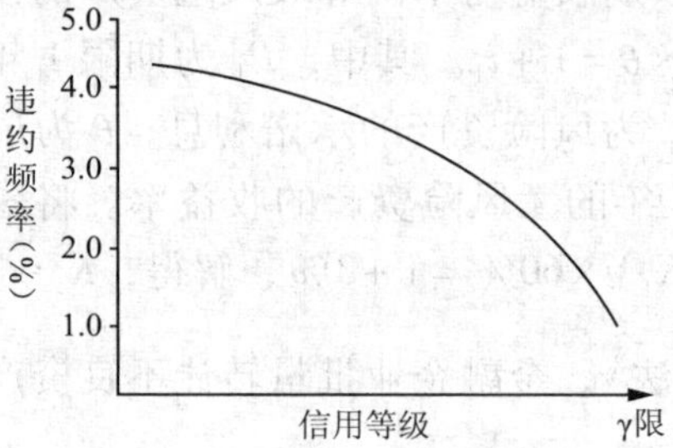

B.

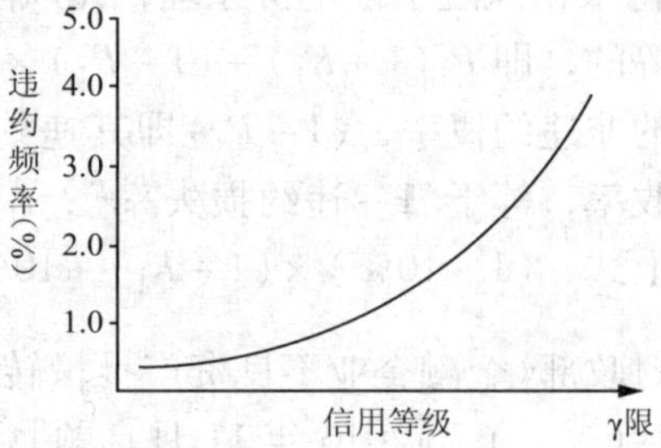

C.

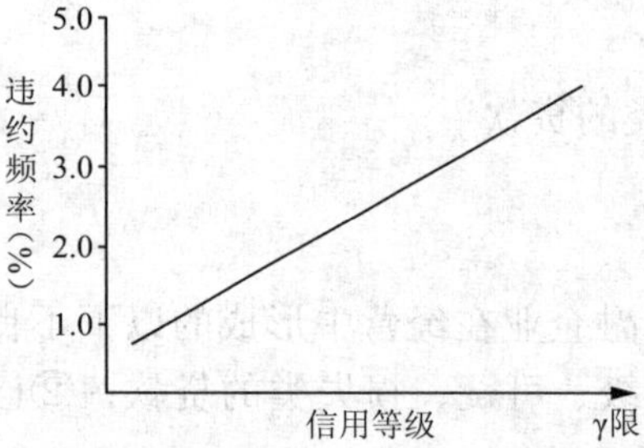

D.

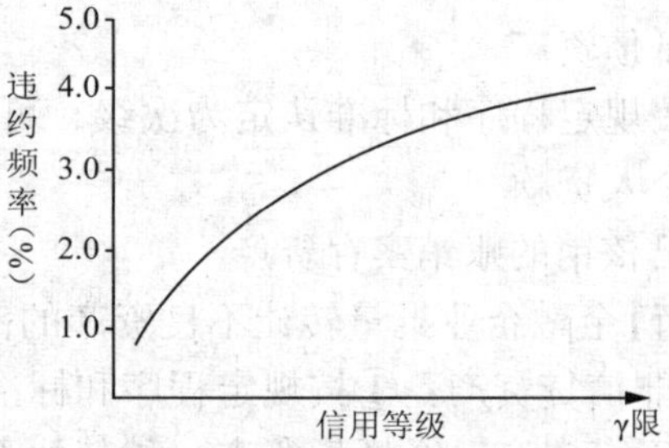

【解析】不同信用等级的客户违约风险随信用等级的下降而呈加速上升的趋势。客户的违约频率越高，其信用等级越低，两者呈负相关。

12. 某商业银行信用卡业务(无担保循环的)个人类表内透支余额是 50 亿元，表外未使用的信用卡授信额度是 200 亿元。假设对应的表内风险权重是 75%，表外风险转换系数是 20%。则该商业银行计量的信用卡风险加权资产量最可能的是(　　)亿元。[2016 年 5 月真题]

A. 40　　　　B. 90　　　　C. 30　　　　D. 67.5

【解析】权重法下信用风险加权资产为银行账户表内资产信用风险加权资产与表外项目信用风险加权资产之和。在计量各类表内资产的风险加权资产时，应该首先从资产账面价值中扣除相应的减值准备，然后乘以各自的风险权重。在计量各类表外项目的风险加权资产的时候，应该将表外项目名义金额乘以信用转换系数得到等值的表内资产，再按

10D　11A　12D

表内资产的处理方式计量风险加权资产。因此该商业银行计量的信用卡风险加权资产量最可能的是 $50 \times 75\% + 200 \times 20\% \times 75\% = 67.5$(亿元)。

13. 表 4-1 是某商业银行当期金融资产五级分类的迁徙矩阵。

表 4-1

		期末				
		正常	关注	次级	可疑	损失
期初	正常	90%	10%	0	0	0
	关注	5%	80%	10%	5%	0
	次级	0	5%	80%	10%	5%
	可疑	0	0	10%	70%	20%

已知期初正常类金融资产余额 500 亿，关注类金融资产余额 40 亿，次级类金融资产余额 20 亿，可疑类金融资产余额 10 亿，损失类金融资产余额 0，则该商业银行当期期末的不良资产余额是(　　)亿。

A. 75　　B. 84.5　　C. 35　　D. 81.3

【解析】金融资产按照风险程度分为五类，分别为正常类、关注类、次级类、可疑类、损失类，后三类合称不良资产。该商业银行期末的损失类金融资产数量 $=500 \times 0 + 40 \times 0 + 20 \times 5\% + 10 \times 20\% = 3$(亿)。期末的可疑类金融资产数量 $=500 \times 0 + 40 \times 5\% + 20 \times 10\% + 10 \times 70\% = 11$(亿)。期末的次级类金融资产数量 $=500 \times 0 + 40 \times 10\% + 20 \times 80\% + 10 \times 10\% = 21$(亿)。则该商业银行当期期末的不良资产余额 $=3 + 11 + 21 = 35$(亿)。

14. 借款人向银行申请 1 年期贷款 100 万，经测算其违约概率为 2.5%，违约回收率为 40%，该笔贷款的信用 VaR 为 10 万，则该笔贷款的非预期损失为(　　)万。[2016 年 5 月真题]

A. 9　　B. 1.5　　C. 60　　D. 8.5

【解析】每一项风险资产的预期损失计算公式为：预期损失(EL) = 违约概率(PD) × 违约风险暴露(EAD) × 违约损失率(LGD)。其中，违约损失率 = 1 - 违约回收率。则该笔贷款的预期损失 $=2.5\% \times 100 \times (1-40\%) = 1.5$(万)，非预期损失 $=10-1.5=8.5$(万)。

15. 商业银行采用信用风险内部评级法初级法时，除了回购类交易的有效期限是 0.5 年外，其他非零售风险暴露的有效期限是(　　)年。[2016 年 5 月真题]

A. 3　　B. 2　　C. 2.5　　D. 5

【解析】商业银行采用初级内部评级法，除回购类交易有效期限是 0.5 年外，其他非零售风险暴露的有效期限为 2.5 年。商业银行采用高级内部评级法，应将有效期限视为独立的风险因素。在其他条件相同的情况下，债项的有效期限越短，信用风险就越小。

16. 根据监管要求，商业银行使用权重法计算风险加权资产时，监管类别“优”所对应的风险权重为(　　)。[2016 年 5 月真题]

A. 100%　　B. 50%　　C. 70%　　D. 0

13C　14D　15C　16C

【解析】根据每一个监管类别对应的特定风险权重，计算风险加权资产。各类的风险权重具体为：①监管类别“优”，风险权重为70%；②监管类别“良”，风险权重为90%；③监管类别“中”，风险权重为115%；④监管类别“差”，风险权重为250%；⑤监管类别“违约”，风险权重为0%。

17. 假设商业银行当年将100个客户的信用等级评为BB级，第二年观察这组客户，发现有3个客户违约，则3%是(　　)。[2016年5月真题]

A. 违约频率　　B. 不良贷款率　　C. 违约损失率　　D. 违约概率

【解析】违约概率是指借款人在未来一定时期内发生违约的可能性，违约频率是指通常所称的违约率。违约概率是分析模型作出的事前预测，违约频率是事后检验的结果。题中的3%是对第一年选定的100个客户进行观测后计算得到的，即为事后检验的结果，属于违约频率。

18. 下列关于商业银行评级验证的表述，最恰当的是(　　)。[2016年5月真题]

A. 各家银行所采用的验证方法应当统一

B. 验证本质上是证明银行内部评级体系的必要性

C. 验证主要由监管当局负责

D. 验证应随着风险管理手段的改进而调整

【解析】A项，银行应根据本行内部评级体系和风险参数量化的特点，采取基准测试、返回检验等不同的验证方法；B项，内部评级体系的验证应评估内部评级和风险参数量化的准确性、稳定性和审慎性；C项，验证是银行优化内部评级体系的重要手段，也是监管当局衡量银行内部评级体系是否符合监管要求的重要方式。

19. 下列关于商业银行违约风险暴露的表述，正确的是(　　)。[2019年6月真题]

A. 违约风险暴露应包括对客户的应收未收利息

B. 违约风险暴露应扣除相应的担保抵押资产

C. 违约风险暴露只包括对客户已发生的表内资产

D. 违约风险暴露只针对银行的表外资产

【解析】违约风险暴露是指债务人违约时预期表内项目和表外项目的风险暴露总额，包括已使用的授信余额、应收未收利息、未使用授信额度的预期提取数量以及可能发生的相关费用等。

20. 下列关于贷款风险迁徙率的说法，不正确的是(　　)。[2015年10月真题]

A. 该指标是一个静态指标

B. 该指标表示为资产质量从前期到本期变化的比率

C. 该指标衡量了商业银行风险变化的程度

D. 该指标包括正常贷款迁徙率和不良贷款迁徙率

【解析】A项，风险迁徙类指标衡量商业银行信用风险变化的程度，表示为资产质量从前期到本期变化的比率，属于动态监测指标。

21. 商业银行在使用内部评级法初级法计量信用风险资本时，(　　)不属于合格信用风险

17A　18D　19A　20A　21B

缓释工具。[2015 年 5 月真题]

A. 黄金 B. 上市公司发行的企业债券

C. 商业银行承兑的汇票 D. 人民银行发行的票据

【解析】信用风险缓释是指银行采用内部评级法计量信用风险监管资本时，运用合格的抵(质)押品、净额结算、保证和信用衍生工具等方式转移或降低信用风险。ACD 三项都属于内部评级法初级法下的合格的抵(质)押品中的金融质押品。

22. 在商业银行信用风险内部评级法中，下列关于违约概率与违约损失率的表述最恰当的是( )。[2015 年 5 月真题]

A. 违约概率针对银行的交易对手而言，违约损失率则针对银行每一交易品种而言

B. 违约概率与信贷资产保障无关，违约损失率与信贷资产保障有关

C. 违约概率与客户信用等级密切相关，违约损失率与客户信用等级无关

D. 商业银行应根据内部数据信息自行计算违约概率和违约损失率

【解析】违约损失率指估计的某一债项违约后损失的金额占该违约债项风险暴露的比例，违约概率是指借款人在未来一定时期内发生违约的可能性。

23. 相对而言，下列受房地产行业价格波动影响小的行业是( )。[2015 年 5 月真题]

A. 水泥业 B. 钢铁业 C. 汽车业 D. 建筑业

【解析】行业风险是指当某些行业出现产业结构调整或原材料价格上升或竞争加剧等不利变化时，贷款组合中处于这些行业的借款人可能因履约能力整体下降而给商业银行造成系统性的信用风险损失，包括上下游行业风险和关联性行业风险。ABD 三项均为房地产行业的上游或下游行业，受房地产行业价格波动影响相对较大。

24. 某商业银行在期末对企业客户评级进行分析时发现，年初被评为 AA 级的 1000 个客户中，年内发生违约的客户有 5 个，则下列表述中正确的是( )。[2014 年 11 月真题]

A. 该行 AA 级客户的违约频率为 0.5% B. 该行 AA 级客户的贷款不良率为 0.5%

C. 该行 AA 级客户的违约概率为 0.5% D. 该行 AA 级客户的违约损失率为 0.5%

【解析】1000 个客户中发现有 5 个客户违约，则违约频率 $=5/1000\times100\%=0.5\%$。

25. 下列属于商业银行合格循环零售风险暴露的是( )。[2014 年 11 月真题]

A. 单笔不超过 100 万授信的个人信用卡

B. 某银行发放一笔 50 万，期限 1 年的微小企业贷款

C. 以汽车抵押而发放的 30 万信用卡专项分期付款

D. 某小企业以房产为抵押，申请的一笔 200 万期限一年的循环授信

【解析】合格循环零售风险暴露是指各类无担保的个人循环贷款，合格循环零售风险暴露中对单一客户最大信贷余额不超过 100 万元人民币。

26. 某商业银行今年共发放了 1 万笔长期个人住房贷款，假设该 1 万笔贷款预期在第一年、第二年、第三年的边际死亡率分别为 5%、3%、1%，则该 1 万笔贷款预期在三年间的累计死亡率是( )。[2014 年 11 月真题]

A. 7.25% B. 9% C. 10.14% D. 8.77%

22A 23C 24A 25A 26D

【解析】贷款存活率 =（1 - 5%）×（1 - 3%）×（1 - 1%）= 91.23%，累计死亡率 = 1 - 91.23% = 8.77%。

27. 商业银行向某客户提供一笔 3 年期的贷款 1000 万元，该客户在第 1 年的违约率是 0.8%，第 2 年的违约率是 1.4%，第 3 年的违约率是 2.1%。三年到期后，贷款会全部归还的回收率为（　　）。[2014 年 6 月真题]
A. 95.757%　　B. 96.026%　　C. 98.562%　　D. 92.547%
【解析】根据死亡率模型，该客户能够在 3 年到期后将本息全部归还的概率为：（1 - 0.8%）×（1 - 1.4%）×（1 - 2.1%）= 95.757%。

28. 《巴塞尔新资本协议》鼓励商业银行采取（　　）计量信用风险。[2014 年 6 月真题]
A. 基于内部评级体系的方法　　B. 风险价值（VaR）方法
C. 历史模拟法　　D. 基于外部评级体系的方法
【解析】目前在全球范围内，巴塞尔委员会鼓励有条件的商业银行使用基于内部评级的方法来计量违约概率、违约损失率、违约风险暴露并据此计算信用风险监管资本，有力地推动了商业银行信用风险内部评级体系和计量技术的发展。

29. 根据《巴塞尔新资本协议》的要求，商业银行的内部评级系统应当包括（　　）两个维度。[2014 年 6 月真题]
A. 内部评级和外部评级　　B. 客户评级和监管分析
C. 客户评级和债项评级　　D. 分行评级和总行评级
【解析】商业银行的内部评级应具有彼此相对独立、特点鲜明的两个维度：第一维度即客户评级，必须针对客户的违约风险；第二维度即债项评级，必须反映交易本身特定的风险要素。

30. 某银行期初可疑类贷款余额为 40 亿元，其中 10 亿元在期末成为损失类贷款，期间由于正常收回、不良贷款处置或核销等原因可疑类贷款减少了 15 亿元，则该银行当期可疑类贷款迁徙率为（　　）。[2020 年 10 月真题]
A. 40%　　B. 25%　　C. 62.5%　　D. 37.5%
【解析】可疑类贷款迁徙率 = [期初可疑类贷款向下迁徙金额 /（期初可疑类贷款余额 - 期初可疑类贷款期间减少金额）] ×100%。其中，期初可疑类贷款向下迁徙金额，是指期初可疑类贷款中，在报告期末分类为损失类的贷款余额；期初可疑类贷款期间减少金额，是指期初可疑类贷款中，在报告期内，由于贷款正常收回、不良贷款处置或贷款核销等原因而减少的贷款。该银行当期的可疑类贷款迁徙率 = [10 /（40 - 15）] ×100% = 40%。

31. 商业银行贷款定价中的资本成本主要是指用来覆盖该笔贷款的信用风险所需要的（　　）的成本。[2013 年 11 月真题]
A. 监管资本　　B. 注册资本　　C. 经济资本　　D. 会计资本
【解析】资本成本主要是指用来覆盖该笔贷款的信用风险所需经济资本的成本，在数值上等于经济资本与股东最低资本回报率的乘积。

27A　28A　29C　30A　31C

32. 假设商业银行的一个信用组合由2000万元的A级债券和3000万元的BBB级债券组成。A级债券和BBB级债券一年内的违约概率分别为2%和4%，且相互独立。如果在违约的情况下，A级债券回收率为60%，BBB级债券回收率为40%，那么该信用组合一年内预期信用损失为(　　)元。[2013年11月真题]

A. 880000　　B. 923000　　C. 742000　　D. 672000

【解析】预期损失＝违约概率×违约风险暴露×违约损失率。A级债券所造成的预期损失＝2%×20000000×(1－60%)＝160000(元)，BBB级债券所造成的预期损失＝4%×30000000×(1－40%)＝720000(元)。因此，银行在这个信用组合上因违约风险所产生的总预期损失＝160000＋720000＝880000(元)。

33. 实施信用风险内部评级法初级法的银行必须自行估计的风险要素是(　　)。[2013年11月真题]

A. 有效期限(M)　　B. 违约风险暴露(EAD)

C. 违约概率(PD)　　D. 违约损失率(LGD)

【解析】内部评级法分为初级法和高级法。采用内部评级初级法的银行应自行估计违约概率，违约损失率、违约风险暴露和有效期限等由监管部门规定。而采用高级法的银行应该估计违约概率、违约损失率、违约风险暴露和有效期限。

34. 商业银行在衡量组合信用风险时，必须考虑到信贷损失事件之间的相关性。则下列说法最恰当的是(　　)。[2013年11月真题]

A. 预期违约的借款人不一定同时违约

B. 非预期违约的借款人一定会同时违约

C. 非预期违约的借款人一定不会同时违约

D. 预期违约的借款人一定会同时违约

【解析】贷款组合内的各单笔贷款之间通常存在一定程度的相关性。例如，如果两笔贷款的信用风险随着风险因素的变化同时上升或下降，则两笔贷款是正相关的，即同时发生风险损失的可能性比较大；如果一个风险下降而另一个风险上升，则两笔贷款就是负相关的，即同时发生风险损失的可能性比较小。

35. 根据监管要求，商业银行使用权重法计算风险加权资产时，对个人住房抵押贷款的风险权重为(　　)。[2013年6月真题]

A. 70%　　B. 50%　　C. 100%　　D. 0

【解析】在权重法下，不同资产类别分别对应不同的风险权重/信用转换系数。例如，对现金类资产、对我国中央政府和中国人民银行的债权、对我国政策性银行的债权(不包括次级债券)，风险权重为0；对一般企业的债权，风险权重为100%；对符合标准的微型和小型企业的债权，风险权重为75%；对个人住房抵押贷款债权，风险权重为50%；对个人其他债权，风险权重为75%。

36. 下列关于商业银行信用风险预期损失的表述，错误的是(　　)。[2018年6月真题]

A. 预期损失是信用风险损失分布的数学期望

32A　33C　34A　35B　36B

B. 预期损失代表大量贷款组合在整个经济周期内的最高损失

C. 预期损失等于违约概率、违约损失率与违约风险暴露三者的乘积

D. 预期损失是商业银行预期可能会发生的平均损失

【解析】预期损失是指信用风险损失分布的数学期望，代表大量贷款或交易组合在整个经济周期内的平均损失，是商业银行预计将会发生的损失。预期损失等于违约概率、违约损失率与违约风险暴露三者的乘积。

37. 某商业银行上年度期末可供分配的资本为5000亿元，计划本年度注入1000亿元新资本。若本年度电子行业在资本分配中的权重为5%，则本年度电子行业资本分配的限额为(　　)亿元。[2013年6月真题]

A. 30　　B. 50　　C. 300　　D. 250

【解析】根据公式，资本的组合限额 = 资本 × 资本分配权重，可得本年度电子行业资本分配的限额 = (5000 + 1000) × 5% = 300(亿元)。

38. 某商业银行的老客户经营利润大幅度提高，为了扩大生产，企业欲向该银行申请一笔流动资金贷款以购买设备和扩建仓库，该企业计划用一年的收入偿还贷款，则该贷款申请(　　)。[2012年10月真题]

A. 不合理，因为企业会产生新的费用，导致利润率下降

B. 不合理，因为流动资金贷款不能用于长期投资

C. 合理，企业可以用利润来偿还贷款

D. 合理，流动资金贷款可以给银行带来利息收入

【解析】购买设备和扩建仓库属于固定资产投资行为，金额较大；而短期贷款要求一年以内或一年偿还本息，还款压力大，不利于企业稳定经营。企业进行固定资产投资时应采用长期贷款，这样还款压力小。

39. 影响商业银行信贷资产违约损失率的因素有很多，其中清偿优先性属于(　　)。[2012年10月真题]

A. 项目因素　　B. 行业因素　　C. 地区因素　　D. 宏观性因素

【解析】项目因素直接与债项的具体设计相关，反映了违约损失率的产品特性，也反映了商业银行在具体交易中通过交易方式的设计来管理和降低信用风险的努力，包括清偿优先性、抵押品等。清偿优先性是债务合同规定的债权人所拥有债权的重要特性，是指在负债企业破产清算时，债权人从企业残余价值中获得清偿时相对于该企业其他债权人和股东的先后顺序。

40. 采用权重法计量信用风险资本时，商业银行持有的其他银行的次级债务工具的风险权重为(　　)。[2012年10月真题]

A. 100%　　B. 20%　　C. 0%　　D. 50%

【解析】权重法下，不同的资产类别分别对应不同的风险权重/信用转换系数。其中，对我国商业银行的次级债权(未扣除部分)的风险权重为100%。

41. 我国商业银行个人信贷产品可以划分为(　　)。

37C　38B　39A　40A　41A

A. 个人住房按揭贷款和个人零售贷款
B. 个人信用贷款和个人消费贷款
C. 个人零售贷款和个人信用贷款
D. 个人住宅抵押贷款和助学与助业贷款

【解析】目前，我国个人信贷产品可基本划分为个人住房按揭贷款和其他个人零售贷款两大类。其他个人零售贷款包括个人消费贷款(含个人汽车消费贷款)、个人经营贷款、信用卡消费贷款、助学贷款等多种方式。

42. 在对商业银行客户进行信用风险识别时，下列各项不属于对单一法人客户的非财务因素分析的是(　　)。
A. 客户的企业管理者的人品
B. 客户企业的效率比率分析
C. 客户的销售风险分析，如销售份额及渠道、竞争程度、销售量及库存等
D. 客户企业的总体经营风险分析，如企业在行业中的地位、企业整体特征等

【解析】对单一法人客户的非财务状况分析包括：管理层风险分析，行业风险分析，生产与经营风险分析，宏观经济、社会及自然环境分析。A 项属于管理层风险分析；CD 两项均属于生产与经营风险分析；B 项属于对单一法人客户财务状况分析中的财务比率分析。

43. 在分析单一法人客户的非财务因素时，在管理层风险方面不需要关注的是(　　)。
A. 某机械公司的管理层决策过程　　B. 某文化公司王总经理的年龄
C. 某证券公司何副总的诚信度　　D. 某保险公司客户主管的素质

【解析】管理层风险分析重点考核企业管理者的人品、诚信度、授信动机、经营能力及道德水准，其主要内容包括：①历史经营记录及其经验；②经营者相对于所有者的独立性；③品德与诚信度；④影响其决策的相关人员的情况；⑤决策过程；⑥所有者关系、内控机制是否完备及运行正常；⑦领导后备力量和中层主管人员的素质；⑧管理的政策、计划、实施和控制等。

44. 对企业进行生产经营风险分析的时候，对国内企业来说，存在的最突出的问题是(　　)。
A. 经营管理不善　　B. 企业产品质量不过硬
C. 企业职工知识水平偏低　　D. 企业治理结构不完善

【解析】就国内企业而言，存在的最突出问题是经营管理不善，主要表现为总体经营风险、产品风险、原料供应风险、生产风险以及销售风险。

45. 在单一法人客户的非财务因素分析中，宏观经济、社会及自然环境分析应关注(　　)。
A. 行业成熟期分析　　B. 行业周期性分析
C. 收入水平及社会购买力　　D. 行业竞争力及替代性分析

【解析】ABD 三项属于行业风险分析的主要内容。宏观经济、社会及自然环境分析包括：经济/法律环境、技术进步、环保意识增强、人口老龄化、自然灾害等外部因素的发展

42B　43B　44A　45C

变化。C 项属于社会经济环境的分析。

46. 下列各项属于银行信贷所涉及的担保方式的是（　　）。

A. 托收承付　　B. 保理　　C. 保证　　D. 信用证

【解析】对银行信贷而言，担保方式主要有：保证、抵押、质押、定金等。ABD 三项属于商业银行提供的结算方式。

47. 商业银行对集团法人客户进行信用风险分析时，对（　　）的分析判断至关重要。

A. 子公司的经营状况　　B. 集团内关联交易

C. 高层人事安排　　D. 资本来源

【解析】商业银行首先应当参照单一法人客户信用风险识别和分析方法，对集团法人客户的基本信息、经营状况、财务状况、非财务因素及担保状况等进行逐项分析，以识别其潜在的信用风险。其次，集团法人客户通常更为复杂，因此需要更加全面、深入地分析和了解，特别是对集团内各关联方之间的关联交易进行正确的分析和判断至关重要。

48. 关联交易是指银行保险机构与（　　）之间发生的利益转移事项。

A. 控股股东　　B. 高级管理层　　C. 关联方　　D. 董事会成员

【解析】关联交易是指银行保险机构与关联方之间发生的利益转移事项。关联方是指与银行保险机构存在一方控制另一方，或对另一方施加重大影响，以及与银行保险机构同受一方控制或重大影响的自然人、法人或非法人组织。

49. 下列关于集团法人客户信用风险特征的说法，错误的是（　　）。

A. 连环担保十分普遍　　B. 内部关联交易频繁

C. 系统性风险较低　　D. 贷后管理难度大

【解析】与单一法人客户相比，集团法人客户的信用风险具有以下明显特征：①内部关联交易频繁；②连环担保十分普遍；③真实财务状况难以掌握；④系统性风险较高；⑤风险识别和贷后管理难度大。

50. 下列哪一项不属于商业银行了解个人借款人资信状况的途径？（　　）

A. 通过实地考察了解客户提供的信息的真实性

B. 查询法院部门个人客户信用记录

C. 从其他银行购买客户借款记录

D. 查询人民银行个人信用信息基础数据库

【解析】商业银行应当通过与借款人面谈、电话访谈、实地考察等方式了解/核实借款人所提供信息的真实性；商业银行可通过中国人民银行个人征信系统及税务、海关、法院等机构获得个人客户的信用记录，作为借款人是否符合贷款资格的重要依据。C 项违反了银行业职业操守。

51. （　　）是有效管理个人客户信用风险的重要工具。

A. 客户信用评级　　B. 客户资信情况调查

C. 个人信用评分系统　　D. 客户资产与负债情况调查

46C　47B　48C　49C　50C　51C

【解析】个人信用评分系统是有效管理个人客户信用风险的重要工具，有助于大幅扩大并提高个人信贷业务规模和效率。

52. 资产组合的信用风险通常应(　　)单个资产信用风险的加总。

A. 大于　　B. 小于　　C. 等于　　D. 无关

【解析】贷款组合内的各单笔贷款之间通常存在一定程度的相关性。正是由于这种相关性，贷款组合的整体风险通常小于单笔贷款信用风险的简单加总。

53. 系统性风险主要通过(　　)来影响贷款组合的信用风险。

A. 宏观经济因素的变动　　B. 借款人的生产经营状况

C. 借款人所在行业状况　　D. 借款人竞争能力状况

【解析】系统性风险对贷款组合的信用风险的影响，主要是由宏观经济因素的变动反映出来：当宏观经济因素发生不利变动时，有可能导致贷款组合中所有借款人的履约能力下降并造成信用风险损失。因此，对借款人所在地的宏观经济因素进行持续监测、分析及评估，已经成为贷款组合的信用风险识别和分析的重要内容。

54. 贷款组合层面的行业风险应关注的因素不包括(　　)。

A. 银行客户的行业集中度

B. 银行贷款在不同行业中的分布

C. 银行主要客户所在行业的特征

D. 银行客户集中地区的信用环境和法律环境

【解析】行业风险是指当某些行业出现产业结构调整或原材料价格上升或竞争加剧等不利变化时，贷款组合中处于这些行业的借款人可能因履约能力整体下降而给商业银行造成系统性的信用风险损失。D 项属于区域风险应关注的因素。

55. 下列关于专家判断法的说法错误的是(　　)。

A. 专家系统面临的一个突出问题是对信用风险的评估缺乏一致性

B. 专家系统的突出特点在于将信贷专家的经验和判断作为信用分析和决策的主要基础

C. 专家系统在分析信用风险时主要考虑与借款人有关的因素以及与市场有关的因素

D. 专家系统依赖高级信贷人员和信贷专家自身的专业知识、技能和丰富经验，因此不同的信贷人员由于其经验、习惯和偏好的差异，可能出现不同的风险评估结果和授信决策或建议，这一局限对于小型商业银行而言尤为突出

【解析】专家系统的突出特点在于将信贷专家的经验和判断作为信用分析和决策的主要基础，这种主观性很强的方法/体系带来的一个突出问题是对信用风险的评估缺乏一致性。例如，对同一笔信贷业务，不同的信贷人员由于其经验、习惯和偏好的差异，可能出现不同的风险评估结果和授信决策或建议。专家系统的这一局限性对于大型商业银行而言尤为突出。

56. 信用评分模型的关键在于(　　)。

A. 辨别分析技术的运用

B. 借款人特征变量的当前市场数据的搜集

52B　53A　54D　55D　56C

C. 借款人特征变量的选择和各自权重的确定

D. 单一借款人违约概率及同一信用等级下所有借款人违约概率的确定

【解析】信用评分模型是一种传统的信用风险量化模型，利用可观察到的借款人特征变量计算出一个数值(得分)来代表债务人的信用风险，并将借款人归类于不同的风险等级。信用评分模型的关键在于特征变量的选择和各自权重的确定。

57. 信用评分模型是商业银行分析借款人信用风险的主要方法之一，下列各模型不属于信用评分模型的是(　　)。

A. 死亡率模型　B. Logit 模型　C. 线性概率模型　D. 线性辨别模型

【解析】目前，应用最广泛的信用评分模型有线性概率模型、Logit 模型、Probit 模型和线性辨别模型。在信用风险管理领域，通常市场上和理论上比较常用的违约概率模型包括 Risk Calc 模型、KMV 的 Credit Monitor 模型、KPMG 风险中性定价模型、死亡率模型等。A 项，死亡率模型属于违约概率模型。

58. 下列各项不属于违约概率模型的是(　　)。

A. Risk Calc 模型　B. KMV 的 Credit Monitor 模型

C. 死亡率模型　D. Credit Risk + 模型

【解析】在信用风险管理领域，通常市场上和理论上比较常用的违约概率模型包括 Risk Calc 模型、KMV 的 Credit Monitor 模型、KPMG 风险中性定价模型、死亡率模型等。D 项，Credit Risk + 模型是信用风险组合模型。

59. 下列各项不属于债项特定风险因素的是(　　)。

A. 抵押　B. 质押　C. 优先性　D. 产品类别

【解析】债项评级是对交易本身的特定风险进行计量和评价，反映客户违约后的债项损失大小。债项特定风险因素包括抵押、优先性、产品类别、地区、行业等。

60. 若客户尚未违约，在债项评级中表外项目的违约风险暴露为(　　)。

A. 表外项目已承诺未提取金额

B. 表外项目已提取金额

C. 表外项目名义金额 × 信用转换系数

D. 表内项目已提取金额 + 信用转换系数 × 已承诺未提取金额

【解析】违约风险暴露是指债务人违约时的预期表内项目和表外项目的风险暴露总额。如果客户尚未违约，则违约风险暴露对于表内项目为债务账面价值，对于表外项目为表外项目名义金额 × 信用转换系数。

61. 关于公司风险暴露分类，下列说法错误的是(　　)。

A. 中小企业风险暴露是商业银行对年销售额(近 3 年销售额的算术平均值)不超过 2 亿元人民币的企业债务人的债权

B. 对于专业贷款风险暴露，债务人通常是一个专门为实物资产融资或运作实物资产而设立的特殊目的实体

C. 对于专业贷款风险暴露，债务人基本没有其他实质性资产或业务，除了从被融资资

57A　58D　59B　60C　61A

产中获得的收入外，没有独立偿还债务的能力

D. 对于专业贷款风险暴露，合同安排给予贷款银行对融资形成的资产及其所产生的收入有相当程度的控制权

【解析】根据债务人类型及其风险特征，公司风险暴露细分为中小企业风险暴露、专业贷款风险暴露和一般公司风险暴露。中小企业风险暴露是指商业银行对年营业收入(近3年营业收入的算术平均值)不超过3亿元人民币企业的债权。专业贷款风险暴露是指公司风险暴露中同时具有如下特征的债权：①债务人通常是一个专门为实物资产融资或运作实物资产而设立的特殊目的实体；②债务人基本没有其他实质性资产或业务，除了从被融资资产中获得的收入外，没有独立偿还债务的能力；③合同安排给予贷款银行对融资形成的资产及其所产生的收入有相当程度的控制权。一般公司风险暴露是指中小企业风险暴露和专业贷款之外的其他公司风险暴露。

62. 下列关于 Risk Calc 模型的说法，正确的是(　　)。

A. 不适用于非上市公司

B. 运用 Logit/Probit 回归技术预测客户的违约概率

C. 核心在于把企业与银行的借贷关系视为期权买卖关系

D. 核心是假设金融市场中的每个参与者都是风险中立者

【解析】Risk Calc 模型是在传统信用评分技术基础上发展起来的一种适用于非上市公司的违约概率模型，其核心是通过严格的步骤从客户信息中选择出最能预测违约的一组变量，经过适当变换后运用 Logit/Probit 回归技术预测客户的违约概率。C 项属于 KMV 的 Credit Monitor 模型的核心内容；D 项属于 KPMG 风险中性定价模型的核心思想。

63. 在 KMV 的 Credit Monitor 模型中，企业向银行借款相当于持有一个基于企业资产价值的(　　)。

A. 看跌期权　　B. 看涨期权　　C. 期权费　　D. 初始股权投资

【解析】B 项，KMV 的 Credit Monitor 模型是一种适用于上市公司的违约概率模型，其核心在于把企业与银行的借贷关系视为期权买卖关系，借贷关系中的信用风险信息因此隐含在这种期权交易之中，企业向银行借款相当于持有一个基于企业资产价值的看涨期权。期权的基础资产就是借款企业的资产，执行价格就是企业债务的价值，股东初始股权投资可以看作期权费。

64. 在客户信用评级模型中，(　　)通过应用期权定价理论求解出信用风险溢价和相应的违约率。

A. Credit Metrics 模型　　B. Credit Portfolio View 模型

C. Credit Monitor 模型　　D. Credit Risk + 模型

【解析】KMV 的 Credit Monitor 模型把企业与银行的借贷关系视为期权买卖关系，借贷关系中的信用风险信息因此隐含在这种期权交易之中，从而通过应用期权定价理论求解出信用风险溢价和相应的违约率，即预期违约频率(Expected Default Frequency，EDF)。

65. 根据死亡率模型，假设某5年期贷款，两年的累计死亡率为6.00%，第一年的边际死

62B　63B　64C　65B

亡率为2.50%，则隐含的第二年边际死亡率约为(　　)。

A. 3.45%　　B. 3.59%　　C. 3.67%　　D. 4.35%

【解析】根据死亡率模型，两年的累计死亡率计算公式为：$(1-MMR_2)\times(1-MMR_1)=1-CMR_2$，其中，$MMR_i$ 表示第 i 年的边际死亡率，CMR_2 表示两年的累计死亡率。根据题意得：$MMR_2=1-(1-6\%)/(1-2.5\%)\approx3.59\%$。

66. 下列关于客户评级的说法，不正确的是(　　)。

A. 评价主体是商业银行

B. 评价目标是客户违约风险

C. 评价结果是信用等级和违约概率

D. 评价内容是客户违约后特定债项损失的大小

【解析】客户评级是商业银行对客户偿债能力和偿债意愿的计量和评价，反映客户违约风险的大小。客户评级的评价主体是商业银行，评价目标是客户违约风险，评价结果是信用等级和违约概率(PD)。D项，债项评级是对交易本身的特定风险进行计量和评价，反映客户违约后估计的债项损失大小。

67. 商业银行可采用映射外部数据的技术估计平均违约概率。关于该项技术，下列说法有误的是(　　)。

A. 银行可将内部评级映射到外部信用评级机构或类似机构的评级，将外部评级的违约概率作为内部评级的违约概率

B. 评级映射应建立在内部评级标准与外部机构评级标准可比的基础上

C. 评级映射时，对同样的债务人内部评级和外部评级可相互比较

D. 银行应避免映射方法或基础数据存在偏差和不一致的情况，所使用的外部评级量化风险数据应针对债务人的违约风险，并反映债项的特征

【解析】D项，银行应避免映射方法或基础数据存在偏差和不一致的情况，所使用的外部评级量化风险数据应针对债务人的违约风险，而不反映债项的特征。

68. 客户信用评级中，违约概率的估计包括哪两个层面？(　　)

A. 单一借款人的违约概率和某一信用等级所有借款人的违约概率

B. 单一借款人的违约频率和该借款人所有债项的违约频率

C. 某一信用等级所有借款人的违约概率和这些借款人所有债项的违约概率

D. 单一借款人的违约频率和某一信用等级所有借款人的违约频率

【解析】违约概率是指借款人在未来一定时期内发生违约的可能性。客户信用评级中，违约概率的估计包括两个层面：①单一借款人的违约概率；②某一信用等级所有借款人的违约概率。

69. 下列有关违约概率和违约频率的说法，正确的是(　　)。

A. 违约频率是指借款人在未来一定时期内不能按合同要求偿还贷款本息或履行相关义务的可能性

B. 在巴塞尔新资本协议中，违约概率被具体定义为借款人一年内的累计违约概率与

66D　67D　68A　69C

0.05%中的较高者

C. 计算违约概率的一年期限与财务报表周期完全一致

D. 违约频率能使监管当局在内部评级法中保持更高的一致性

【解析】A项所述为违约概率的概念；B项，在巴塞尔新资本协议中，违约概率被具体定义为借款人一年期违约概率与0.03%中的较高者；D项，违约概率能使监管当局在推行内部评级法中保持更高的一致性。

70. 合格循环零售风险暴露的风险特征为：各类无担保的个人循环贷款，对单一客户最大信贷余额不超过( )万元。

A. 50　　B. 100　　C. 150　　D. 200

【解析】合格循环零售风险暴露是指各类无担保的个人循环贷款。合格循环零售风险暴露中对单一客户最大信贷余额不超过100万元人民币。

71. 违约损失率的计算公式是( )。

A. LGD = 1 - 回收率　　B. LGD = 1 - 回收率/2

C. LGD = 1 - 回收率/3　　D. LGD = 1 - 回收率/4

【解析】违约损失率指估计的某一债项违约后损失的金额占该违约债项风险暴露的比例，即损失占风险暴露总额的百分比(损失的严重程度，LGD = 1 - 回收率)。

72. 某商业银行一笔贷款金额为500万元，预期回收金额为350万元，回收成本为50万元。则该笔贷款的违约损失率为( )。

A. 40%　　B. 60%　　C. 70%　　D. 80%

【解析】该笔贷款的违约损失率 = 1 - (350 - 50)/500 = 40%。

73. 根据对穆迪评级公司债券数据的研究，经济萧条时期的债务回收率要比经济扩张时期的回收率低( )。

A. 1/4　　B. 1/3　　C. 1/2　　D. 2/3

【解析】根据对穆迪评级公司债券数据的研究，经济萧条时期的债务回收率要比经济扩张时期的回收率低1/3；而且，经济体系中的总体违约率代表经济的周期性变化与回收率呈负相关。

74. 下列关于零售风险暴露特征的说法，不正确的是( )。

A. 债务人是一个法人或几个自然人　　B. 债务人是一个或几个自然人

C. 笔数多，单笔金额小　　D. 按照组合方式进行管理

【解析】零售风险暴露应同时具有如下三方面特征：①债务人是一个或几个自然人；②笔数多，单笔金额小；③按照组合方式进行管理。

75. 内部评级法初级法下，当借款人利用多种形式的抵(质)押品共同担保时，需要将风险暴露进行拆分。拆分按( )以及其他抵(质)押品的顺序进行。

A. 金融质押品、应收账款、商用房地产和居住用房地产

B. 应收账款、金融质押品、商用房地产和居住用房地产

70B　71A　72A　73B　74A　75A

C. 商用房地产和居住用房地产、应收账款、金融质押品

D. 金融质押品、商用房地产和居住用房地产、应收账款

【解析】内部评级法初级法下，当借款人利用多种形式的抵(质)押品共同担保时，需要将风险暴露拆分为由不同抵(质)押品覆盖的部分，分别计算风险加权资产。拆分按金融质押品、应收账款、商用房地产和居住用房地产以及其他抵(质)押品的顺序进行。

76. 在内部评级法下，表内净额结算的风险缓释作用体现为(　　)的下降。

A. 违约概率　B. 违约频率　C. 违约损失率　D. 违约风险暴露

【解析】净额结算对于降低信用风险的作用在于，交易主体只需承担净额支付的风险。若没有净额结算条款，那么在交易双方间存在多个交易时，守约方可能被要求在交易终止时向违约方支付交易项下的全额款项，但守约方收取违约方欠款的希望却很小。内部评级法下，表内净额结算的风险缓释作用体现为违约风险暴露的下降。

77. 关于采用信用衍生工具缓释信用风险需满足的要求，下列说法错误的是(　　)。

A. 信用保护购买者必须有权利和能力通知信用保护提供方信用事件的发生

B. 除非由于信用保护出售方的原因，否则合同规定的支付义务不可撤销

C. 在违约所规定的宽限期之前，基础债项不能支付并不导致信用衍生工具终止

D. 允许现金结算的信用衍生工具，应具备严格的评估程序，以便可靠地估计损失

【解析】采用信用衍生工具缓释信用风险需满足的要求包括法律确定性、可执行性、评估和信用事件的规定四方面。A 项属于法律确定性的要求；B 项，按照可执行性要求，除非由于信用保护购买方的原因，否则合同规定的支付义务不可撤销；C 项属于可执行性的要求；D 项属于评估的要求。

78. 对于单独一项风险暴露，其存在多个信用风险缓释工具时，下列说法不正确的是(　　)。

A. 采用初级内部评级法的银行，应将风险暴露细分为每一信用风险缓释工具覆盖的部分，每一部分分别计算加权风险资产

B. 采用初级内部评级法的银行，信用保护由一个信用保护者提供，但有不同的期限，则可不进行细分

C. 采用高级内部评级法的银行，如果通过增加风险缓释技术可以提高对风险暴露的回收率，则鼓励对同一风险暴露增加风险缓释技术(即采用多个信用风险缓释工具)来降低违约损失率

D. 采用高级内部评级法的银行，应证明此种方式对风险抵补的有效性，并建立合理的多重信用风险缓释工具处理的相关程序和方法

【解析】对单独一项风险暴露存在多个信用风险缓释工具时，采用初级内部评级法的银行，应将风险暴露细分为每一信用风险缓释工具覆盖的部分，每一部分分别计算加权风险资产。如信用保护由一个信用保护者提供，但有不同的期限，也应细分为几个独立的信用保护。

79. Credit Portfolio View 模型根据现实宏观经济因素通过(　　)计算违约率。

76D　77B　78B　79C

A. 压力测试　　　　　　　　　　B. 资产分组
C. 蒙特卡洛模拟　　　　　　　　D. 历史损失数据均值与方差替代

【解析】Credit Portfolio View 模型可以看做是 Credit Metrics 模型的一个补充，因为该模型虽然在违约率计算上不使用历史数据，而是根据现实宏观经济因素通过蒙特卡洛模拟计算出来，但对于那些非违约的转移概率则还需要根据历史数据来计算，只不过将这些基于历史数据的转移概率进行了调整而已。

80. 下列关于 Credit Metrics 模型的说法，不正确的是(　　)。
A. Credit Metrics 模型解决了计算非交易性资产组合 VaR 的难题
B. Credit Metrics 模型是目前国际上应用比较广泛的信用风险组合模型之一
C. Credit Metrics 模型的目的是计算单一资产在持有期限内可能发生的最大损失
D. Credit Metrics 模型本质上是一个 VaR 模型

【解析】C 项，Credit Metrics 模型的目的是为了计算出在一定的置信水平下，一个信用资产组合在持有期限内可能发生的最大损失。

81. 多种信用风险组合模型被广泛应用于国际银行业中，其中(　　)直接将转移概率与宏观因素的关系模型化，然后通过不断加入宏观因素冲击来模拟转移概率的变化，得出模型中的一系列参数值。
A. Credit Metrics 模型　　　　　B. Credit Portfolio View 模型
C. Credit Risk + 模型　　　　　D. Credit Monitor 模型

【解析】A 项，Credit Metrics 模型本质上是一个 VaR 模型，目的是为了计算出在一定的置信水平下，一个信用资产组合在持有期限内可能发生的最大损失；C 项，Credit Risk + 模型根据针对火险的财险精算原理，对贷款组合违约率进行分析；D 项，Credit Monitor 模型属于客户评级模型，不属于信用风险组合模型。

82. Credit Risk + 模型认为，贷款组合中不同类型的贷款同时违约的概率很小且相互独立，因此，贷款组合的违约率服从(　　)分布。
A. 正态　　B. 泊松　　C. 指数　　D. 均匀

【解析】Credit Risk + 模型是根据针对火险的财险精算原理，对贷款组合违约率进行分析，并假设在组合中，每笔贷款只有违约和不违约两种状态。贷款组合中不同类型的贷款同时违约的概率是很小的，且相互独立，因此贷款组合的违约率服从泊松分布。

83. 下列关于 Credit Risk + 模型的说法，不正确的是(　　)。
A. 假定每笔贷款只有违约和不违约两种状态
B. 组合的损失分布即使受到宏观经济影响也还是正态分布
C. 认为不同种类型的贷款同时违约的概率是很小的且相互独立的
D. 根据火险的财险精算原理，假设贷款组合服从泊松分布，对贷款组合违约率进行分析

【解析】Credit Risk + 模型是根据针对火险的财险精算原理，对贷款组合违约率进行分析，并假设在组合中，每笔贷款只有违约和不违约两种状态。贷款组合中不同类型的贷

80C　81B　82B　83B

款同时违约的概率是很小的且相互独立，因此贷款组合的违约率服从泊松分布。组合的损失分布会随组合中贷款笔数的增加而更加接近于正态分布。在计算过程中，模型假设每一组的平均违约率都是固定不变的，而实际上，平均违约率会受宏观经济状况等因素影响而发生变化，在这种情况下，贷款组合的损失分布会出现更加严重的"肥尾"现象。

84. 组合层面的风险监测把多种信贷资产作为投资组合进行整体监测。关于商业银行组合风险监测，下列说法错误的是(　　)。

A. 商业银行组合风险监测主要有传统的组合监测方法和资产组合模型两种方法

B. 商业银行可以依据风险管理专家的判断，给予各项指标一定权重，得出对单个资产组合风险判断的综合指标或指数

C. 资产组合模型方法主要是对信贷资产组合的授信集中度和结构进行分析监测

D. 组合监测能够体现多样化投资产生的风险分散效果，防止国别、行业、区域、产品等维度的风险集中度过高，实现资源的最优化配置

【解析】C 项，传统的组合监测方法主要是对信贷资产组合的授信集中度和结构进行分析监测。

85. 如果一家国内商业银行的金融资产情况为：正常类金融资产 50 亿元，关注类金融资产 30 亿元，次级类金融资产 10 亿元，可疑类金融资产 7 亿元，损失类金融资产 3 亿元，那么该商业银行的不良资产率等于(　　)。

A. 10%　　B. 15%　　C. 18%　　D. 20%

【解析】不良资产率为不良资产与金融资产总额之比，即：不良资产率＝[（次级类金融资产＋可疑类金融资产＋损失类金融资产）/各项金融资产余额]×100%。该商业银行的不良资产率＝(10＋7＋3)/(50＋30＋10＋7＋3)×100%＝20%。

86. 某银行 2018 年末可疑类金融资产余额为 400 亿元，损失类金融资产余额为 200 亿元。各项金融资产余额总额为 40000 亿元。若要保证不良资产率不高于 2%，则该银行次级类金融资产余额最多为(　　)亿元。

A. 200　　B. 300　　C. 600　　D. 800

【解析】不良资产率＝[（次级类金融资产＋可疑类金融资产＋损失类金融资产）/各项金融资产]×100%，因此要使不良资产率不高于 2%，次级类金融资产余额最多为：40000×2%－400－200＝200(亿元)。

87. 根据正常贷款迁徙率的计算公式，在其他条件不变的情况下，下列说法不正确的是(　　)。

A. 期初正常类贷款余额越多，正常贷款迁徙率越低

B. 期初正常类贷款期间减少金额越多，正常贷款迁徙率越低

C. 期初正常类贷款中转为不良贷款的金额越多，正常贷款迁徙率越高

D. 期初关注类贷款中转为不良贷款的金额越多，正常贷款迁徙率越高

【解析】正常贷款迁徙率＝[（期初正常类贷款中转为不良贷款的金额＋期初关注类贷款中转为不良贷款的金额）/（期初正常类贷款余额－期初正常类贷款期间减少金额＋期初

84C　85D　86A　87B

关注类贷款余额－期初关注类贷款期间减少金额)]×100%。由此可知，其他条件不变的情况下，期初正常类贷款期间减少金额越多，分母越小，正常贷款迁徙率越高。

88. 假定某银行2010会计年度结束时共有贷款200亿元，其中正常贷款150亿元，其共有一般准备8亿元，专项准备1亿元，特种准备1亿元，则其不良贷款拨备覆盖率约为(　　)。

A. 15%　　B. 20%　　C. 35%　　D. 50%

【解析】不良贷款拨备覆盖率＝[(一般准备＋专项准备＋特种准备)/(次级类贷款＋可疑类贷款＋损失类贷款)]×100% ＝[(8＋1＋1)/(200－150)]×100% ＝20%。

89. 某银行2010年贷款应提准备为1100亿元，贷款损失准备充足率为50%，则贷款实际计提准备为(　　)亿元。

A. 330　　B. 550　　C. 1100　　D. 1875

【解析】贷款损失准备充足率＝贷款实际计提准备/贷款应提准备×100%，因此，贷款实际计提准备＝贷款应提准备×贷款损失准备充足率＝1100×50% ＝550(亿元)。

90. 下列各项对商业银行风险预警程序的顺序描述，正确的是(　　)。

A. 风险分析→信用信息的收集和传递→风险处置→后评价

B. 风险分析→后评价→信用信息的收集和传递→风险处置

C. 信用信息的收集和传递→风险分析→风险处置→后评价

D. 信用信息的收集和传递→后评价→风险分析→风险处置

【解析】风险预警是各种工具和各种处理机制的组合结果，无论是否依托于动态化、系统化、精确化的风险预警系统，都应当逐级依次完成信用信息的收集和传递、风险分析、风险处置、后评价的预警程序。

91. 下列哪项不属于适应监管底线的风险预警管理？(　　)

A. 资本充足率预警管理　　B. 存贷比监管预警管理

C. 主要风险暴露预警管理　　D. 拨备覆盖比预警管理

【解析】适应监管底线的风险预警管理通常会根据不同的监管底线要求，制定和实施不同的预警管理机制。例如，资本充足率预警管理、存贷比监管预警管理、信贷不良资产及不良资产占比预警管理、产品风险监测预警、拨备覆盖比预警管理、集中度风险预警管理、重大风险事件预警管理等。C项属于适应本行内部信用风险执行效果的预警管理。

92. 以下属于适应有关客户信用风险监测的预警管理的是(　　)。

A. 存贷比监管预警管理　　B. 行业和市场风险

C. 拨备覆盖比预警管理　　D. 集中度风险预警管理

【解析】适应有关客户信用风险监测的预警管理指的是为了对信贷客户进行日常信用风险监测而进行的预警管理。例如，存量客户管理层的重大变动、现金流监控、重大财务变动、产品技术风险、行业和市场风险等。

88B　89B　90C　91C　92B

93. 区域风险通常表现为区域政策法规的重大变化、区域环境的恶化以及区域内部经营管理水平下降、区域信贷资产质量恶化等。下列各项不属于区域政策法规的重大变化中的相关警示信号的是(　　)。

A. 地方政府为吸引企业投资，不惜一切代价，提供优惠条件

B. 区域产业集中度高，区域主导产业出现衰退

C. 区域内某产业集中度高，而该产业受到国家宏观调控

D. 区域法律法规明显调整

【解析】B 项属于区域经营环境出现恶化的相关警示信号。

94. 下列哪种情形不是企业出现的早期财务预警信号？(　　)

A. 存货周转率放慢

B. 出现陈旧存货、大量存货或不恰当存货组合的证据

C. 总资产中流动资产所占比例大幅下降

D. 公司业务性质的改变

【解析】法人客户风险预警可分为财务风险预警和非财务风险预警两大类。风险经理应当密切关注企业出现的早期财务和非财务警示信号，对客户的长短期偿债能力高度关注。D 项，业务性质变化属于非财务风险的监测。

95. 良好的风险报告路径应采取(　　)。

A. 横向传送

B. 纵向报送

C. 直线传送

D. 纵向报送与横向传送相结合的矩阵式结构

【解析】良好的风险报告路径应采取纵向报送与横向传送相结合的矩阵式结构，即本级行各部门向上级行对口部门报送风险报告的同时，也须向本级行的风险管理部门传送风险报告，以增强决策管理层对操作层的管理和监督。

96. 风险报告是商业银行实施全面风险管理的媒介。从类型上划分，风险报告通常分为综合报告和专题报告，下列各项属于综合报告内容的是(　　)。

A. 重大风险事项描述　　B. 分类风险状况及变化原因分析

C. 发展趋势及风险因素分析　　D. 已采取和拟采取的应对措施

【解析】风险报告中综合报告应反映的主要内容有：①辖内各类风险总体状况及变化趋势；②分类风险状况及变化原因分析；③风险应对策略及具体措施；④加强风险管理的建议。ACD 三项属于风险报告中专题报告应反映的主要内容。

97. 在针对单个客户进行限额管理时，商业银行对客户进行信用评级后，首要工作是判断客户的(　　)。

A. 最高债务承受额　　B. 最低债务承受额

C. 平均债务承受额　　D. 长期债务承受额

【解析】在针对单个客户进行限额管理时，商业银行对客户进行信用评级后，首要工作

93B　94D　95D　96B　97A

是判断该客户的债务承受能力，即确定客户的最高债务承受额。

98. 集团客户与单个客户限额管理有相似之处，但在整体思路上还是存在着较大的差异。集团统一授信一般分“三步走”，其中不包括(　　)。
A. 根据总行关于行业的总体指导方针和集团客户与授信行的密切关系，初步确定对该集团整体的授信额度
B. 确定客户的最高债务承受额，即客户凭借自身信用与实力承受对外债务的最大能力
C. 根据单一客户的授信限额，初步测算关联企业各成员单位(含集团公司本部)的最高授信额度的参考值
D. 分析各个授信单位的具体情况，调整各成员单位的授信限额
【解析】B 项是针对单一客户进行限额管理时首先要做的工作。

99. 可防止信贷风险过于集中于某一行业的限额管理类别是(　　)。
A. 单一客户风险限额　　B. 集团客户风险限额
C. 组合限额　　D. 区域风险限额
【解析】组合限额是信贷资产组合层面的限额，是组合信用风险控制的重要手段之一。通过设定组合限额，可以防止信贷风险过于集中在组合层面的某些方面(如过度集中于某行业、某地区、某些产品、某类客户等)，从而有效控制组合信用风险。

100. 在总体组合限额管理中，“资本分配”中的资本是(　　)，是商业银行用来承担所有损失、防止破产的真实的资本。
A. 银行股本
B. 银行的实收资本
C. 上一年度的银行资本
D. 预计的下一年度的银行资本(包括所有计划的资本注入)
【解析】组合限额可分为授信集中度限额和总体组合限额两类。其中，总体组合限额是在分别计量贷款、投资、交易和表外风险等不同大类组合限额的基础上计算得出的。设定组合限额的第一步，是按某组合维度确定资本分配权重。“资本分配”中的资本是所预计的下一年度的银行资本(包括所有计划的资本注入)，是商业银行用来承担所有损失、防止破产的真实的资本。

101. 商业银行在组合风险限额管理中确定资本分配的权重时，不需考虑的因素是(　　)。
A. 组合的风险权重　　B. 组合在战略层面上的重要性
C. 经济前景(宏观经济状况预测)　　D. 当前组合集中度情况
【解析】在确定资本分配的权重时，需考虑的因素包括：①在战略层面上的重要性；②经济前景(宏观经济状况预测)；③当前组合集中度情况；④净资产收益率(ROE)。

102. 下列关于资本转换因子的说法，正确的是(　　)。
A. 某组合风险越小，其资本转换因子越高
B. 同样的资本，风险高的组合计划的授信额就越高
C. 设定组合限额步骤的第五步是根据资本转换因子，将以计划授信额表示的组合限

98B　99C　100D　101A　102D

额转换为以资本表示的组合限额

D. 资本转换因子表示需要多少比例的资本来覆盖在该组合的计划授信的风险

【解析】A 项，某组合风险越大，其资本转换因子越高；B 项，同样的资本，风险高的组合计划的授信额就越低；C 项，设定组合限额步骤的第五步是根据资本转换因子，将以资本表示的该组合的组合限额转换为以计划授信额表示的组合限额。

103. 影响贷款最低定价的风险成本的因素不包括(　　)。

A. 违约概率　　B. 盈利率　　C. 违约损失率　　D. 违约风险暴露

【解析】贷款最低定价 =(资金成本 + 经营成本 + 风险成本 + 资本成本)/贷款额。其中，风险成本指预期损失和非预期损失，预期损失 = 违约概率 × 违约损失率 × 违约风险暴露。

104. 下列关于信贷审批的说法，不正确的是(　　)。

A. 原有贷款的展期无须再次经过审批程序

B. 信贷审批应当完全独立于贷款的营销和发放

C. 在进行信贷决策时，应当考虑衍生交易工具的信用风险

D. 在进行信贷决策时，商业银行应当对可能引发信用风险的借款人的所有风险暴露和债项做统一考虑和计量

【解析】信贷审批或信贷决策应遵循的原则包括：①审贷分离原则，信贷审批应当完全独立于贷款的营销和贷款的发放；②统一考虑原则，在进行信贷决策时，商业银行应当对可能引发信用风险的借款人的所有风险暴露和债项做统一考虑和计量，包括贷款、回购协议、逆回购协议、信用证、承兑汇票、担保和衍生交易工具等；③展期重审原则，原有贷款和其他信用风险暴露的任何展期都应作为一个新的信用决策，需要经过正常的审批程序。

105. 由于某债务人因某种原因无法按原有合同履约，商业银行决定对其原有贷款予以展期处理，商业银行的这种操作属于(　　)。

A. 贷款重组　　B. 贷款转让　　C. 贷款审批　　D. 资产证券化

【解析】贷款重组是当债务人因种种原因无法按原有合同履约时，商业银行为了降低客户违约风险引致的损失，而对原有贷款结构(期限、金额、利率、费用、担保等)进行调整、重新安排、重新组织的过程。

106. 商业银行在贷后管理中，常常进行贷款重组活动，即对原有贷款结构(期限、金额、利率、费用、担保等)进行调整、重新安排、重新组织，其目的主要在于(　　)。

A. 增加收益　　B. 提高经济资本配置效率

C. 降低客户违约风险　　D. 实现资产多元化配置

【解析】贷款重组是当债务人因种种原因无法按原有合同履约时，商业银行为了降低客户违约风险引致的损失，而对原有贷款结构(期限、金额、利率、费用、担保等)进行调整、重新安排、重新组织的过程。ABD 三项属于贷款转让的主要目的。

107.《商业银行资本管理办法(试行)》提出了两种计量信用风险资本的方法：权重法

103B　104A　105A　106C　107C

和(　　)。

A. 初级法　　B. 高级法　　C. 内部评级法　　D. 内部评审法

【解析】《商业银行资本管理办法(试行)》提出了两种计量信用风险资本的方法：权重法和内部评级法。内部评级法又分为初级法和高级法两种。

108. 假设违约损失率(LGD)为14%，商业银行估计预期损失率最大值(BEEL)为10%，违约风险暴露(EAD)为20亿元，则根据《巴塞尔新资本协议》，风险加权资产(RWA)为(　　)亿元。

A. 10　　B. 14.5　　C. 18.5　　D. 20

【解析】资本要求 $K = \text{Max}[0,\ (LGD - BEEL)]$；风险加权资产 $(RWA) = K \times 12.5 \times EAD = \text{Max}[0,\ (LGD - BEEL)] \times 12.5 \times EAD = \text{Max}[0,\ (14\% - 10\%)] \times 12.5 \times 20 = 10$(亿元)。

109. 关于商业银行内部评级体系的验证，下列说法错误的是(　　)。

A. 银行应根据本行内部评级体系和风险参数量化的特点，采取基准测试、返回检验等不同的验证方法

B. 验证过程和结果应接受统一检查，负责检查的部门应与验证工作的设计和实施部门统一

C. 验证频率应能够保证内部评级和风险参数量化的准确性、完整性、可靠性

D. 银行内部评级风险参数量化的方法、数据或实施发生重大改变时，相关验证活动应尽快实施

【解析】B项，验证过程和结果应接受独立检查，负责检查的部门应独立于验证工作的设计和实施部门。

110. 保证是指保证人和债权人约定，当债务人不履行债务时，保证人按照约定履行债务或者承担责任的行为。下面具有保证人资格的是(　　)。

A. 具有代为清偿能力的法人　　B. 机关法人

C. 以公益为目的的非营利法人　　D. 非法人组织

【解析】具有代为清偿能力的法人、其他组织或者公民可以作为保证人。根据《民法典》第六百八十三条规定，机关法人不得为保证人，但是经国务院批准为使用外国政府或者国际经济组织贷款进行转贷的除外。以公益为目的的非营利法人、非法人组织不得为保证人。

111. 专业化的融资担保公司可在余额不超过净资产(　　)倍之内承担融资担保责任。

A. 8　　B. 10　　C. 11　　D. 14

【解析】一类特殊的保证人是专业化的融资担保公司，其可在余额不超过净资产10倍(小微企业和农户融资担保业务在保余额占比50%以上且户数占比80%以上为15倍)之内承担融资担保责任。

112. 对个人客户信用风险识别需要对个人客户的基本信息进行分析，下列不属于对个人客户的基本信息进行分析的是(　　)。

A. 调查借款人的资信情况　　B. 调查借款人的资产与负债情况

C. 调查贷款用途及还款来源　　D. 调查借款人的经济状况变动风险

108A　109B　110A　111B　112D

【解析】对个人客户的基本信息进行分析包括：①调查借款人的资信情况；②调查借款人的资产与负债情况；③调查贷款用途及还款来源；④调查借款人的担保方式。D项属于对个人住房按揭贷款的风险分析的内容之一。

113. 一些银行会采用评分卡的方式进行中小企业客户的准入和核定，该方式的特点不包括(　　)。

A. 提高贷款审批的客观性　　B. 提高贷款审批的效率

C. 优化信贷风险管控　　D. 直接估计客户的违约概率

【解析】D项属于违约概率模型的特点。

114. 大额风险暴露是指商业银行对单一客户或一组关联客户超过其一级资本净额(　　)的风险暴露。

A. 1.5%　　B. 2.5%　　C. 3%　　D. 12.5%

【解析】强化大额风险暴露管理是有效防控客户集中度风险的重点工作之一。风险暴露是指商业银行对单一客户或一组关联客户的信用风险暴露，包括银行账簿和交易账簿内各类信用风险暴露。大额风险暴露是指商业银行对单一客户或一组关联客户超过其一级资本净额2.5%的风险暴露。

115. 商业银行在评估金融资产减值时，若金融资产的信用风险自初始确认后未显著增加，则需要按照金融工具(　　)内预期信用损失的金额计量其损失准备。

A. 整个存续期　　B. 未来12个月　　C. 未来6个月　　D. 未来24个月

【解析】商业银行在评估金融资产减值时，需要判断金融资产的信用风险自初始确认后是否已显著增加。若未显著增加，则为“阶段1”，企业仅需要按照金融工具未来12个月内预期信用损失的金额计量其损失准备。若已显著增加，则进入“阶段2”，企业应按照金融工具整个存续期内预期信用损失的金额计量其损失准备。若金融资产已发生信用减值，则进入“阶段3”，同样应按照金融工具整个存续期内预期信用损失的金额计量其损失准备。

116. 根据《关于调整商业银行贷款损失准备监管要求的通知》规定，拨备覆盖率监管要求由150%调整为______，贷款拨备率监管要求由2.5%调整为______。(　　)

A. 120%~150%；2%~2.5%　　B. 120%~150%；1.5%~2.5%

C. 130%~150%；1.5%~2.5%　　D. 130%~150%；2%~2.5%

【解析】监管部门会根据经济发展不同阶段、银行业金融机构贷款质量差异和盈利状况的不同，对贷款损失准备监管要求进行动态化和差异化调整。根据《关于调整商业银行贷款损失准备监管要求的通知》规定，拨备覆盖率监管要求由150%调整为120%~150%，贷款拨备率监管要求由2.5%调整为1.5%~2.5%。

二、多选题(下列选项中有两项或两项以上符合题目的要求)

1. 商业银行在计量客户违约后的债项违约损失率时，应当包括(　　)。[2016年5月真题]

A. 损失的时间价值　　B. 未收回的本金

C. 未收回的利息　　D. 机会成本

113D　114B　115B　116B　▎　1ABCE

E. 清收费用

【解析】违约损失率估计应基于经济损失，包括由于债务人违约造成的较大的直接和间接的损失或成本，以及违约债项回收金额的时间价值、银行自身处置和清收能力对贷款回收的影响。其中，直接损失或成本是指能够归结到某笔具体债项的损失或成本，包括本金和利息损失、抵押品清收成本或法律诉讼费用等。间接损失或成本是指因管理或清收违约债项产生的但不能归结到某一笔具体债项的损失或成本，应采用合理方式分摊间接损失或成本。

2. 商业银行计量信用风险资本时，下列可以起到信用风险缓释作用的方式有（　　）。[2016 年 5 月真题]

A. 限额管理　　B. 质押　　C. 净额结算　　D. 保证

E. 抵押

【解析】信用风险缓释是指银行采用内部评级法计量信用风险监管资本时，运用合格的抵（质）押品、净额结算、保证和信用衍生工具等方式转移或降低信用风险。

3. 商业银行对内部评级体系验证的内容应包括（　　）。[2016 年 5 月真题]

A. 内部评级模型的验证　　B. 内部评级信息系统的验证

C. 内部评级数据的验证　　D. 内部评级政策的验证

E. 内部评级流程的验证

【解析】验证的内容包括对内部评级体系数据的验证、评级模型的验证、违约概率的验证、违约损失率的验证、违约风险暴露的验证、信息系统的验证、内部评级政策和流程的验证等多个方面。

4. 商业银行通常可以采用下列哪些手段管理信用风险？（　　）[2016 年 5 月真题]

A. 授信权限管理　　B. 加强信贷审批　　C. 加强贷后管理　　D. 风险缓释

E. 限额管理

【解析】信用风险控制的手段包括限额管理、关键业务环节控制和缓释等。在信贷业务流程中，与信用风险管理密切相关的关键流程/环节包括授信权限管理、贷款定价、信贷审批、贷后管理等。信贷业务流程应当结构清晰、职能明确，在业务处理过程中做到关键岗位相互分离、相互协调、相互制约，同时满足业务发展和风险管理的需要。

5. 商业银行进行信用风险预警分析时，可考虑将（　　）作为区域风险预警信号。[2019 年 6 月真题]

A. 区域经济整体下滑　　B. 区域内的产业发展规划不合理

C. 区域相关法律法规重大调整　　D. 区域主导产业出现衰退

E. 区域内客户资信状况普遍降低

【解析】区域风险通常表现为区域政策法规的重大变化、区域经营环境的恶化以及区域内部经营管理水平下降、区域信贷资产质量恶化等，其风险预警主要包括：①政策法规发生重大变化；②区域经营环境出现恶化；③区域商业银行分支机构出现问题。BC 两项属于政策法规发生重大变化的情况；ADE 三项属于区域经营环境出现恶化的情况。

2BCDE　3ABCDE　4ABCDE　5ABCDE

6. 下列关于行业财务风险指标的表述，正确的有(　　)。[2015 年 10 月真题]

A. 行业净资产收益率是衡量行业盈利能力最重要的指标，越高越好

B. 行业销售利润率是衡量产品附加值、市场竞争力及其发展潜力的重要指标，越高越好

C. 资本积累率是评价目标行业发展潜力的重要指标，越高越好

D. 劳动生产率是衡量生产技术水平及单位员工产出的重要指标，越高越好

E. 行业盈亏系数是衡量行业风险程度的关键指标，越高越好

【解析】行业财务风险主要包括以下 6 种指标：①行业净资产收益率，该指标是衡量行业盈利能力最重要的指标，越高越好；②行业盈亏系数，该指标是衡量行业风险程度的关键指标，数值越低风险越小；③资本积累率，该指标是评价目标行业发展潜力的重要指标，越高越好；④行业销售利润率，该指标越高，说明行业产品附加值越高，市场竞争力越强，发展潜力越大；⑤行业产品产销率，该指标越高，说明行业产品供不应求，现有市场规模还可进一步扩大；⑥劳动生产率，该指标在一定程度上反映出行业间的相对技术水平，该指标越高表明其生产技术越先进，单位员工产出越多。

7. 在商业银行信用风险内部评级法的债项评级中，对违约损失率产生影响的因素有(　　)。[2023 年 10 月真题]

A. 企业所处行业　B. 清偿优先性　C. 企业规模　D. 宏观经济周期

E. 担保情况

【解析】影响违约损失率的因素有多方面，主要包括：①项目因素，包括清偿优先性、抵押品等；②公司因素，指与特定的借款企业相关的因素，主要是借款企业的资本结构；③行业因素，企业所处的行业对违约损失率有明显的影响；④地区因素；⑤宏观经济周期因素。同时，企业规模和企业负债的大小对违约损失率也是有影响的。

8. 商业银行对同时符合下列哪些条件的微型和小型企业债权的风险权重为 75%？(　　)[2019 年 6 月真题]

A. 只适用于生产加工类型的企业

B. 商业银行对单家企业的风险暴露占本行信用风险暴露总额的比例不高于 0.5%

C. 符合国家相关部门规定的微型和小型企业认定标准

D. 单笔贷款超过 600 万元

E. 商业银行对单家企业的风险暴露不超过 500 万元

【解析】《商业银行资本管理办法(试行)》第六十四条规定，商业银行对同时符合以下条件的微型和小型企业债权的风险权重为 75%：①企业符合国家相关部门规定的微型和小型企业认定标准；②商业银行对单家企业(或企业集团)的风险暴露不超过 500 万元；③商业银行对单家企业(或企业集团)的风险暴露占本行信用风险暴露总额的比例不高于 0.5%。

9. 下列关于商业银行客户信用评级和债项评级的表述，正确的有(　　)。[2015 年 10 月真题]

A. 它们是反映信用风险水平的两个维度

6ABCD　7ABCDE　8BCE　9ABE

B. 同一个债务人的不同债项可以有不同的债项评级

C. 债项评级由债务人的信用水平决定

D. 同一个债务人可以有多个客户信用评级

E. 客户信用评级主要由债务人的信用水平决定

【解析】客户信用评级与债项评级是反映信用风险水平的两个维度，客户信用评级主要针对交易主体，其等级主要由债务人的信用水平决定；而债项评级是在假设客户已经违约的情况下，针对每笔债项本身的特点预测债项可能的损失率。根据商业银行的内部评级，一个债务人通常有一个客户信用评级，而同一债务人的不同交易可能会有不同的债项评级。

10. 下列关于商业银行信用风险内部评级法资本计量的描述正确的有(　　)。[2015 年 5 月真题]

A. 未违约风险暴露和已违约风险暴露的资本要求计算方法不同

B. 对于零售风险暴露，需要区分初级法和高级法

C. 一般公司风险暴露的相关系数与金融机构风险暴露的相关系数相同

D. 在采用内部评级法时，违约概率由监管当局规定

E. 对于零售风险暴露，违约概率和违约损失率必须由银行自行估计

【解析】BD 两项，对于零售类风险暴露，不区分初级法和高级法，即银行都要自行估计违约概率、违约损失率和违约风险暴露。C 项，商业银行采用内部评级法的，应当按照主权、金融机构、公司和零售等不同的风险暴露分别计算其信用风险加权资产，在计算时按照未违约风险暴露和违约风险暴露进行区分。另外，由于不同风险暴露组合的相关系数不一样，因此，各自适应不同的风险加权资产计算公式。

11. 商业银行的内部评级体系能够在信用风险管理的(　　)方面发挥重要作用。[2015 年 5 月真题]

A. 经济资本配置　B. 贷款定价　C. 计提准备金　D. 限额管理

E. 经风险调整的绩效考核

【解析】商业银行内部评级结果和风险参数估计值等结果，在信用风险管理政策制定、信贷审批、资本分配和公司治理等方面发挥重要作用。其核心应用范围包括：①信贷政策的制定；②授信审批；③限额设定；④风险监控；⑤风险报告。其高级应用范围包括：①风险偏好的设定；②经济资本的建模与管理；③贷款定价；④损失准备计提；⑤绩效衡量和考核；⑥推动风险管理基础建设。

12. 下列可被商业银行认定违约的情形有(　　)。[2015 年 5 月真题]

A. 银行同意消极债务重组，造成债务规模减少

B. 银行认为债务人即将破产或倒闭

C. 银行停止对贷款计息

D. 银行将贷款出售没有造成损失

E. 债务人欠息或手续费 90 天(含)以上

【解析】根据《商业银行资本管理办法(试行)》，当下列一项或多项事件发生时，债务人

10AE　11ABCDE　12ABCE

即被视为违约：①债务人对银行的实质性信贷债务逾期 90 天以上，若债务人违反了规定的透支限额或者重新核定的透支限额小于目前的余额，各项透支将被视为逾期。②银行认定，除非采取变现抵(质)押品等追索措施，债务人可能无法全额偿还对银行的债务。出现以下任何一种情况，银行应将债务人认定为“可能无法全额偿还对银行的债务”：a. 银行对债务人任何一笔贷款停止计息或应计利息纳入表外核算；b. 发生信贷关系后，由于债务人财务状况恶化，银行核销了贷款或已计提一定比例的贷款损失准备；c. 银行将贷款出售并承担一定比例的账面损失；d. 由于债务人财务状况恶化，银行同意进行消极重组，对借款合同条款作出非商业性调整；e. 银行将债务人列为破产企业或类似状态；f. 债务人申请破产，或者已经破产，或者处于类似保护状态，由此将不履行或延期履行偿付银行债务；g. 银行认定的其他可能导致债务人不能全额偿还债务的情况。

13. 根据监管机构的要求，商业银行采用信用风险内部评级法高级法应当自行估计(　　)等风险因素。[2014 年 11 月真题]

A. 违约概率　B. 违约频率　C. 违约损失率　D. 有效期限

E. 违约风险暴露

【解析】根据《商业银行资本管理办法(试行)》，内部评级法分为初级法和高级法。采用高级法的银行应该估计违约概率、违约损失率、违约风险暴露和有效期限。B 项，违约频率是事后检验的结果，而非估计所得。

14. 商业银行拥有良好的信用风险内部评级体系能够(　　)。[2014 年 11 月真题]

A. 有效进行风险排序　B. 有效识别信用风险

C. 准确量化风险参数　D. 自由调整评级结果

E. 有效区分风险等级

【解析】商业银行采用内部评级法计量信用风险资本，应建立能够有效识别信用风险、具备稳健的风险区分和排序能力并准确量化风险的内部评级体系。

15. 商业银行发展资产证券化业务的意义包括(　　)。[2023 年 10 月真题]

A. 可以为其他银行资产证券化提供担保及发行服务，并赚取收益

B. 在出售基础资产的同时可以获得手续费、管理费等收入

C. 改善资本状况，以最小的成本增强流动性和提高资本充足率

D. 将不良资产成批量、快速转换为可流通的金融产品，转移、分散银行资产潜在的风险

E. 将不具有流动性的中长期贷款留在资产负债表内，优化资产负债结构

【解析】E 项，通过证券化的真实出售和破产隔离功能，可以将不具有流动性的中长期贷款置于资产负债表之外，优化资产负债结构，及时获取高流动性的现金资产，从而有效缓解商业银行的流动性压力。

16. 商业银行可以从(　　)维度对贷款组合进行结构分析，有效监测信用组合风险。[2014 年 6 月真题]

13ACDE　14ABCE　15ABCD　16ABCDE

A. 行业　　B. 利润贡献度　　C. 产品　　D. 客户

E. 区域

【解析】组合监测方法中，结构分析包括行业、客户、产品、区域等的资产质量、收益（利润贡献度）等维度。商业银行可以依据风险管理专家的判断，给予各项指标一定权重，得出对单个资产组合风险判断的综合指标或指数。

17. 在信用风险缓释工具中，合格保证应满足的最低要求包括（　　）。[2014 年 6 月真题]

A. 保证人资格应符合《民法典》规定，具备代为清偿贷款本息能力

B. 保证应为书面的，且保证数额在保证期限内有效

C. 采用内部评级法初级法的银行，保证必须为无条件不可撤销的；采用内部评级法高级法的银行，允许有条件的保证，应充分考虑潜在信用风险缓释减少的影响

D. 银行应对保证人的资信状况和代偿能力等进行审批评估，确保保证的可靠性

E. 采用信用风险缓释工具后的风险权重不小于对保证人直接风险暴露的风险权重

【解析】除 ABCDE 五项外，合格保证应满足的最低要求还包括：①银行应加强对保证人的档案信息管理，在保证合同有效期间，应定期对保证人的资信状况和偿债能力及保证合同的履行情况进行检查；②银行对关联公司或集团内部的互保及交叉保证应从严掌握，具有实质风险相关性的保证不应作为合格的信用风险缓释工具。

18. 下列各项属于信用风险计量所经历的阶段的有（　　）。[2013 年 6 月真题]

A. 专家判断法　　B. 信用评分模型　　C. 内部评级体系　　D. 违约概率模型

E. 二维评级体系

【解析】商业银行对客户的信用风险评估/计量大致经历了专家判断法、信用评分模型、违约概率模型三个主要发展阶段。

19. 与单笔贷款业务的信用风险识别有所不同，商业银行在识别和分析贷款组合的信用风险时，应当特别关注（　　）等风险因素的影响。[2013 年 6 月真题]

A. 区域风险　　B. 行业风险

C. 宏观经济因素　　D. 客户的偿债意愿

E. 客户的偿债能力

【解析】与单笔贷款业务的信用风险识别有所不同，商业银行在识别和分析贷款组合的信用风险时，应当更多地关注系统性风险可能造成的影响，主要包括：①宏观经济因素；②行业风险；③区域风险。

20. 模型验证在商业银行信用风险内部评级法中具有极其重要的作用，因为（　　）。[2012 年 10 月真题]

A. 验证可以通过统计手段检验不同等级违约频率的准确性

B. 验证可以分析内部评级模型对客户违约风险的区分能力，并针对问题提出改进

C. 验证是监管当局衡量银行内部评级模型有效性的重要手段

D. 验证可以评估银行资产组合的风险特征和所面临的市场环境

E. 验证是银行优化内部评级模型的重要手段

17ABCDE　18ABD　19ABC　20CE

【解析】验证是银行优化内部评级体系的重要手段，也是监管当局衡量银行内部评级体系是否符合监管要求的重要方式，验证是一个持续的过程，包括对内部评级体系和风险参数量化进行检查和监督的一系列活动，以提高评级体系的可信度与稳健性。

21. 对单一法人客户的财务状况进行分析时，企业财务比率分析主要包括(　　)。

A. 现金流量分析　　B. 盈利能力比率分析

C. 效率比率分析　　D. 杠杆比率分析

E. 流动比率分析

【解析】对单一法人客户的财务状况进行分析时，主要包括：财务报表分析、财务比率分析以及现金流量分析。其中，财务比率分析主要包括：①盈利能力比率分析；②效率比率分析；③杠杆比率分析；④流动比率分析；⑤偿债能力分析。

22. 盈利能力比率用来衡量管理层将销售收入转换成实际利润的效率，体现管理层控制费用并获得投资收益的能力，主要包括(　　)。

A. 净资产收益率　B. 销售毛利率　C. 总资产周转率　D. 资产净利率

E. 资产负债率

【解析】盈利能力比率用来衡量管理层将销售收入转换成实际利润的效率，体现管理层控制费用并获得投资收益的能力，主要包括：①销售毛利率；②销售净利率；③资产净利率；④净资产收益率；⑤总资产收益率。C 项属于效率比率，体现管理层管理和控制资产的能力；E 项属于杠杆比率，衡量企业所有者利用自有资金获得融资的能力，判断企业的偿债资格和能力。

23. 现金流分为(　　)。

A. 经营活动的现金流　　B. 投资活动的现金流

C. 融资活动的现金流　　D. 休闲活动的现金流

E. 投机活动的现金流

【解析】现金流是指现金在企业内的流入和流出。现金流分为三个部分：①经营活动的现金流；②投资活动的现金流；③融资活动的现金流。

24. 对于中长期贷款，需要考虑的内容包括(　　)。

A. 不同发展时期的现金流特征

B. 正常经营活动的现金流量是否能够及时偿还贷款

C. 分析未来的经营活动是否能够产生足够的现金流量以偿还贷款本息

D. 在初期应当考察借款人能否有足够的融资能力和投资能力来获得所需的现金流量以偿还贷款利息

E. 正常经营活动的现金流量是否能够足额偿还贷款

【解析】对于中长期贷款，应当主要分析未来的经营活动是否能够产生足够的现金流量以偿还贷款本息，但在贷款初期，应当考察借款人是否有足够的融资能力和投资能力来获得所需的现金流量以偿还贷款利息。此外，由于企业发展可能处于开发期、成长期、成熟期或衰退期，进行现金流量分析时需要考虑不同发展时期的现金流特性。BE 两项

21BCDE　22ABD　23ABC　24ACD

属于短期贷款应该考虑的内容。

25. 考察和分析企业的非财务状况，主要从哪些方面进行分析和判断？(　　)

A. 行业风险　　B. 管理层风险

C. 生产与经营风险　　D. 宏观经济、社会及自然环境

E. 担保状况

【解析】非财务状况分析主要从管理层风险，行业风险，生产与经营风险，宏观经济、社会及自然环境等方面进行分析和判断。

26. 企业的生产与经营风险主要表现为(　　)。

A. 行业风险　　B. 产品风险　　C. 生产风险　　D. 销售风险

E. 总体经营风险

【解析】企业的生产与经营风险主要表现为：①总体经营风险；②产品风险；③原料供应风险；④生产风险；⑤销售风险。

27. 银行必须对单一法人客户进行担保分析，这个所谓的“担保”主要是为了(　　)。

A. 维护债权人和其他当事人的合法权益

B. 提高贷款偿还的可能性

C. 降低商业银行资金损失的风险

D. 提高银行对法人客户的指导能力

E. 为商业银行提供一个可以影响或控制的潜在还款来源

【解析】担保有助于维护债权人和其他当事人的合法权益，提高贷款偿还的可能性，降低商业银行资金损失的风险，为商业银行提供一个可以影响或控制的潜在还款来源。

28. 下列有关关联交易的说法，正确的有(　　)。

A. 与单一法人客户相比，集团法人客户信用风险具有内部关联交易频繁的特征

B. 横向多元化集团内部的关联交易主要是集团内部企业之间存在的大量资产重组、并购、资金往来以及债务重组

C. 集团法人客户内部进行关联交易的基本动机之一是实现整个集团公司的统一管理和控制

D. 国家控制的企业间因为彼此同受国家控制而成为关联方

E. 纵向一体化集团内部的关联交易主要集中在上游企业为下游企业提供半成品作为原材料，以及下游企业再将产成品提供给销售公司销售

【解析】关联交易是指银行保险机构与关联方之间发生的利益转移事项。D 项，国家控制的企业间不应当仅仅因为彼此同受国家控制而成为关联方。

29. 根据集团内部关联关系的不同，企业集团可以分为(　　)。

A. 股份合作化企业集团　　B. 纵向一体化企业集团

C. 横向多元化企业集团　　D. 有限责任企业集团

E. 综合企业集团

25ABCD　26BCDE　27ABCE　28ABCE　29BC

30. 商业银行分析企业集团内的关联交易时，判断企业客户是否属于集团法人客户内部的关联方应关注的情况有(　　)。

A. 易货交易

B. 发生处理方式异常的交易

C. 资金以股本权益性投资的方式供单位或个人长期使用

D. 互为提供担保或连环提供担保

E. 与特定顾客或供应商发生大额交易

【解析】除 ABDE 四项外，商业银行发现企业客户下列行为/情况时，应当着重分析其是否属于某个企业集团内部的关联方，以及其行为/情况是否属于关联方之间的关联交易：①与无正常业务关系的单位或个人发生重大交易；②进行价格、利率、租金及付款等条件异常的交易；③进行实质与形式不符的交易；④进行明显缺乏商业理由的交易；⑤资产负债表日前后发生的重大交易；⑥存在有关控制权的秘密协议；⑦除股本权益性投资外，资金以各种方式供单位或个人长期使用。

31. 下列关于贷款组合信用风险的说法，不正确的有(　　)。

A. 贷款组合内的单笔贷款之间一般没有相关性

B. 贷款组合的总体风险通常小于单笔贷款信用风险的简单加总

C. 风险分散化有助于降低商业银行资产组合的整体风险

D. 贷款资产可以过于集中

E. 商业银行在识别和分析贷款组合信用风险时，应当更多地关注系统性风险因素可能造成的影响

【解析】A 项，贷款组合内的各单笔贷款之间通常存在一定程度的相关性。如果两笔贷款的信用风险随着风险因素的变化同时上升或下降，则两笔贷款是正相关的，即同时发生风险损失的可能性比较大；如果一个风险下降而另一个风险上升，则两笔贷款就是负相关的，即同时发生风险损失的可能性比较小。正是由于这种相关性，贷款组合的整体风险通常小于单笔贷款信用风险的简单加总。D 项，贷款资产过于集中易引发集中度风险。

32. 商业银行在识别和分析贷款风险时，系统性风险因素包括(　　)。

A. 行业风险因素　　B. 管理层风险因素

C. 区域风险因素　　D. 企业产品销售风险因素

E. 宏观经济因素

【解析】商业银行在识别和分析贷款风险时，系统性风险主要包括：宏观经济因素、行业风险和区域风险。

33. 专家系统在分析信用风险时主要考虑的因素包括与借款人有关的因素以及与市场有关的因素。下列各项中，与市场有关的因素包括(　　)。

A. 收益波动性　　B. 经济周期　　C. 宏观经济政策　　D. 利率水平

E. 杠杆

【解析】一般而言，专家系统在分析信用风险时主要考虑两方面因素，一是与借款人有

30ABDE　31AD　32ACE　33BCD

关的因素，主要包括借款人的声誉、杠杆、收益波动性；二是与市场有关的因素，主要包括经济周期、宏观经济政策、利率水平。

34. KPMG 风险中性定价模型中用到的变量包括(　　)。

A. 非违约概率
B. 风险资产的承诺利息
C. 风险资产的回收率
D. 贷款期限
E. 借款企业的市场价值

【解析】根据 KPMG 风险中性定价模型，无风险资产的预期收益与不同等级风险资产的预期收益是相等的，即

$$P_1(1+K_1)+(1-P_1)\times(1+K_1)\times\theta=1+i_1$$

其中，P_1 为期限 1 年的风险资产的非违约概率，$(1-P_1)$即其违约概率；K_1 为风险资产的承诺利息；θ 为风险资产的回收率，等于"1 - 违约损失率"；i_1 为期限 1 年的无风险资产的收益率。

35. 客户评级必须具有(　　)的功能。

A. 能够有效区分违约客户，即不同信用等级的客户违约风险随信用等级的下降而呈加速上升的趋势
B. 能够有效防止违约风险
C. 能够准确量化客户违约风险，即能够估计各信用等级的违约概率
D. 能够有效抵补风险，以保证商业银行的正常经营
E. 将估计的违约概率与实际违约频率的误差控制在一定范围内

【解析】客户评级必须具有两大功能：①能够有效区分违约客户，即不同信用等级的客户违约风险随信用等级的下降而呈加速上升的趋势；②能够准确量化客户违约风险，即能够估计各信用等级的违约概率，并将估计的违约概率与实际违约频率的误差控制在一定范围内。

36. 实施内部评级法的商业银行估计其各信用等级借款人所对应的违约概率，可采用(　　)等与数据基础一致的技术估计平均违约概率。

A. 风险评估模型
B. 外部环境分析
C. 内部违约经验
D. 映射外部数据
E. 统计违约模型

【解析】实施内部评级法的商业银行估计其各信用等级借款人所对应的违约概率，可采用内部违约经验、映射外部数据和统计违约模型等与数据基础一致的技术估计平均违约概率，可选择一项主要技术，辅以其他技术作比较，并进行可能的调整，确保估值能准确反映违约概率。

37. 下列关于违约的说法，正确的有(　　)。

A. 违约的定义是内部评级法的重要定义
B. 如果某债务人被认定为违约，银行应对该债务人主要关联债务人的评级进行检查
C. 违约的定义是估计违约概率(PD)、违约损失率(LGD)、违约风险暴露(EAD)等信

34ABC　35ACE　36CDE　37ACDE

用风险参数的基础

D. 如果内部评级基于整个企业集团，并依据企业集团评级进行授信，集团内任一债务人违约应被视为集团内所有债务人违约的触发条件

E. 如果某债务人被认定为违约，是否对关联债务人实行交叉违约认定，取决于关联债务人在经济上的相互依赖和一体化程度

【解析】B 项，如果某债务人被认定为违约，银行应对该债务人所有关联债务人的评级进行检查。

38. 下列各项所述情形，债务人可被视为违约的有(　　)。

A. 某借款企业申请破产，由此将延期偿还欠款

B. 某借款企业已破产，由此将不归还欠款

C. 某客户的信用卡债务余额超过了新核定的透支限额，且逾期 50 天未还

D. 某房贷借款人无法全额偿还借款，且抵押品房屋无法变现

E. 银行同意对某借款企业的债务进行债务重组，由此可能导致债务减少

【解析】根据《商业银行资本管理办法(试行)》，当下列一项或多项事件发生时，债务人即被视为违约：①债务人对银行的实质性信贷债务逾期 90 天以上，若债务人违反了规定的透支限额或者重新核定的透支限额小于目前的余额，各项透支将被视为逾期；②银行认定，除非采取变现抵(质)押品等追索措施，债务人可能无法全额偿还对银行的债务。ABDE 四项均为银行将债务人认定为“可能无法全额偿还对银行的债务”的情况。

39. 违约的定义是估计下列哪些信用风险参数的基础？(　　)

A. 违约频率　　B. 违约概率　　C. 违约损失率　　D. 违约风险暴露

E. 违约风险利息率

【解析】违约的定义是内部评级法的重要定义，是估计违约概率(PD)、违约损失率(LGD)、违约风险暴露(EAD)等信用风险参数的基础。

40. 下列关于违约概率的说法，不正确的有(　　)。

A. 违约概率是事后检验的结果

B. 违约概率是指借款人在未来一定时期内发生违约的可能性

C. 违约概率一般被具体定义为借款人内部评级 1 年期违约概率与 0.02% 中的较高者

D. 违约概率的估计包括单一借款人的违约概率和某一信用等级所有借款人的违约概率两个层面

E. 对任一级别的债务人，银行可以使用违约概率预测模型得到的每个债务人违约概率的简单平均值作为该级别的违约概率

【解析】A 项，违约频率是事后检验的结果，而违约概率是分析模型作出的事前预测，两者存在本质的区别；C 项，违约概率一般被具体定义为借款人内部评级 1 年期违约概率与 0.03% 中的较高者。

41. 风险暴露的类型包括(　　)。

A. 公司风险暴露　　B. 零售风险暴露

38ABDE　39BCD　40AC　41ABCDE

C. 主权风险暴露　　　　　　　　　D. 金融机构风险暴露

E. 股权风险暴露

【解析】商业银行进行内部评级之前，首先要按照风险暴露的属性进行风险暴露的科学、合理分类。风险暴露主要包括公司风险暴露、零售风险暴露、主权风险暴露、金融机构风险暴露、股权风险暴露以及其他风险暴露。

42. 纳入股权风险暴露的金融工具应同时满足的条件包括(　　)。

A. 该项金融工具不可赎回

B. 该项金融工具不属于发行方的债务

C. 对发行方资产或收入具有剩余索取权

D. 发行方的年销售额不超过 3 亿元人民币

E. 持有该项金融工具获取收益的主要来源是未来资本利得，而不是随时间所产生的收益

【解析】股权风险暴露是指商业银行直接或间接持有的股东权益。纳入股权风险暴露的金融工具应同时满足如下条件：①持有该项金融工具获取收益的主要来源是未来资本利得，而不是随时间所产生的收益。②该项金融工具不可赎回，不属于发行方的债务。③对发行方资产或收入具有剩余索取权。

43. 对贷款的债项评级主要是通过计量借款人的违约损失率来实现的，下列关于违约损失率的说法正确的有(　　)。

A. 违约损失率指某一债项违约导致的损失金额占该违约债项风险暴露的比例

B. 违约损失率引入监管资本框架具有重要意义

C. 违约损失率估计应以预期清偿率为基础

D. 违约损失率估计应基于经济损失

E. 违约损失率不能仅依据对抵(质)押品市值的估计，同时应考虑到银行可能没有能力迅速控制和清算抵押品

【解析】C 项，违约损失率估计应以历史清偿率为基础。

44. 下列关于计量违约损失率的说法，正确的有(　　)。

A. 计量违约损失率的方法主要有市场价值法和回收现金流法

B. 可以通过市场上类似资产的信用价差和违约概率推算违约损失率

C. 无论是从资本监管的角度还是从商业银行内部管理的角度，计量违约损失率无疑都是十分重要的

D. 对于存在抵押品的债务，在估计违约损失率时，必须考虑到抵押品的风险缓释效应，将有抵押品的和未获抵押的风险暴露分开处理

E. 计量违约损失率的方法主要有市场法和隐含市场法

【解析】E 项，计量违约损失率的方法主要有两种：①市场价值法，主要适用于已经在市场上发行并且可交易的大企业、政府、银行债券。根据所采用的信息中是否包含违约债项，市场价值法又进一步细分为市场法(采用违约债项计量非违约债项 LGD)和隐含市场法(不采用违约债项，直接根据信用价差计量 LGD)。②回收现金流法。

42ABCE　43ABDE　44ABCD

45. 采用内部评级法计量信用风险监管资本时，信用风险缓释功能可以体现为(　　)。

A. 违约概率下降　　B. 风险损失降低

C. 违约损失率下降　　D. 违约风险暴露下降

E. 组合限额降低

【解析】信用风险缓释是指银行采用内部评级法计量信用风险监管资本时，运用合格的抵(质)押品、净额结算、保证和信用衍生工具等方式转移或降低信用风险。信用风险缓释功能体现为违约概率(如保证的替代效果)、违约损失率[如抵(质)押和保证的减轻效果]或违约风险暴露(如净额结算)的下降。

46. 初级内部评级法下，合格净额结算包括(　　)。

A. 表内净额结算　　B. 表外净额结算

C. 回购交易净额结算　　D. 场外衍生工具净额结算

E. 交易账户信用衍生工具净额结算

【解析】初级内部评级法下，合格净额结算包括：表内净额结算、回购交易净额结算、场外衍生工具及交易账户信用衍生工具净额结算。银行采用合格净额结算缓释信用风险时，应持续监测和控制后续风险，并在净头寸的基础上监测和控制相关的风险暴露。

47. 下列属于内部评级法结果核心应用范围的有(　　)。[2023年6月真题]

A. 信贷政策的制定　　B. 授信审批

C. 限额设定　　D. 风险报告

E. 风险监控

【解析】债务人或债项的评级结果是授信决策的主要条件之一，核心应用范围包括：①信贷政策的制定。基于债务人和债项的评级以及组合层面(行业、区域)的评级结果，制定差异化的信贷政策，如行业、区域的准入政策、低等级债务人强制退出政策等。②授信审批。授信政策应明确规定将债务人或债项的评级结果作为是否给予授信，或是否准入的主要标准之一。③限额设定。根据债务人或债项的评级结果，设置单一债务人或组合层面的风险暴露的限额。④风险监控。对于不同评级结果的债务人或债项，采用不同监控手段和频率。⑤风险报告。明确规定风险报告的内容、频率和对象，至少按季度向董事会、高级管理层和其他相关部门或人员报告债务人和债项评级总体概况和变化情况。

48. 目前国际上应用比较广泛的信用风险组合模型包括(　　)。

A. Credit Metrics 模型　　B. 死亡率模型

C. Credit Risk + 模型　　D. KPMG 模型

E. Credit Portfolio View 模型

【解析】BD两项属于客户信用评级的违约概率模型。

49. Credit Portfolio View 模型是目前国际银行业应用比较广泛的信用风险组合模型之一，关于该模型，下列说法正确的有(　　)。

A. Credit Metrics 模型可以看做是该模型的一个补充

45ACD　46ABCDE　47ABCDE　48ACE　49CDE

B. 计算非违约的转移概率时不使用历史数据

C. 它直接将转移概率与宏观因素的关系模型化

D. 在违约率计算上不使用历史数据

E. 比较适用于投机类型的借款人

【解析】Credit Portfolio View 模型可以看做是 Credit Metrics 模型的一个补充，因为该模型虽然在违约率计算上不使用历史数据，而是根据现实宏观经济因素通过蒙特卡洛模拟计算出来，但对于那些非违约的转移概率则还需要根据历史数据来计算，只不过将这些基于历史数据的转移概率进行了调整而已。Credit Portfolio View 模型比较适用于投机类型的借款人，因为该类借款人对宏观经济因素的变化更敏感。

50. 下列关于各种信用风险组合模型的说法，正确的有(　　)。

A. Credit Metrics 的本质是 VaR 模型

B. Credit Metrics 只能用于计算交易性资产组合 VaR

C. Credit Risk + 模型假设在组合中，每笔贷款只有违约和不违约两种状态

D. Credit Portfolio View 比较适合保守类型的借款人

E. 在计算过程中，Credit Risk + 模型假设每一组的平均违约率都是固定不变的

【解析】B 项，Credit Metrics 模型的创新之处正是在于解决了计算非交易性资产组合 VaR 这一难题；D 项，Credit Portfolio View 比较适合投机类型的借款人，因为该类借款人对宏观经济因素的变化更敏感。

51. 有效的信用风险监测体系应实现的目标包括(　　)。

A. 识别贷款组合的信用风险

B. 监测对合同条款的遵守情况

C. 识别借款人违约情况，并及时对风险上升的授信进行分类

D. 评估抵(质)押物相对债务人当前状况的抵补程度以及抵(质)押物价值的变动趋势

E. 对已造成信用风险损失的授信对象或项目，迅速进入补救和管理程序

【解析】A 项，识别信用风险是风险识别环节的工作，不是信用风险监测体系中的内容。有效的信用风险监测体系应实现的目标，除 BCDE 四项外还包括：确保商业银行了解借款人或交易对方当前的财务状况及其变动趋势。

52. 商业银行在对客户风险进行监测时，通常需要分析客户风险的基本面指标。基本面指标主要包括(　　)。

A. 环境类指标　B. 实力类指标　C. 品质类指标　D. 财务类指标

E. 营运能力指标

【解析】客户风险的内生变量包括两类指标：①基本面指标，包括品质类指标、实力类指标和环境类指标；②财务指标，包括偿债能力指标、盈利能力指标、营运能力指标和增长能力指标。

53. 下列各项属于商业银行客户风险监测内生变量指标的有(　　)。

A. 融资主体的合规性、公司治理结构、经营组织架构、管理层素质、还款意愿、信用

50ACE　51BCDE　52ABC　53ABCD

记录等品质类指标

B. 资金实力、技术以及设备的先进性、人力资源、资质等级等实力类指标

C. 市场竞争环境、政策法规环境、外部重大事件、信用环境等环境类指标

D. 长期、短期偿债能力指标

E. 主要股东、上下游客户、市场竞争者等“风险域”企业

【解析】E 项，主要股东、上下游客户、市场竞争者等“风险域”企业属于客户风险的外生变量。这些相关群体的变化，均可能对借款人的生产经营和信用状况造成影响。

54. 在证券交易所资产支持证券存续期，可能影响资产支持证券信用状况的信息包括（　　）。[2023 年 10 月真题]

A. 基础资产类型、特征、权属、担保负担及其他权利限制以及质量变化情况

B. 各参与机构按照规定或约定履行职责、义务情况

C. 增信措施有效性的变化情况

D. 公众投诉、媒体报道情况

E. 基础资产现金流重要提供方所处行业环境或政策变化情况等

【解析】可能影响资产支持证券信用状况的信息包括但不限于：基础资产类型、特征、权属、担保负担及其他权利限制以及质量变化情况；基础资产现金流归集、划转以及预计基础资产产生现金流能力的变化情况；基础资产现金流重要提供方所处行业环境或政策变化情况，股权结构、内部治理结构、生产经营和财务状况变化等情况；特定原始权益人股权结构、内部治理结构、生产经营和财务状况变化等情况；资产服务机构提供基础资产管理服务的相关业务资质、风险控制措施以及经营情况、财务状况、资信情况等情况；专项计划交易结构各环节实施情况及风险控制措施的落实情况；各参与机构按照规定或约定履行职责、义务情况；增信措施有效性的变化情况；资产支持证券评级变化情况；公众投诉、媒体报道情况；其他可能影响资产支持证券信用状况的信息。

55. 下列关于金融资产风险分类的定义，不正确的有（　　）。

A. 关注类：虽然存在一些可能对履行合同产生不利影响的因素，但债务人目前有能力偿付本金、利息或收益

B. 正常类：债务人能够履行合同，没有客观证据表明本金、利息或收益不能按时足额偿付

C. 次级类：债务人已经无法足额偿付本金、利息或收益，金融资产已发生显著信用减值

D. 可疑类：债务人无法足额偿付本金、利息或收益，或金融资产已经发生信用减值

E. 损失类：在采取所有可能的措施后，只能收回极少部分金融资产，或损失全部金融资产

【解析】C 项，次级类金融资产是指债务人无法足额偿付本金、利息或收益，或金融资产已经发生信用减值的金融资产；D 项，可疑类金融资产是指债务人已经无法足额偿付本金、利息或收益，金融资产已发生显著信用减值的金融资产。

56. 下列关于贷款分类与债项评级的说法不正确的有（　　）。

54ABCDE　55CD　56BCD

A. 债项评级与客户评级构成的二维评级能够实现更为细化的贷款分类
B. 债项评级综合考虑了客户信用风险因素和债项交易损失因素，实际上是根据预期损失对信贷资产进行评级
C. 贷款分类可同时用于审批、贷后管理，是对债项风险的一种预先判断
D. 债项评级主要用于贷后管理，更多地体现为事后评价
E. 债项评级仅考虑影响交易损失的特定风险因素，客户信用风险因素由客户评级完成

【解析】B 项，贷款分类综合考虑了客户信用风险因素和债项交易损失因素；C 项，债项评级可同时用于贷前审批、贷后管理，是对债项风险的一种预先判断；D 项，贷款分类主要用于贷后管理，更多地体现为事后评价。

57. 行业环境风险因素主要包括(　　)。
A. 经济周期因素　　B. 财政货币政策
C. 国家产业政策　　D. 法律法规
E. 产业成熟度

【解析】行业环境风险因素主要包括经济周期因素、财政货币政策、国家产业政策、法律法规等方面。E 项属于行业经营风险因素，与题干不符。

58. 下列各项属于区域经营环境恶化相关警示信号的有(　　)。
A. 区域法律法规明显调整
B. 区域经济整体下滑
C. 区域内某产业集中度高，而该产业受到国家宏观调控
D. 区域内客户的资信状况普遍降低
E. 区域产业集中度高，区域主导产业出现衰退

【解析】AC 两项属于区域政策法规重大变化的警示信号。除 BDE 三项外，区域经营环境恶化的相关警示信号还包括区域内产品普遍被购买者反映质量差、购买者对该区域生产的产品失去信心等。

59. 信贷客户财务状况变化的风险预警信号包括(　　)。
A. 银行存款余额不断减少　　B. 高管人员没有履行个人义务
C. 关键的人事变动　　D. 拖延支付利息，信用卡透支状况严重
E. 缺乏可见的管理连续性

【解析】BCE 三项属于客户非财务警示信号。

60. 信用风险报告的职责有(　　)。
A. 应实施并支持一致的风险语言/术语
B. 使员工可以在业务部门、流程和职能单元之间分享风险信息
C. 传递商业银行风险偏好和风险容忍度
D. 告诉员工在实施和支持全面风险管理中的角色和职责
E. 保证对有效全面风险管理的重要性和相关性的清醒认识

【解析】除 ABCDE 五项外，风险报告的职责还包括：①利用内部数据和外部事件、活

57ABCD　58BDE　59AD　60ABCDE

动、状况的信息，为商业银行风险管理和目标实施提供支持；②保障风险管理信息及时、准确地向上级或者同级的风险管理部门、外部监管部门、投资者报告。

61. 新发生不良贷款的外部原因包括(　　)。

A. 违反贷款授权授信规定　　B. 企业经营管理不善或破产倒闭

C. 企业逃废银行债务　　D. 企业违法违规

E. 地方政府行政干预

【解析】新发生不良贷款的外部原因包括：①企业经营管理不善或破产倒闭；②企业逃废银行债务；③企业违法违规；④地方政府行政干预等。内部原因包括：①违反贷款“三查”制度；②违反贷款授权授信规定；③银行员工违法等。

62.《商业银行不良资产监测和考核暂行办法》规定的不良贷款分析报告包括(　　)。

A. 新发放贷款质量情况　　B. 对不良贷款的变化趋势进行预测

C. 不良贷款清收转化情况　　D. 本期贷款余额等基本情况

E. 新发生不良贷款的内外部原因分析及典型案例

【解析】《商业银行不良贷款监测和考核暂行办法》规定的不良贷款分析报告的主要内容除 ABCDE 五项外，还包括：地区和客户结构情况。

63. 综合报告是各报告单位针对管理范围内、报告期内各类风险与内控状况撰写的综合性风险报告。综合报告应反映的主要内容包括(　　)。

A. 辖内各类风险总体状况及变化趋势　　B. 分类风险状况及变化原因分析

C. 风险应对策略及具体措施　　D. 加强风险管理的建议

E. 发展趋势及风险因素分析

【解析】E 项为风险报告的专题报告所反映的内容。

64. 风险报告是商业银行实施全面风险管理的媒介，从报告的使用者来看，可以分为内部报告和外部报告，下列各项中属于内部报告的有(　　)。

A. 评价整体风险状况　　B. 识别当期风险特征

C. 分析重点风险因素　　D. 配合内部审计检查

E. 提供监管数据

【解析】从报告的使用者来看，风险报告可分为内部报告和外部报告两种类型。除 ABCD 四项外，内部报告还包括总结专项风险工作。外部报告的内容相对固定，主要包括：①提供监管数据；②反映管理情况；③提出风险管理的措施建议等。

65. 商业银行在确定某一客户的信贷限额时，所要考虑的因素包括(　　)。

A. 金融产品信用风险暴露的具体状况　　B. 客户的最高债务承受额

C. 商业银行经济资本配置状况　　D. 客户损失限额

E. 客户资信状况

【解析】商业银行制定单一客户授信限额需要考虑两方面的因素：①客户的债务承受能力，即确定客户的最高债务承受额；②银行的损失承受能力，银行对某一客户的损失承受能力用客户损失限额表示，代表了商业银行愿意为某一具体客户所承担的损失限额。

61BCDE　62ABCDE　63ABCD　64ABCD　65BD

当客户的授信总额超过上述两个限额中的任一限额时，商业银行都不能再向该客户提供任何形式的授信业务。

66. 由于许多集团客户内部的关联关系比较复杂，因此在对其授信时应注意(　　)。

A. 分别制定标准，实施个体控制　　B. 掌握充分信息，避免过度授信

C. 尽量多用保证，争取少用抵押　　D. 统一识别标准，实施总量控制

E. 主办银行牵头，协调信贷业务

【解析】集团客户内部的关联关系比较复杂，在对其进行授信限额管理时应重点做到以下几点：①统一识别标准，实施总量控制；②掌握充分信息，避免过度授信；③主办银行牵头，协调信贷业务。

67. 下列关于商业银行区域限额管理的说法，正确的有(　　)。

A. 在我国，区域限额管理包括国家限额管理

B. 在一定时期内，我国商业银行实施区域风险限额管理是很有必要的

C. 国外银行一般不对一个国家内的某一地区设置区域风险限额

D. 在我国，区域风险限额在一般情况下经常作为指导性的弹性限额

E. 在我国，当某一地区受某些(政策、法规、自然灾害、社会环境等)因素的影响，导致区域内经营环境恶化、区域内部经营管理水平下降、区域信贷资产质量恶化时，区域风险限额将被严格地、刚性地加以控制

【解析】区域风险限额管理与国家风险限额管理有所不同。国外银行一般不对一个国家内的某一区域设置区域风险限额，而只是对较大的跨国区域，如亚太区、东亚区、东欧等设置信用风险暴露的额度框架。我国幅员辽阔、各地经济发展水平差距较大，因此在一定时期内实施区域风险限额管理还是很有必要的。区域风险限额在一般情况下经常作为指导性的弹性限额，但当某一地区受某些(政策、法规、自然灾害、社会环境等)因素的影响，导致区域内经营环境恶化、区域内部经营管理水平下降、区域信贷资产质量恶化时，区域风险限额将被严格地、刚性地加以控制。

68. 授信集中度限额可以按不同维度进行设定，其中最常用的组合限额设定维度包括(　　)。

A. 行业　　B. 产品　　C. 风险等级　　D. 担保

E. 国家信用风险

【解析】行业、产品、风险等级和担保是最常用的组合限额设定维度。对于刚开始进行组合管理的商业银行，可主要设定行业和产品的集中度限额；在积累了相应的经验而且数据更为充分后，可再考虑设定其他维度上的组合集中度限额。E 项属于国家风险限额管理范畴。

69. 商业银行内部风险管理指引必须在设立授信权限方面作出职责安排和相关规定，授信权限管理通常遵循的原则包括(　　)。

A. 交易对方风险限额的确定和对单一信用风险暴露的管理应符合组合的统一指导及信用政策

66BDE　67BCDE　68ABCD　69ABD

B. 给予每一交易对方的信用须得到一定权力层次的批准

C. 债项的每一个重要改变(如主要条款、抵押结构及主要合同)都应备案，但为了提高审批效率，不一定要得到一定权力层次的批准

D. 根据审批人的资历、经验和岗位培训，将信用审批授权分配给审批人并定期进行考核

E. 集团内机构在进行信用决策时应分别视具体情况，各自采用最适合的标准

【解析】授信权限管理通常遵循的原则包括：①给予每一交易对方的信用须得到一定权力层次的批准；②集团内所有机构在进行信用决策时应遵循一致的标准；③债项的每一个重要改变(如主要条款、抵押结构及主要合同)应得到一定权力层次的批准；④交易对方风险限额的确定和对单一信用风险暴露的管理应符合组合的统一指导及信用政策，每一决策都应建立在风险—收益分析基础之上；⑤根据审批人的资历、经验和岗位培训，将信用审批授权分配给审批人并定期进行考核。

70. 商业银行贷款重组中的贷款结构主要包括(　　)。

A. 贷款担保　　B. 贷款期限　　C. 贷款费用　　D. 贷款人信用等级

E. 贷款金额

【解析】贷款重组是指当债务人因种种原因无法按原有合同履约时，商业银行为了降低客户违约风险引致的损失，而对原有贷款结构(期限、金额、利率、费用、担保等)进行调整、重新安排、重新组织的过程。

71. 贷款重组应当注意的事项包括(　　)。

A. 对抵押品、质押物或保证人一般应重新进行评估

B. 是否值得重组，重组成本与重组后可减少的损失孰大孰小

C. 进入重组流程的原因

D. 对抵押品、质押物或保证人不需要进行评估

E. 是否属于可重组的对象或产品

【解析】贷款重组应当注意的事项包括：①是否属于可重组的对象或产品，通常，商业银行都对允许或不允许重组的贷款类型有具体规定；②为何进入重组流程，对此应该有专门的分析报告并陈述理由；③是否值得重组，重组的成本与重组后可减少的损失孰大孰小，对将要重组的客户必须进行细致科学的成本收益分析；④对抵押品、质押物或保证人一般应重新进行评估。

72. 贷款重组可以采取的措施有(　　)。

A. 调整信贷产品　　B. 减少贷款额度　　C. 调整贷款利率　　D. 增加控制措施

E. 调整贷款期限

【解析】贷款重组主要包括但不限于以下措施：①调整信贷产品；②减少贷款额度；③调整贷款期限(贷款展期或缩短贷款期限)；④调整贷款利率；⑤增加控制措施，限制企业经营活动。

73. 银行业监督管理机构发布的《商业银行大额风险暴露管理办法》旨在形成统一，规范的

70ABCE　71ABCE　72ABCDE　73ABD

大额风险暴露监管规则，其主要目的和作用包括(　　)。[2023 年 6 月真题]

A. 改变授信过程中“搭便车”“垒大户”等现象

B. 推动提升集中度风险管理水平，降低客户授信集中度

C. 改善信贷资源配置效率，提高上市公司信贷可获得性

D. 引导回归本源，专注主业，降低系统性风险

E. 增强对同业业务的布局，将更多资金投向实体经济

【解析】银行业监督管理机构发布《商业银行大额风险暴露管理办法》，旨在形成统一、规范的大额风险暴露监管规则。该办法对商业银行加强大额风险暴露管理提出一整套安排和要求，有助于推动商业银行提升集中度风险管理水平，降低客户授信集中度；提高单家银行对单个同业客户风险暴露的监管要求，有助于引导银行回归本源、专注主业，弱化对同业业务的依赖，将更多资金投向实体经济；明确单家银行对单个企业或集团的授信总量上限，有助于改变授信过程中“搭便车”“垒大户”等现象，提高中小企业信贷可获得性，改善信贷资源配置效率，降低系统性风险。

74. 商业银行内部评级体系的验证应评估内部评级和风险参数量化的(　　)。

A. 准确性　　B. 可靠性　　C. 复杂性　　D. 稳定性

E. 审慎性

【解析】内部评级体系是商业银行进行信用风险管理的基础平台，它包括作为硬件的内部评级系统和作为软件的配套管理制度。内部评级体系的验证应评估内部评级和风险参数量化的准确性、稳定性和审慎性。

75. 非财务因素分析是信用风险分析过程中的重要组成部分，主要从管理层风险，行业风险，生产与经营风险，宏观经济、社会及自然环境等方面进行分析和判断，下面属于管理层风险分析的是(　　)。

A. 历史经营记录及其经验　　B. 品德与诚信度

C. 行业特征及定位　　D. 领导后备力量和中层主管人员的素质

E. 行业竞争力及替代性分析

【解析】除 ABD 三项外，管理层风险分析的内容还有：①经营者相对于所有者的独立性；②影响其决策的相关人员的情况；③决策过程；④所有者关系、内控机制是否完备及运行正常；⑤管理的政策、计划、实施和控制等。CE 两项属于行业风险分析的具体内容。

76. 下列关于抵押和质押的说法正确的是(　　)。

A. 抵押需要转移抵押物，质押不需要转移质物

B. 债务人不履行债务时，债权人有对抵押物或质物的优先受偿权

C. 应收账款质押的登记机构是中国人民银行征信中心

D. 在同一应收账款上设立多个权利的，质权人按照登记的先后顺序行使质权

E. 应收账款质押的登记期限 1 个月 ~30 年

【解析】A 项，抵押是指债务人或第三方不转移对财产的占有，将该财产作为债权的担保。质押又称动产质押，是指债务人或第三方将其动产移交债权人占有，将该动产作为

74ADE　75ABD　76BCDE

债权的担保。

77. 下列关于抵押担保和质押担保，表述正确的有(　　)。[2023 年 6 月真题]

A. 抵押物必须是第三人的财产，质押物可以是债务人的财产

B. 抵押物必须是债务人的财产，质押物可以是第三人的财产

C. 抵押中的债权人为抵押权人，质押中的债权人为质权人

D. 担保期间，抵押物必须转移给债权人，质押物不需转移给债权人

E. 担保期间，抵押物不需转移给债权人，质押物必须转移给债权人

【解析】抵押物和质押物都可以是第三人的财产。抵押物、质押物均由债务人或者第三人提供担保；担保期间，抵押物不需转移给债权人，质押物必须转移给债权人。

78. 集团客户是指存在控制关系的一组企事业法人客户或同业单一客户。下列被认定为集团客户的有(　　)。

A. 一方在股权上或经营决策上直接或间接控制另一方或被另一方控制

B. 两方共同被第三方控制

C. 一方主要投资者个人、关键管理人员或其亲属(包括三代以内直系亲属关系和二代以内旁系亲属关系)直接或间接控制另一方

D. 存在其他关联关系，可能不按公允价格原则转移资产和利润

E. 对于不受大额风险暴露监管要求约束的主体，如果两个客户同受其控制，但客户之间不存在控制关系

【解析】E 项，商业银行识别集团客户时，对于不受大额风险暴露监管要求约束的主体，如果两个客户同受其控制，但客户之间不存在控制关系，可以不认定为集团客户。

79. 与单一法人客户相比，集团法人客户的信用风险具有以下明显特征(　　)。

A. 内部关联交易频繁　　B. 连环担保十分普遍

C. 真实财务状况难以掌握　　D. 系统性风险较高

E. 风险识别和贷前管理难度大

【解析】与单一法人客户相比，集团法人客户的信用风险具有以下明显特征：①内部关联交易频繁；②连环担保十分普遍；③真实财务状况难以掌握；④系统性风险较高；⑤风险识别和贷后管理难度大。

80. 下列属于其他个人零售贷款的有(　　)。

A. 个人汽车消费贷款　　B. 个人住房按揭贷款

C. 个人经营贷款　　D. 信用卡消费贷款

E. 助学贷款

【解析】目前，我国个人信贷产品可基本划分为个人住房按揭贷款和其他个人零售贷款两大类。其他个人零售贷款包括个人消费贷款(含个人汽车消费贷款)、个人经营贷款、信用卡消费贷款、助学贷款等多种方式。

81. 专家系统在分析信用风险时主要考虑与借款人有关的因素和与市场有关的因素。下列属于与借款人有关的因素的是(　　)。

77CE　78ABCD　79ABCD　80ACDE　81ABC

A. 声誉　　B. 杠杆　　C. 收益波动性　　D. 利率水平

E. 宏观经济政策

【解析】DE 属于专家系统在分析信用风险时，考虑的与市场有关的因素。

82. 信用风险预警的程序包括(　　)。

A. 信用信息的收集和传递　　B. 风险分析

C. 风险处置　　D. 后评价

E. 制定和实施不同的预警管理机制

【解析】E 项是需要进行预警的内容。

83. 下面关于授信集中度管理的说法，正确的是(　　)。

A. 商业银行对同一借款人的贷款余额与商业银行资本余额的比例不得超过 10%

B. 一家商业银行对单一集团客户授信余额不得超过该商业银行资本净额的 15%

C. 商业银行对一个关联方的授信余额不得超过商业银行资本净额的 15%

D. 单家商业银行对单一金融机构法人的不含结算性同业存款的同业融出资金，扣除风险权重为零的资产后的净额，不得超过该银行一级资本的 50%

E. 商业银行应加强押品集中度管理，防范因单一押品或单一种类押品占比过高产生的风险

【解析】C 项，《商业银行与内部人和股东关联交易管理办法》指出，商业银行对一个关联方的授信余额不得超过商业银行资本净额的 10%；对一个关联法人或其他组织所在集团客户的授信余额总数不得超过商业银行资本净额的 15%；对全部关联方的授信余额不得超过商业银行资本净额的 50%。

84. 下列原理中，属于资产证券化需遵循的原理有(　　)。[2023 年 10 月真题]

A. 流动性增强原理　　B. 责任分散原理

C. 信用增级原理　　D. 资产重组原理

E. 风险隔离原理

【解析】资产证券化需要遵循资产重组、风险隔离、信用增级和流动性增强等原理。

85. 商业银行发展资产证券化业务，有助于(　　)。

A. 缓解商业银行的流动性压力　　B. 商业银行资本管理

C. 降低不良贷款率　　D. 改善商业银行收入结构

E. 为其他银行资产证券化提供担保及发行服务，并赚取收益

【解析】商业银行发展资产证券化业务，有助于：①通过证券化的真实出售和破产隔离功能，可以将不具有流动性的中长期贷款置于资产负债表之外，优化资产负债结构，及时获取高流动性的现金资产，从而有效缓解商业银行的流动性压力。②通过对贷款进行证券化而非持有到期，可以改善资本状况，以最小的成本增强流动性和提高资本充足率，有利于商业银行资本管理。③通过资产证券化将不良资产成批量、快速转换为可流通的金融产品，盘活部分资产的流动性，将银行资产潜在的风险转移、分散，有利于化解不良资产，降低不良贷款率。④增强盈利能力，改善商业银行收入结构，如贷款银行

82ABCD　83ABDE　84ACDE　85ABCDE

在出售基础资产的同时可以获得手续费、管理费等收入。⑤还可以为其他银行资产证券化提供担保及发行服务，并赚取收益。

86. 管理人根据资产支持证券风险监测和分析结果，可将专项计划初步划分(　　)。

A. 正常类　　B. 关注类　　C. 风险类　　D. 违约类

E. 可疑类

【解析】管理人根据资产支持证券风险监测和分析结果，可将专项计划初步划分为四类：①正常类。基础资产质量、产生现金流能力、交易结构有效性和增信措施有效性未发生不利变化，预计能够按照约定向非次级档资产支持证券投资者分配收益。②关注类。基础资产质量、产生现金流能力、交易结构有效性和增信措施有效性中一项或多项已经或正在发生不利变化，需要持续关注按照约定向非次级资产支持证券投资者分配收益是否存在较大风险。③风险类。基础资产质量、产生现金流能力、交易结构有效性和增信措施有效性中一项或多项严重恶化，按照约定向非次级档资产支持证券投资者分配收益存在重大不确定性且预计将发生违约。④违约类。已经发生未能按照约定向非次级档资产支持证券投资者分配收益的情况。

87. 不良资产处置手段包括(　　)。

A. 清收处置　　B. 贷款重组　　C. 贷款转让　　D. 不良资产证券化

E. 债转股

【解析】不良资产处置手段包括清收处置、贷款重组/债务重组、贷款核销、贷款转让、不良资产证券化、债转股等。近年来，监管政策一直积极鼓励加大不良资产处置力度，如《关于进一步做好信贷工作提升服务实体经济质效的通知》要求，充分利用拨备充足的有利条件，在严格资产分类基础上，综合运用核销、现金清收、批量转让等方式，加大不良贷款处置力度；鼓励商业银行等积极参与市场化法治化债转股，推动已签约项目尽快落地。

88. 可以进行市场化债转股的企业包括(　　)。

A. 因行业周期性波动导致困难但仍有望逆转的企业

B. 因高负债而财务负担过重的成长型企业，特别是战略性新兴产业领域的成长型企业

C. 高负债居于产能过剩行业前列的关键性企业以及关系国家安全的战略性企业

D. 债权债务关系复杂且不明晰的企业

E. 有可能助长过剩产能扩张和增加库存的企业

【解析】DE 两项，禁止将下列情形的企业作为市场化债转股对象：①扭亏无望、已失去生存发展前景的“僵尸企业”；②有恶意逃废债行为的企业；③债权债务关系复杂且不明晰的企业；④有可能助长过剩产能扩张和增加库存的企业。

三、案例题

风险事件：

为增强交易对手信用风险资本监管的有效性，推动商业银行提升衍生工具风险管理能力，国务院银行业监督管理机构于 2016 年 11 月 28 日对外公布《衍生工具交易对手违约风险

86ABCD　87ABCDE　88ABC

资产计量规则(征求意见稿)》，要求商业银行将交易对手信用风险管理纳入全面风险管理框架。

相关背景：

近年来，随着金融市场的发展，我国商业银行衍生工具交易业务快速增长。为增强交易对手信用风险资本监管的有效性，推动商业银行提升衍生工具风险管理能力，根据2014年3月巴塞尔委员会发布的《交易对手信用风险计量的标准方法》，国务院银行业监督管理机构起草了《衍生工具交易对手违约风险资产计量规则(征求意见稿)》(以下简称《规则》)。

《规则》借鉴国际经验并结合我国银行业实际，提高衍生工具资本计量的风险敏感性。《规则》重新梳理了衍生工具资本计量的基础定义和计算步骤，明确了净额结算组合、资产类别和抵消组合的确定方法，分别规定了不同保证金安排情况下风险暴露的计量公式。

《规则》包括正文和附件两部分。正文共10条，要求商业银行将交易对手信用风险管理纳入全面风险管理框架，建立健全衍生产品风险治理的政策流程，强化信息系统和基础设施，提高数据收集和存储能力，确保衍生工具估值和资本计量的审慎性。附件规定了重置成本和潜在风险暴露的计算方法及流程，并明确了违约风险暴露的加总方式。

根据以上案例描述，回答下列6小题。

(1)区别于传统的信用风险，交易对手信用风险的特性包括(　　)。(多选题)

A. 当合约价值为正时，交易对手可能违约，己方存在交易对手风险

B. 当合约价值为正时，己方可能违约，交易对手承担违约风险

C. 当合约价值为负时，己方可能违约，交易对手承担违约风险

D. 当合约价值为负时，交易对手可能违约，己方存在交易对手风险

E. 在违约时点上，交易对手的实际风险暴露存在不确定性

【解析】区别于传统的信用风险，交易对手信用风险的特性主要有两个方面：①动态的风险敞口。传统信贷风险在交易初期就已经确定了风险暴露的大小，其风险敞口是静态的；对于交易对手信用风险，由于合约的经济价值取决于未来现金流的净值，可为正，可为负，具有极高不确定性，因此在违约的时点上，交易对手的实际风险暴露存在不确定性，其风险敞口是动态变化的。②风险敞口是双向的。对于传统信贷业务，由资金借出方一方承担风险，而对于衍生产品和证券融资业务，风险是双向的。合约价值为正时，交易对手可能违约，己方存在交易对手风险；当合约价值为负时，己方可能违约，交易对手承担违约风险，因此风险敞口是双向的。

(2)以下哪项不属于交易对手信用风险的计量？(　　)(单选题)

A. 交易对手信用风险暴露的计量

B. 对交易对手信用风险的定价

C. 交易对手信用风险暴露数据

D. 交易对手违约风险加权资产和信用估值调整风险加权资产的计量

【解析】交易对手信用风险的计量主要包括三部分：①交易对手信用风险暴露的计量；②对交易对手信用风险的定价；③交易对手违约风险加权资产和信用估值调整风险加权资产的计量。计量交易对手信用风险加权资产前，需要先获得交易对手信用风险暴露数据。

---

(1)ACE　(2)C

(3)关于交易对手信用风险，下列说法中错误的是(　　)。(单选题)

A. 交易对手信用风险是指由于交易对手在交易最终结算前违约而造成经济损失的风险

B. 交易所交易的衍生产品存在交易对手信用风险

C. 场外衍生品交易指的是在交易所以外的市场进行的金融衍生品交易

D. 计量交易对手信用风险加权资产前，需要先获得交易对手信用风险暴露数据

【解析】B项，由于交易所保证了交易双方未来的权益，所以可以认为交易所交易的衍生产品不存在交易对手信用风险。

(4)交易对手信用风险的来源包括(　　)。(多选题)

A. 利率掉期　　B. CDS　　C. 逆回购　　D. 证券借贷

E. 即期外汇买卖

【解析】交易对手信用风险主要来源于衍生品交易和证券融资交易。衍生品交易主要包括利率掉期、外汇远期、外汇掉期、交叉货币利率掉期、信用违约互换(CDS)等；证券融资交易主要包括回购、逆回购以及证券借贷等。

(5)下列关于交易对手信用风险暴露的计量，表述错误的是(　　)。(单选题)

A. 较常用的计量交易对手信用风险暴露的方法有现期风险暴露法、标准法和内部模型法

B. 现期风险暴露法和标准法均适用于场外衍生工具交易违约风险暴露的计量

C. 在标准法下，每一笔交易的风险暴露将映射至其含有的风险因素中

D. 对于不满足利用标准法，但希望提高风险敏感度(相对现期风险暴露法)的银行，可以采用内部模型法

【解析】D项，对于不满足利用内部模型法，但希望提高风险敏感度(相对现期风险暴露法)的银行，可以采用标准法。

(6)下列加强交易对手信用风险管理的方法中，正确的有(　　)。(多选题)

A. 在管理理念上，将交易对手信用风险作为独立的风险类型加以管理

B. 在管理架构上，成立专门的部门负责交易对手信用风险管理，形成风险流程管理

C. 在管理手段上，改进交易对手信用风险计量水平，开发交易对手信用风险计量系统

D. 在管理制度中，重视抵押协议和保证金协议，完善中央交易对手与净额结算制度

E. 在未来管理中，加强对信用估值调整(CVA)和错向风险的识别和管理

【解析】金融危机中，许多银行暴露出交易对手信用风险管理方面的不足，因此必须对交易对手信用风险管理给予足够的重视：①在管理理念上，将交易对手信用风险作为独立的风险类型加以管理；②在管理架构上，成立专门的部门负责交易对手信用风险管理，形成风险流程管理；③在管理手段上，改进交易对手信用风险计量水平，开发交易对手信用风险计量系统；④在管理制度中，重视抵押协议和保证金协议，完善中央交易对手与净额结算制度；⑤在未来管理中，加强对CVA和错向风险的识别和管理。

---

(3)B　(4)ABCD　(5)D　(6)ABCDE

第五章　市场风险管理

一、**单选题**(下列选项中只有一项最符合题目的要求)

1. 当市场利率呈逐步上升趋势时，对商业银行最有利的资产负债结构是(　　)。[2018 年 10 月真题]

   A. 保持资产负债结构不变　　B. 以短期负债为长期资产融资

   C. 以长期负债为长期资产融资　　D. 以长期负债为短期资产融资

   【解析】如果银行以长期存款作为短期固定利率贷款的融资来源，当利率上升时，存款的利息支出是固定的，但贷款的利息收入会随着利率的上升而增加，从而导致银行的未来收益增加、经济价值提高。

2. 商业银行的外汇敞口头寸如下：欧元多头 110，日元空头 50，英镑空头 70，瑞士法郎多头 30，加元空头 10，澳元空头 20，美元多头 150，分别采用累计总敞口、净总敞口和短边法计算外汇敞口，则三种方法中敞口值最大的是(　　)。[2018 年 10 月真题]

   A. 140　　B. 150　　C. 450　　D. 440

   【解析】累计总敞口头寸等于所有外币多头与空头的总和，净总敞口头寸等于所有外币多头总额与空头总额之差，短边法的步骤为先计算多头总额与空头总额，然后选出一个数额较大的作为银行的风险敞口值。本例中总敞口头寸 $=110+50+70+30+10+20+150=440$，净总敞口头寸 $=110+30+150-50-70-10-20=140$，短边法下：多头总额 $=110+30+150=290$。空头总额 $=50+70+10+20=150$，所以短边法下的风险敞口为 290，敞口值最大的是 440。

3. 如果银行以短期存款作为长期固定利率贷款的融资来源，当利率上升时，贷款的利息收入是固定的，但存款的利息支出却随着利率的上升而增加，从而使银行收益减少的风险属于(　　)。[2018 年 10 月真题]

   A. 汇率风险　　B. 基准风险　　C. 期权性风险　　D. 重新定价风险

   【解析】重新定价风险也称为成熟期错配风险，是最主要和最常见的利率风险形式，来源于银行资产、负债和表外业务到期期限(就固定利率而言)或重新定价期限(就浮动利率而言)所存在的差异。

4. 在假定市场因子的变化服从多元正态分布情形下，利用正态分布的统计特征简化计算 VaR，这种方法是(　　)。[2018 年 10 月真题]

   A. 历史模拟法　　B. 方差－协方差法

   C. 标准法　　D. 蒙特卡洛模拟法

   【解析】方差－协方差法的基本假设是资产组合中的所有证券的投资回报率满足正态分布，从而资产组合作为正态变量的线性组合也满足正态分布，再利用正态分布的统计特征简化计算 VaR 的一种方法。

1D　2D　3D　4B

5. 商业银行的审计部门应当定期对市场风险管理体系各个组成部分和环节的准确性、可靠性、充分性和有效性进行独立的审查和评价、审计的频率为(　　)。[2019 年 6 月真题]

A. 每三年一次　　B. 每两年一次　　C. 至少每年一次　　D. 至少每两年一次

【解析】银行的审计部门应当定期(至少每年一次)对市场风险管理体系各个组成部分和环节的准确、可靠、充分和有效性进行独立的审查和评价。审计应当既对业务经营部门,也对负责市场风险管理的部门进行。

6. 场外衍生工具交易需要计量的信用风险加权资产包括(　　)。[2016 年 11 月真题]

A. 违约风险加权资产和衍生品工具价值变动损失风险加权资产

B. 信用点差风险加权资产和信用估值调整风险加权资产

C. 违约风险加权资产和信用估值调整风险加权资产

D. 违约风险加权资产和信用点差风险加权资产

【解析】场外衍生工具交易、证券融资交易和与中央交易对手的交易都需要计量交易对手违约风险加权资产,场外衍生工具交易还需计量信用估值调整风险加权资产。

7. 根据《商业银行资本管理办法(试行)》规定,市场风险资本计量范围包括(　　)。[2016 年 11 月真题]

A. 交易账簿的利率风险和股票风险,交易账簿和银行账簿的汇率风险和商品风险等四大类别市场风险

B. 银行账簿的利率风险和汇率风险,交易账簿和银行账簿的股票风险和商品风险等四大类别市场风险

C. 交易账簿的利率风险和汇率风险,交易账簿和银行账簿的股票风险和商品风险等四大类别市场风险

D. 交易账簿的汇率风险和商品风险,交易账簿和银行账簿的利率风险和股票风险四大类别市场风险

【解析】《商业银行资本管理办法(试行)》规定,第一支柱下市场风险资本计量范围包括交易账簿的利率风险和股票风险,以及交易账簿和银行账簿的汇率风险(含黄金)和商品风险。

8. 某商业银行选取过去 250 天的历史数据计算交易账户的风险价值(VaR)为 780 万元人民币,置信水平为 99%,持有期为 1 天。则该银行在未来 250 个交易日内,预期会有(　　)天交易账户的损失超过 780 万元。[2018 年 10 月真题]

A. 2.5　　B. 3.5　　C. 2　　D. 3

【解析】风险价值是指在一定的持有期和给定的置信水平下,利率、汇率、股票价格和商品价格等市场风险要素发生变化时可能对产品头寸或组合造成的潜在最大损失。本题题干表明,在未来 250 个交易日内损失超过 780 万元的可能性不会超过 1%,即 2.5 天。

9. 下列关于收益率曲线的描述,错误的是(　　)。[2016 年 5 月真题]

A. 债券的到期收益率通常不等于票面利率

5C　6C　7A　8A　9B

B. 收益率曲线对应着各类期限的贷款利率

C. 收益率曲线斜向下意味着长期收益率较低

D. 收益率曲线是根据市场上具有代表性的交易品种所绘制的利率曲线

【解析】B 项，收益率曲线用于描述收益率与到期期限之间的关系。收益率曲线的形状反映了长短期收益率之间的关系，它是市场对当前经济状况的判断，以及对未来经济走势预期(包括经济增长、通货膨胀、资本回报等)的结果。

10. 下列关于商业银行董事会对市场风险管理职责的表述，最不恰当的是(　　)。[2018 年 10 月真题]

A. 负责监督和评价市场风险管理的全面性、有效性

B. 负责制定市场风险管理制度、流程、偏好

C. 负责督促高级管理层采取必要措施识别、计量、监测和控制市场风险

D. 负责确定本行可以承受的市场风险水平

【解析】B 项，高级管理层负责制定、定期审查和监管执行市场风险管理的政策、程序以及具体的操作规程，及时了解市场风险水平及其管理状况。

11. 下列不属于商业银行市场风险控制措施的是(　　)。[2016 年 5 月真题]

A. 利用经济资本配置限制高风险业务

B. 采用自我评估法评估交易风险和预期损失

C. 利用金融衍生品对冲或转移市场风险

D. 对总交易头寸或净交易头寸设定限额

【解析】市场风险控制方法包括限额管理、风险对冲等。限额管理是对商业银行市场风险进行有效控制的一项重要手段，主要包括交易组合定义、限额结构和限额指标设定与审批、限额监控与报告、限额调整、超限额管理等；风险对冲的工具主要是金融衍生产品。通过配置合理的经济资本也可以防某一国家或地区占用过高的经济资本，超出银行可以承受的范围，限制高风险业务。B 项，自我评估法是操作风险控制措施。

12. 下列关于中央交易对手的说法正确的是(　　)。[2017 年 10 月真题]

A. 金融危机后要弱化中央交易对手

B. 中央交易对手不存在信用风险

C. 中央交易对手能够将所有交易对手的敞口汇总，进行多边净额清算

D. 中央机构作为交易对手

【解析】中央交易对手指的是为交易双方提供清算的中间媒介，并作为每一笔交易双方的交易对手而存在的机构。中央交易对手能够将所有交易对手的敞口汇总，进行多边净额清算，大大减少衍生产品交易的总体风险敞口。2008 年国际金融危机后，各国监管机构都在大力推进中央交易对手体系的建设，加强对交易对手信用风险的监管力度。

13. 当商业银行资产负债久期缺口为正时，如果市场利率下降且其他条件保持不变，则商业银行的流动性将(　　)。[2015 年 10 月真题]

A. 增强　　B. 无法确定　　C. 保持不变　　D. 减弱

10B　11B　12C　13A

【解析】当商业银行的久期缺口为正时，如果市场利率下降，则资产与负债的价值都会增加，但资产价值增加的幅度比负债价值增加的幅度大，银行的市场价值将增加，流动性也随之加强。

14. 下列关于商业银行资产负债久期缺口的分析，正确的是(　　)。[2015 年 5 月真题]

A. 久期缺口为正时，如果市场利率下降，则商业银行的流动性减弱

B. 久期缺口为负时，如果市场利率上升，则商业银行的流动性减弱

C. 久期缺口的绝对值越大，利率变化对银行整体价值的影响越小

D. 久期缺口为零时，利率变动对商业银行的流动性没有影响

【解析】A 项，当久期缺口为正值时，如果市场利率下降，则资产与负债的价值都会增加，但资产价值增加的幅度比负债价值增加的幅度大，流动性增强；B 项，当久期缺口为负值时，如果市场利率上升，则资产与负债的价值都会减少，但资产价值减少的幅度比负债价值减少的幅度小，流动性增强；C 项，久期缺口的绝对值越大，利率变化对商业银行资产和负债价值的影响越大，对其流动性的影响也越显著。

15. 作为市场风险的重要计量和分析方法，缺口分析通常用来衡量商业银行当期收益对利率变动的敏感性，侧重于分析(　　)。[2015 年 5 月真题]

A. 期权风险　　B. 重新定价风险

C. 收益率曲线风险　　D. 基准风险

【解析】缺口分析只考虑了由于重新定价期限的不同而带来的利率风险(即重新定价风险)，而未考虑当利率水平变化时，各种金融产品因基准利率的调整幅度不同产生的利率风险(即基准风险)。同时，缺口分析也未考虑因利率环境改变而引起的支付时间的变化，例如忽略了具有期权性风险的头寸在收入方面的变化。

16. 假设某商业银行存在负债敏感型缺口，则市场利率上升会导致银行的净利息收入(　　)。[2015 年 5 月真题]

A. 上升　　B. 下降　　C. 不变　　D. 无法判断

【解析】当某一时段内的负债大于资产(包括表外业务头寸)时，就产生了负缺口，即负债敏感型缺口，此时，市场利率上升会导致银行的净利息收入下降。

17. 下列关于三种计算风险价值方法的优缺点分析中，错误的是(　　)。[2015 年 5 月真题]

Ⅰ. 方差 - 协方差法适用于计算期权产品的风险价值

Ⅱ. 历史模拟法和蒙特卡洛模拟法均能对"肥尾"现象加以考虑

Ⅲ. 蒙特卡洛模拟法对基础风险因素的分布没有特定的假设

Ⅳ. 蒙特卡洛模拟法通过设置消减因子(Decay Factor)可使模拟结果对近期市场变化更快做出反应

A. Ⅰ和Ⅲ　　B. Ⅲ和Ⅳ　　C. Ⅰ和Ⅱ　　D. 只有Ⅰ

【解析】Ⅰ项，方差 - 协方差法是所有计算 VaR 的方法中最简单的，只反映了风险因素对整个组合的一阶线性和二阶线性影响，无法反映高阶非线性特征，该方法是局部估值法。期权属于非线性金融工具，其风险无法用方差 - 协方差法来准确计量。Ⅲ项，蒙特

14D　15B　16B　17A

卡洛模拟法对于基础风险因素仍然有一定的假设，存在一定的模型风险。

18. 商业银行在风险管理的过程中，进行压力测试的目的是(　　)。[2014 年 11 月真题]

A. 评估银行在极端不利情况下的损失承受能力

B. 分析资产组合历史的损益分布

C. 研究过去已经发生的市场突变

D. 进行有效的事后检验

【解析】市场风险压力测试是一种定性与定量结合，以定量为主的风险分析方法，通过测算面临市场风险的投资组合在特定小概率事件等极端不利情况下可能发生的损失，分析这些损失对盈利能力和资本金带来的负面影响，进而对所持投资组合的脆弱性做出评估和判断，并采取必要的措施，以规避市场风险。

19. 下列明显不应被列入商业银行交易账簿头寸的是(　　)。[2018 年 6 月真题]

A. 代客购汇 100 万美元

B. 买入 1 亿美元美国国债

C. 为对冲 1000 万美元贷款的汇率风险而持有的期货合约

D. 买入 10 亿元人民币金融债

【解析】商业银行的金融工具和商品头寸可划分为银行账簿和交易账簿两大类。其中，交易账簿包括为交易目的或对冲交易账簿其他项目的风险而持有的金融工具和商品头寸。为交易目的而持有的头寸包括自营业务、做市业务和为执行客户买卖委托的代客业务而持有的头寸。除交易账簿之外的其他表内外业务划入银行账簿。

20. 根据监管要求，商业银行可采用(　　)来计量市场风险资本。[2014 年 11 月真题]

A. 基本指标法　　B. 内部模型法　　C. 高级计量法　　D. 内部评级法

【解析】根据《商业银行资本管理办法(试行)》的规定，商业银行可以采用标准法或内部模型法计量市场风险资本要求。

21. 当市场资金紧张导致供需不平衡时，资金可能会出现期限短而收益率高、期限长而收益率低的情况，这种情况表现的是(　　)。[2014 年 11 月真题]

A. 波动收益率曲线　　B. 反向收益率曲线

C. 正向收益率曲线　　D. 水平收益率曲线

【解析】收益率曲线用于描述收益率与到期期限之间的关系。收益率曲线的形状反映了长短期收益率之间的关系，它是市场对当前经济状况的判断，以及对未来经济走势预期(包括经济增长、通货膨胀、资本回报等)的结果。反向收益率曲线，表明在某一时点上，投资期限越长，收益率越低。当资金紧张导致供需不平衡时，可能出现期限短的收益率高于期限长的收益率的反向收益率曲线。

22. 某商业银行用一年期美元存款作为一年期欧元贷款的融资来源，存款按照美国国库券利率每半年定价一次，贷款按照伦敦同业拆借市场利率每半年定价一次；该笔欧元贷款为可提前偿还的贷款。则该银行所面临的市场风险不包括(　　)。[2021 年 6 月真题]

A. 期权性风险　　B. 基准风险　　C. 重新定价风险　　D. 汇率风险

18A　19C　20B　21B　22C

【解析】A 项，该笔欧元贷款为可提前偿还的贷款，包含期权性条款，故面临期权性风险；B 项，该存款按照美国国库券利率每半年定价一次，贷款按照伦敦同业拆借市场利率每半年定价一次，存贷款定价的基准利率不一致，故面临基准风险；D 项，该银行用美元存款作为欧元贷款的融资来源，存贷币种不一致，故面临汇率风险。

23. 假设其他条件保持不变，下列关于商业银行利率风险的表述，正确的是(　　)。[2021 年 6 月真题]

A. 购买票面利率为 3% 的国债，当期资金成本为 2%，则该交易不存在利率风险

B. 发行固定利率债券有助于降低利率上升可能造成的风险

C. 以 3 个月 LIBOR 为参照的浮动利率债券，其债券利率风险为 0

D. 资产以固定利率为主，负债以浮动利率为主，则利率上升有助于增加收益

【解析】A 项，资金成本属于机会成本，不可用于比较利率风险；C 项，浮动利率债券参照 3 个月 LIBOR，可能存在基准风险；D 项，资产以固定利率为主，负债以浮动利率为主，则利率上升使得在利息收入不变的情况下利息支出增加，这将减少收益。

24. 作为市场风险的重要计量和分析方法，久期分析通常用来衡量商业银行的经济价值对利率变动的敏感性，与缺口分析相比，它侧重于分析(　　)。[2014 年 11 月真题]

A. 期权性风险　　B. 基准风险

C. 利率变动的长期影响　　D. 重新定价风险

【解析】与缺口分析相比较，久期分析是一种更为先进的利率风险计量方法。缺口分析侧重于计量利率变动对银行短期收益的影响，而久期分析则能计量利率风险对银行整体经济价值的影响，即估算利率变动对所有头寸的未来现金流现值的影响，从而对利率变动的长期影响进行评估，并且更为准确地计量利率风险敞口。

25. 某 2 年期债券久期为 1.8 年，债券目前价格为 105.00 元，市场利率为 3%，假设市场利率上升 50 个基点，则按照久期公式计算，该债券价格(　　)。[2014 年 11 月真题]

A. 上涨 0.874%　　B. 下跌 0.917%　　C. 下跌 0.874%　　D. 上涨 0.917%

【解析】久期(也称持续期)用于对固定收益产品的利率敏感程度或利率弹性的衡量。在市场利率有微小改变时，固定收益产品价格的变化可以表示为：

$$\frac{\Delta P}{P} = -D \times \frac{\Delta y}{1+y} = -1.8 \times \frac{0.5\%}{1+3\%} = -0.874\%$$

26. 一家日本出口商向美国进口商出口了一批货物，预计 1 个月后收到 1000 万美元的货款，汇率为 1 美元 = 103 日元。商业银行的研究部门预计 1 个月后日元可能会升值到 1 美元 = 100 日元，因此建议该日本出口商(　　)，以对冲风险。[2014 年 6 月真题]

A. 在 103 价位建立美元期货的多头头寸

B. 在 103 价位建立美元期货的空头头寸

C. 在 100 价位建立美元期货的多头头寸

D. 在 100 价位建立美元期货的空头头寸

【解析】由题意可知，该日本出口商预计 1 个月后收到 1000 万美元的货款，为了避免美

23B　24C　25C　26B

元贬值造成损失，可在103价位建立美元期货的空头头寸。

27. 商业银行使用内部模型计量新增风险资本要求，持有期为1年，置信区间为99.9%，应至少(　　)计算一次新增风险的资本要求。

A. 每天　　B. 每月　　C. 每周　　D. 每年

【解析】新增风险是指由于发行人的突然事件导致单个债务证券或者权益证券价格与一般市场状况相比产生剧烈变动的风险，包括违约风险和信用等级迁移风险。商业银行使用内部模型计量新增风险资本要求，持有期为1年，置信区间为99.9%，应至少每周计算一次新增风险的资本要求。商业银行计量新增风险的模型应满足在1年持有期内恒定风险水平的假设条件，并根据集中度、风险对冲策略和期权特征加以调整；同时也应反映可能影响多个证券发行人的市场性事件。

28. 下列产品最适合采用历史模拟法计量风险价值(VaR)的是(　　)。[2014年6月真题]

A. 互换合约　　B. 交易活跃的金融产品

C. 交易不活跃的金融产品　　D. 场外信用衍生产品

【解析】历史模拟法假定历史可以在未来重复，通过搜集一定历史期限内全部的风险因素收益信息，模拟风险因素收益未来的变化。历史模拟法对数据样本选择区间较为敏感，既可能包括极端的价格波动，也可能排除极端情况，ACD三项数据不易获取。

29. 假设某商业银行总资产为1000亿元，资产加权平均久期为6年，总负债900亿元，负债加权平均久期为5年，则该银行的资产负债久期缺口为(　　)。[2014年6月真题]

A. 1.5　　B. -1.5　　C. 1　　D. -1

【解析】根据公式可得，久期缺口＝资产加权平均久期－(总负债/总资产)×负债加权平均久期＝6－(900/1000)×5＝1.5。

30. 一家银行1年期的浮动利率贷款与1年期的浮动利率存款同时发生，贷款按月根据美国联邦债券利率浮动，存款按月根据LIBOR浮动，当联邦债券利率和LIBOR浮动不一致的时候，利率风险表现出(　　)。[2013年11月真题]

A. 基准风险　　B. 期权性风险　　C. 重新定价风险　　D. 收益率曲线风险

【解析】基准风险是指当利率水平变化时，各种金融产品因基准利率的调整幅度不同而产生的利率风险。

31. 商业银行实施市场风险管理和计提市场风险资本的前提和基础是(　　)。[2013年11月真题]

A. 建立完善的内部控制体系　　B. 正确划分银行账簿与交易账簿

C. 制定合理的中长期经营战略　　D. 正确划分表内业务和表外业务

【解析】合理的账簿划分是商业银行开展有效的市场风险计量监控、准确计量市场风险监管资本要求的基础。根据《商业银行资本管理办法(试行)》规定，商业银行的金融工具和商品头寸可划分为银行账簿和交易账簿两大类。

32. 在商业银行风险管理中，黄金价格的波动一般被纳入(　　)进行管理。[2013年6月

27C　28B　29A　30A　31B　32C

真题]

A. 利率风险　B. 商品价格风险　C. 汇率风险　D. 操作风险

【解析】根据现行的国际和国内监管规则，黄金价格波动被纳入商业银行的汇率风险范畴。原因是黄金曾长时间在国际结算体系中发挥国际货币职能(充当外汇资产)，尽管在布雷顿森林体系崩溃后，黄金不再法定地充当国际货币，但在实践中，黄金仍然是各国外汇储备资产的一种重要组成形式。

33. 下列关于商业银行资产负债久期缺口的分析，正确的是(　　)。[2017年10月真题]

A. 久期缺口与利率风险没有必然联系

B. 久期缺口绝对值越小，利率风险越高

C. 久期缺口绝对值越大，利率风险越高

D. 久期缺口与资产负债比率没有必然联系

【解析】银行通常使用久期缺口来分析利率变化对其整体利率风险敞口的影响。用 D_A 表示总资产的加权平均久期，D_L 表示总负债的加权平均久期，V_A 表示总资产，V_L 表示总负债，则：久期缺口 = 资产的加权平均久期 − (总负债/总资产) × 负债的加权平均久期 $= D_A - \left(\frac{V_L}{V_A}\right)D_L$。资产负债久期缺口的绝对值越大，银行整体市场价值对利率的敏感度就越高，因而整体的利率风险敞口也越大。

34. 对商业银行而言，下列情形中重新定价风险最大的是(　　)。[2013年6月真题]

A. 以长期固定利率存款作为长期固定利率贷款的资金来源

B. 以短期存款作为长期固定利率贷款的资金来源

C. 以短期存款作为短期流动资金贷款的资金来源

D. 以短期存款作为长期浮动利率贷款的资金来源

【解析】B项，商业银行以短期存款作为长期固定利率贷款的资金来源，当利率上升时，贷款的利息收入固定，但存款的利息支出随利率上升而增加，从而使银行的未来收益减少，重新定价风险增大。

35. 一般而言，由于汇率变动所造成的风险属于(　　)。

A. 信用风险　B. 市场风险　C. 操作风险　D. 商品价格风险

【解析】市场风险是指因市场价格(利率、汇率、股票价格和商品价格)的不利变动而使商业银行表内和表外业务发生损失的风险，按风险类别可分为利率风险、汇率风险、股票风险和商品风险。

36. 下列哪一项是由于股票价格的不利变动所带来的风险？(　　)

A. 股票风险　B. 折算风险　C. 交易风险　D. 信用风险

37. 商品风险是指商业银行所持有的各类商品的价格发生不利变动而给商业银行带来损失的风险。这里的商品不包括(　　)。

A. 小麦　B. 石油　C. 棉花　D. 黄金

【解析】商品风险定义中的商品主要是指可以在场内自由交易的农产品、矿产品(包括石

33C　34B　35B　36A　37D

油）和贵金属等，但不包括黄金这种贵金属，黄金价格波动是被纳入商业银行汇率风险范畴的。

38. 银行的存贷款业务应归入（　　）账簿。

A. 基本　　B. 银行　　C. 交易　　D. 封闭

【解析】商业银行的金融工具和商品头寸可划分为银行账簿和交易账簿两大类。交易账簿包括为交易目的或对冲交易账簿其他项目的风险而持有的金融工具和商品头寸。除交易账簿之外的其他表内外业务划入银行账簿。

39. 下列关于银行资产计价的说法，不正确的是（　　）。

A. 交易账簿中的项目通常只能按模型定价

B. 按模型定价是指将从市场获得的其他相关数据输入模型，计算或推算出交易头寸的价值

C. 存贷款业务归入银行账簿

D. 国内商业银行的存贷款业务，通常采用摊余成本法计价

【解析】A 项，交易账簿中的项目通常按市场价格计价，当缺乏可参考的市场价格时，可以按模型定价。

40. 下列关于交易账簿和银行账簿的说法，正确的是（　　）。

A. 为交易目的而持有的头寸是自营头寸

B. 记入交易账簿的头寸在交易方面所受的限制很多

C. 银行应当对交易账簿头寸经常进行准确估值，并积极管理该项投资组合

D. 银行账簿记录的是银行为了交易或对冲交易账簿其他项目的风险而持有的金融工具和商品头寸

【解析】A 项，为交易目的而持有的头寸包括自营业务、做市业务和为执行客户买卖委托的代客业务而持有的头寸；B 项，记入交易账簿的头寸必须在交易方面不受任何限制；D 项，交易账簿记录的是银行为了交易或对冲交易账簿其他项目的风险而持有的金融工具和商品头寸。

41. 下列关于商业银行市场风险管理组织框架的表述中，正确的是（　　）。

A. 包括董事会、高级管理层和相关部门三个层级

B. 董事会负责制定、定期审查和监管执行市场风险管理的政策、程序以及具体的操作规程

C. 高级管理层承担对市场风险管理实施监控的最终责任

D. 承担风险的业务经营部门可以同时是负责市场风险管理的部门

【解析】B 项，高级管理层负责制定、定期审查和监管执行市场风险管理的政策、程序以及具体的操作规程；C 项，董事会承担对市场风险管理实施监控的最终责任；D 项，负责市场风险管理的部门应当职责明确，与承担风险的业务经营部门保持相对独立。

42. 商业银行应当指定（　　）向董事会和高级管理层提供独立的市场风险报告。

A. 市场风险承担部门　　B. 市场风险管理部门

38B　39A　40C　41A　42B

C. 内部审计机构　　　　　　　　　　D. 外部审计机构

【解析】市场风险管理部门相对于业务经营部门的独立性是建设市场风险管理体系的关键。银行应当指定专门的部门负责市场风险管理工作。负责市场风险管理的部门应当职责明确，与承担风险的业务经营部门保持相对独立，向董事会和高级管理层提供独立的市场风险报告。

43. 在市场风险管理过程中，由于利率、汇率等市场价格因素的频繁变动，(　　)一般不具有实质性意义。

A. 名义价值　　B. 市场价值　　C. 内在价值　　D. 公允价值

【解析】名义价值是指金融资产根据历史成本所反映的账面价值。在市场风险管理过程中，由于利率、汇率等市场价格因素的频繁变动，名义价值一般不具有实质性意义。

44. 金融资产的公允价值是指(　　)。

A. 金融资产根据历史成本所反映的账面价值

B. 在评估基准日，自愿买卖双方在知情、谨慎、非强迫的情况下通过公平交易资产所获得的资产的预期价值

C. 在计量日市场参与者之间的有序交易中，出售一项金融资产时所能收到或转移一项金融负债时将会支付的价格

D. 对交易账簿头寸按照当前市场行情重估获得的市场价值

【解析】A 项是指名义价值；B 项是指市场价值；D 项是指市值重估。

45. 商业银行应当对交易账簿头寸按市值(　　)至少重估一次价值。

A. 每日　　B. 每周　　C. 每月　　D. 每季度

【解析】在市场风险管理实践中，商业银行应当对交易账簿头寸按市值每日至少重估一次价值。市值重估应当由与前台相独立的中台、后台部门负责。

46. (　　)方法是以某一个市场变量作为计值基础，推算出或计算出交易头寸的价值。

A. 盯市　　B. 情景分析　　C. 模拟　　D. 盯模

【解析】盯模即按模型计值。当按市场价格计值存在困难时，银行可以按照数理模型确定的价值计值。具体来说，就是以某一个市场变量作为计值基础，推算出或计算出交易头寸的价值。

47. 关于市值重估，下列说法正确的是(　　)。

A. 商业银行应当对交易账簿头寸按市值每月至少重估一次价值

B. 商业银行必须尽可能按照模型确定的价值计值

C. 商业银行进行市值重估的方法有盯市和盯模

D. 盯市是指以某一个市场变量作为计值基础，推算出或计算出交易头寸的价值

【解析】A 项，商业银行应当对交易账簿头寸按市值每日至少重估一次价值。B 项，商业银行在进行市值重估时通常采用两种方法：①盯市，商业银行必须尽可能按照市场价格计值；②盯模，当按市场价格计值存在困难时，银行可以按照数理模型确定的价值计值。D 项，盯模是指以某一个市场变量作为计值基础，推算出或计算出交易头寸的价值。

43A　44C　45A　46D　47C

48. 证券的(　　)越大，利率的变化对该证券价格的影响也越大，因此风险也越大。

A. 久期　　B. 敞口　　C. 现值　　D. 终值

【解析】久期又称持续期，用于对固定收益产品的利率敏感程度或利率弹性的衡量。证券的久期越大，利率的变化对该证券价格的影响也越大，因此风险也越大。

49. 关于久期公式 $dP/dy = -D \times P/(1+y)$，下列各项理解正确的是(　　)。

A. 久期越长，固定收益产品的价格变动幅度越大

B. 价格变动的程度与久期的长短无关

C. 久期公式中的 D 为修正久期

D. 收益率与价格同向变动

【解析】当市场利率发生变化时，固定收益产品的价格将发生反比例的变动，其变动程度取决于久期的长短，久期越长，其变动幅度也就越大。久期公式中的 D 为麦考利久期，修正久期为 $D/(1+y)$，y 表示市场利率。

50. 久期缺口是资产加权平均久期与负债加权平均久期和(　　)乘积的差额。

A. 收益率　　B. 资产负债率　　C. 现金率　　D. 市场利率

【解析】久期缺口是资产加权平均久期与负债加权平均久期和资产负债率乘积的差额，即：久期缺口 = 资产加权平均久期 -（总负债/总资产）× 负债加权平均久期。

51. 关于久期，下列论述不正确的是(　　)。

A. 久期缺口绝对值的大小与利率风险有明显联系

B. 久期缺口绝对值越小，银行利率风险越高

C. 久期缺口的绝对值越大，银行利率风险越高

D. 久期分析能计量利率风险对银行经济价值的影响

【解析】B 项，资产负债久期缺口的绝对值越大，银行整体市场价值对利率的敏感度就越高，因而整体的利率风险敞口也越大。

52. 假设目前收益率曲线是向上倾斜的，如果预期收益率曲线变得较为平坦，则下列四种策略中，最适合理性投资者的是(　　)。

A. 卖出永久债券

B. 买入即将到期的 20 年期债券

C. 买入 10 年期保险理财产品，并卖出 20 年期债券

D. 买入 20 年期政府债券，并卖出 6 个月国库券

【解析】当收益率曲线向上倾斜时，如果预期收益率曲线变得较为平坦，理性投资者可以买入期限较长的金融产品，卖出期限较短的金融产品。

53. 假设当前市场收益率曲线向上倾斜，如果预期收益率曲线变陡，则理性投资者首选的策略是(　　)。

A. 买入期限较长的金融产品

B. 买入期限较短的金融产品，同时卖出期限较长的金融产品

C. 卖出期限较短的金融产品

48A　49A　50B　51B　52D　53B

D. 同时买入卖出期限不同的金融产品

【解析】投资者可以根据收益率曲线不同的预期变化趋势，采取相应的投资策略。假设目前市场上的收益率曲线是正向的，如果预期收益率曲线基本维持不变，则可以买入期限较长的金融产品；如果预期收益率曲线变陡，则可以买入期限较短的金融产品，卖出期限较长的金融产品；如果预期收益率曲线变得较为平坦，则可以买入期限较长的金融产品，卖出期限较短的金融产品。

54. 某银行资产为1000亿元，资产加权平均久期为5年，负债为800亿元，负债加权平均久期为4年，根据久期分析方法，当市场利率下降时，银行的流动性(　　)。

A. 减弱　　B. 加强　　C. 不变　　D. 无法确定

【解析】根据久期缺口的计算公式，可得：久期缺口 = 资产加权平均久期 -（总负债/总资产）× 负债加权平均久期 = 5 -（800/1000）× 4 = 1.8。当久期缺口为正时，如果市场利率下降，则资产与负债的价值都会增加，但资产价值增加的幅度比负债价值增加的幅度大，流动性随之加强；如果市场利率上升，则资产与负债的价值都将减少，但资产价值减少的幅度比负债价值减少的幅度大，流动性随之减弱。

55. 某银行资产负债表如表5-1所示。由于银行的资产负债管理人员事先无法预知欧元兑美元的汇率年底会发生什么样的变化，所以这笔相当于3亿美元的欧元贷款对于银行来说是一种(　　)。

表5-1　某银行资产负债表

资产	负债
1年期2亿美元贷款	1年期5亿美元定期存款
1年期相当于3亿美元的欧元贷款	

A. 交易性外汇敞口　　B. 非交易性外汇敞口

C. 基准风险　　D. 收益率曲线风险

【解析】非交易性外汇敞口是因为银行资产、负债之间的币种不匹配而产生的，也包括商业银行在对资产负债表的会计处理中，将功能货币转换成记账货币时，因汇率变动产生的风险。题中，相当于3亿美元的欧元贷款与5亿美元定期存款之间币种不匹配，存在非交易性外汇敞口。

56. 下列各项不属于单币种敞口头寸的是(　　)。

A. 期权敞口头寸　　B. 远期净敞口头寸

C. 即期净敞口头寸　　D. 总敞口头寸

【解析】外汇敞口可以分为单币种敞口头寸和总敞口头寸。其中，单币种敞口头寸是指每种货币的即期净敞口头寸、远期净敞口头寸、期权敞口头寸以及其他敞口头寸之和，反映单一货币的外汇风险。

57. 下列说法正确的是(　　)。

A. 累计总敞口头寸法和净总敞口头寸法均比较保守

54B　55B　56D　57B

B. 累计总敞口头寸法比较保守，净总敞口头寸法较为激进
C. 累计总敞口头寸法较为激进，净总敞口头寸法比较保守
D. 累计总敞口头寸法和净总敞口头寸法均较为激进

【解析】累计总敞口头寸法认为，不论多头还是空头，都属于银行的敞口头寸，都应被纳入总敞口头寸的计量范围，因此，这种计量方法比较保守；净总敞口头寸法主要考虑不同货币汇率波动的相关性，认为多头与空头存在对冲效应，因此，这种计量方法较为激进。

58. 如果某商业银行持有1000万美元资产，700万美元负债，美元远期多头500万，美元远期空头300万，那么该商业银行的美元敞口头寸为(　　)万美元。[2020年10月真题]

A. 300　　B. 500　　C. 700　　D. 1000

【解析】单币种敞口头寸 = 即期净敞口头寸 + 远期净敞口头寸 + 期权敞口头寸 + 其他敞口头寸 =（即期资产 - 即期负债）+（远期买入 - 远期卖出）+ 期权敞口头寸 + 其他敞口头寸 =（1000 - 700）+（500 - 300）= 500（万美元）。

59. 关于总敞口头寸，下列说法正确的是(　　)。

A. 净总敞口头寸等于所有外币多头总额与空头总额之差
B. 累计总敞口头寸等于所有外币的多头的总和
C. 总敞口头寸反映整个资产组合的外汇风险
D. 短边法的计算方法是：首先分别加总每种外汇的多头和空头；其次比较这两个总数；最后选择绝对值较小的作为银行的总敞口头寸

【解析】B项，累计总敞口头寸等于所有外币的多头与空头的总和。C项，总敞口头寸反映整个货币组合的外汇风险。D项，短边法的计算方法是：首先分别加总每种外汇的多头和空头；其次比较这两个总数；最后选择绝对值较大的作为银行的总敞口头寸。

60. 假如一家银行的外汇敞口头寸为：日元多头150，马克多头400，英镑多头250，法郎空头120，美元空头480。则用累计总敞口头寸法计算的总外汇敞口头寸为(　　)。

A. 200　　B. 800　　C. 1000　　D. 1400

【解析】累计总敞口头寸等于所有外币的多头与空头的总和。因此用累计总敞口头寸法计算的总外汇敞口头寸 = 150 + 400 + 250 + 120 + 480 = 1400。

61. (　　)用来衡量利率变动对银行当期收益的影响。

A. 流动性比率/指标法　　B. 现金流分析法
C. 缺口分析法　　D. 久期分析法

【解析】缺口分析用来衡量利率变动对银行当期收益的影响。具体而言，就是将银行的所有生息资产和付息负债按照重新定价的期限划分到不同的时间段。在每个时间段内，将利率敏感性资产减去利率敏感性负债，再加上表外业务头寸，就得到该时间段内的重新定价"缺口"。以该缺口乘以假定的利率变动，即得出这一利率变动对净利息收入变动的大致影响。

62. 当某一时段内的负债大于资产(包括表外业务头寸)时，即出现(　　)。

A. 资产敏感性缺口　　B. 资产缺口

58B　59A　60D　61C　62D

C. 负债缺口　　　　　　　　　　D. 负债敏感性缺口

【解析】当某一时段内的负债大于资产(包括表外业务头寸)时，就产生了负缺口，即负债敏感性缺口，此时，市场利率上升会导致银行的净利息收入下降；相反，当某一时段内的资产(包括表外业务头寸)大于负债时，就产生了正缺口，即资产敏感性缺口，此时，市场利率下降会导致银行的净利息收入下降。

63. (　　)是衡量利率变动对银行经济价值影响的一种方法。

A. 缺口分析　　B. 久期分析　　C. 外汇敞口分析　　D. 风险价值

【解析】久期分析又称为持续期分析或期限弹性分析，是对银行资产负债利率敏感度进行分析的重要方法，主要用于衡量利率变动对银行整体经济价值的影响。A 项，缺口分析用来衡量利率变动对银行当期收益的影响；C 项，外汇敞口分析是衡量汇率变动对银行当期收益的影响的一种方法；D 项，风险价值是指在一定的持有期和给定的置信水平下，利率、汇率、股票价格和商品价格等市场风险要素发生变化时可能对产品头寸或组合造成的潜在最大损失。

64. 通常金融工具的到期日或距下一次重新定价日的时间越短，并且在到期日之前支付的金额越大，则久期的绝对值(　　)。

A. 不变　　B. 越高　　C. 越低　　D. 无法判断

【解析】一般而言，金融工具的到期日或距下一次重新定价日的时间越长，并且在到期日之前支付的金额越小，则久期的绝对值越高，表明利率变动将会对银行的经济价值产生较大的影响；反之则相反。

65. 关于久期分析，下列说法正确的是(　　)。

A. 如采用标准久期分析法，可以很好地反映期权性风险

B. 如采用标准久期分析法，不能反映基准风险

C. 久期分析只能计量利率变动对银行短期收益的影响

D. 对于利率的大幅变动，久期分析的结果仍能保证准确性

【解析】缺口分析侧重于计量利率变动对银行当期收益的影响，而久期分析则计量利率风险对银行整体经济价值的影响。久期分析的局限性包括：①如果在计算敏感性权重时对每一时段使用平均久期，即采用标准久期分析法，久期分析只能反映重新定价风险，不能反映基准风险及因利率和支付时间的不同而导致的头寸的实际利率敏感性差异，也不能很好地反映期权性风险；②对于利率的大幅变动(大于 1%)，由于头寸价格的变化与利率的变动无法近似为线性关系，久期分析的结果就不再准确，需要进行更为复杂的技术调整。

66. (　　)是衡量汇率变动对银行当期收益的影响的一种方法。

A. 缺口分析　　B. 外汇敞口分析　　C. 敏感性分析　　D. 久期分析

【解析】外汇敞口主要来源于银行表内外业务中的货币金额和期限错配。当在某一个时段内，银行某一币种的多头头寸与空头头寸不一致时，其差额就形成了外汇敞口。外汇敞口分析是衡量汇率变动对银行当期收益的影响的一种方法。

63B　64C　65B　66B

67. 用于表示在一定时间水平、一定概率下所发生最大损失的要素是(　　)。

A. 违约概率　　B. 非预期损失　　C. 预期损失　　D. 风险价值

【解析】风险价值(VaR)是指在一定的持有期和给定的置信水平下，利率、汇率、股票价格和商品价格等市场风险要素发生变化时可能对产品头寸或组合造成的潜在最大损失。

68. 下列关于 VaR 的描述，正确的是(　　)。

A. 风险价值与损失的任何特定事件相关

B. 风险价值是即将发生的真实损失

C. 风险价值是指可能发生的最大损失

D. 风险价值并非是指可能发生的最大损失

【解析】A 项，风险价值与持有期和给定的置信水平相关；BC 两项，风险价值并不是即将发生的真实损失，也不意味着可能发生的最大损失。

69. VaR 值的局限性不包括(　　)。

A. 无法预测尾部极端损失情况　　B. 无法预测单边市场走势极端情况

C. 无法预测市场非流动性因素　　D. 无法预测市场流动性因素

【解析】VaR 值是对未来损失风险的事前预测。VaR 值的局限性包括无法预测尾部极端损失情况、单边市场走势极端情况、市场非流动性因素。

70. VaR 值的大小与未来一定的(　　)密切相关。

A. 损失概率　　B. 持有期　　C. 概率分布　　D. 损失事件

【解析】风险价值(VaR)的计算涉及两个因素的选取：①置信水平；②持有期。

71. (　　)假定投资组合中各种风险因素的变化服从特定的分布(通常为正态分布)，然后通过历史数据分析和估计该风险因素收益分布方差－协方差、相关系数等。

A. 历史模拟法　　B. 方差－协方差法

C. 压力测试法　　D. 蒙特卡洛模拟法

【解析】方差－协方差法假定投资组合中各种风险因素的变化服从特定的分布(通常为正态分布)，然后通过历史数据分析和估计该风险因素收益分布方差－协方差、相关系数等。在选定时间段里组合收益率的标准差将由每个风险因素的标准差、风险因素对组合的敏感度和风险因素间的相关系数通过矩阵运算求得。

72. 下列关于蒙特卡洛模拟法的表述错误的是(　　)。

A. 是一种结构化模拟的方法

B. 以大量的历史数据为基础，对数据的依赖性强

C. 考虑到了波动性随时间变化的情形

D. 模型风险较高，且较难实施，需要非常庞大的资源支持

【解析】B 项属于历史模拟法的缺点。

73. 在保持其他条件不变的前提下，研究单个市场风险要素的微小变化可能会对金融工具或

67D　68D　69D　70B　71B　72B　73B

资产组合的收益或经济价值产生的影响的方法是(　　)。

A. 缺口分析　　B. 敏感性分析　　C. 压力测试　　D. 久期分析

【解析】敏感性分析是指在保持其他条件不变的前提下，研究单个市场风险要素(利率、汇率、股票价格和商品价格)的微小变化可能会对金融工具或资产组合的收益或经济价值产生的影响。例如，汇率变化对银行净外汇头寸的影响，利率变化对银行经济价值或收益产生的影响。

74. 对特定交易工具的多头空头给予限制的市场风险控制措施是(　　)。

A. 止损限额　　B. 特殊限额　　C. 风险限额　　D. 头寸限额

【解析】头寸限额是指对总交易头寸或净交易头寸设定的限额。总头寸限额对特定交易工具的多头头寸或空头头寸分别加以限制；净头寸限额对多头头寸和空头头寸相抵后的净额加以限制。

75. (　　)限额对多头头寸和空头头寸相抵后的净额加以限制。

A. 净头寸　　B. 总头寸　　C. 交易　　D. 头寸

76. 对内部模型计量的风险价值设定的限额是(　　)限额。

A. 交易　　B. 头寸　　C. 风险价值　　D. 止损

【解析】风险价值限额是指对基于量化方法计算出的市场风险计量结果来设定限额，例如，对采用内部模型法计量出的风险价值设定限额。

77. 某项头寸的累计损失达到或接近(　　)限额时，就必须对该头寸进行对冲交易或立即变现。

A. 止损　　B. 头寸　　C. 风险　　D. 交易

【解析】止损限额是指所允许的最大损失额。通常，当某个头寸的累计损失达到或接近止损限额时，就必须对该头寸进行对冲交易或立即变现。

78. 商业银行在实施限额管理的过程中，除了要制定交易限额、风险限额和止损限额外，还需要制定并实施合理的(　　)和处理程序。

A. 超限额监控　　B. 授权管理　　C. 上报程序　　D. 返回检验

【解析】商业银行在实施限额管理的过程中，需要制定并实施合理的超限额监控和处理程序。负责市场风险管理的部门应当通过风险管理信息系统，监测对市场风险限额的遵守情况，并及时将超限额情况报告给相应级别的管理层。

79. 下列关于商业银行市场风险限额管理的说法，不正确的是(　　)。

A. 商业银行应当根据业务的性质、规模、复杂程度和风险承受能力设定限额

B. 制定并实施合理的超限额监控和处理程序是限额管理的一部分

C. 市场风险限额管理应完全独立于流动性风险等其他风险类别的限额管理

D. 管理层应当根据一定时期内的超限额发生情况，决定是否对限额管理体系进行调整

【解析】C 项，商业银行应当确保不同市场风险限额之间的一致性，并协调市场风险限额管理与信用风险、流动性风险等其他风险的限额管理。

74D　75A　76C　77A　78A　79C

80. 关于头寸拆分，以下说法中错误的是(　　)。

A. 同一头寸通过不同风险类别计提的资本，体现了同一头寸对应不同风险类别的潜在损失对应的资本

B. 相同的产品头寸纳入不同风险类别下的分别计量，属于重复计量

C. 头寸拆分的原理是从现金流的角度来看待一个产品

D. 在标准法下，金融产品被从现金流角度拆分并重新组合，形成了按多空头、利率、期限、币种等划分的多组现金流

【解析】B 项，相同的产品头寸纳入不同风险类别下的分别计量，并非重复计量。同一头寸通过不同风险类别计提的资本，体现了同一头寸对应不同风险类别的潜在损失对应的资本。

81. (　　)是指将市场风险内部模型法计量结果与损益进行比较，以检验计量方法或模型的准确性、可靠性，并据此对计量方法或模型进行调整和改进。

A. 情景分析　　B. 敏感性分析　　C. 压力测试　　D. 返回检验

82. 下列不属于用来主动对冲风险的金融产品是(　　)。

A. 期货　　B. 外汇掉期　　C. 期权　　D. 国债逆回购

【解析】市场风险控制通常由前台业务部门在全行的风险偏好和限额体系下，根据不同交易策略，采用远期、掉期、期权等金融产品开展主动的风险对冲管理，以降低风险敞口，保障金融市场业务稳健运营。用来主动对冲风险的金融产品包括远期/期货、掉期、期权等，其中，常见的掉期产品包括外汇掉期、利率掉期和交叉货币掉期。

83. 巴塞尔协议Ⅲ为不同类型风险因子设置了不同的流动性期限，其中不包括(　　)。

A. 10 天　　B. 20 天　　C. 30 天　　D. 40 天

【解析】巴塞尔协议Ⅲ为不同类型风险因子设置了不同的流动性期限，共分为 10 天、20 天、40 天、60 天、120 天五档，取代现行 10 天持有期的规定。新内部模型法体系下，流动性调整后的压力期 ES 计量将涉及银行市场风险系统基础架构的改造升级。

二、多选题(下列选项中有两项或两项以上符合题目的要求)

1. 下列方法中，计量交易对手信用风险的方法有(　　)。[2016 年 11 月真题]

A. 标准法　　B. 历史模拟法

C. 内部模型法　　D. 单一国别最大敞口法

E. 现期风险暴露法

【解析】巴塞尔协议Ⅱ提出三种交易对手信用风险暴露计量方法，分别是现期风险暴露法、标准法和内部模型法。

2. 商业银行需要计量交易对手信用风险的交易有(　　)。[2016 年 5 月真题]

A. 期货交易　　B. 债券买卖　　C. 即期外汇买卖　　D. 远期交易

E. 债券回购

【解析】交易对手信用风险需要计量银行账簿和交易账簿下三类交易的风险：①场外衍生工具交易形成的交易对手信用风险；②证券融资交易形成的交易对手信用风险，主要包

80B　81D　82D　83C　❙　1ACE　2DE

括回购交易、证券借贷和保证金贷款等交易；③与中央交易对手交易形成的信用风险。D 项属于场外衍生工具交易；E 项属于证券融资交易。

3. 其他条件不变的情况下，当商业银行资产负债久期缺口为正时，下列关于市场利率与银行整体价值变化的描述，正确的有（　　）。[2016 年 5 月真题]

A. 市场利率上升，银行整体价值增加　　B. 市场利率不变，银行整体价值不变
C. 市场利率上升，银行整体价值减少　　D. 市场利率下降，银行整体价值减少
E. 市场利率下降，银行整体价值增加

【解析】当商业银行的久期缺口为正值时，如果市场利率下降，则资产与负债的价值都会增加，但资产价值增加的幅度比负债价值增加的幅度大，银行的市场价值将增加；如果市场利率上升，则资产与负债的价值都将减少，但资产价值减少的幅度比负债价值减少的幅度大，银行的市场价值将减少。

4. 下列对市场风险内部模型法资本计量公式 $K = \text{Max}(VaR_{t-1},\ m_c \times VaR_{avg}) + \text{Max}(sVaR_{t-1},\ m_S \times sVaR_{avg})$ 的表述正确的有（　　）。[2016 年 5 月真题]

A. $sVaR_{t-1}$ 为根据内部模型计量的上一交易日的压力风险价值
B. VaR_{t-1} 为根据内部模型计量的季末风险价值
C. 最低市场风险资本要求为最近 60 个交易日压力风险价值的均值（$sVaR_{avg}$）乘以 m_S，m_S 固定为 3
D. 最低市场风险资本要求为一般风险价值及压力风险价值之和
E. 最低市场风险资本要求为最近 60 个交易日风险价值的均值乘以 m_c，m_c 最小为 3

【解析】B 项，VaR_{t-1} 为根据内部模型计量的上一交易日的风险价值。C 项，压力风险价值（$sVaR$）为以下两项中的较大值：①根据内部模型计量的上一交易日的压力风险价值（$sVaR_{t-1}$）；②最近 60 个交易日压力风险价值的均值（$sVaR_{avg}$）乘以 m_S，m_S 最小为 3。E 项，一般风险价值（VaR）为以下两项中的较大值：①根据内部模型计量的上一交易日的风险价值（VaR_{t-1}）；②最近 60 个交易日风险价值的均值（VaR_{avg}）乘以 m_c，m_c 最小为 3。

5. 根据良好的公司治理和内部控制原则，商业银行市场风险管理组织架构应当能够（　　）。[2015 年 10 月真题]

A. 由承担风险的业务经营部门向董事会和高级管理层提供独立的市场风险报告
B. 由市场风险管理部门监测业务经营部门和分支机构对市场风险限额的遵守情况
C. 由前台交易人员进行交易的正式确认、对账、重新估值、交易结算和款项收付
D. 做到各部门职能恰当分离，避免潜在的利益冲突
E. 确保市场风险管理部门与承担风险的业务经营部门保持相对独立

【解析】A 项，负责市场风险管理的部门应当职责明确，与承担风险的业务经营部门保持相对独立，向董事会和高级管理层提供独立的市场风险报告；C 项，交易部门应当与中台、后台严格分离，前台交易人员不得参与交易的正式确认、对账、重新估值、交易结算和款项收付。

3BCE　4AD　5BDE

6. 商业银行市场风险内部模型的定量要求有(　　)。[2015年10月真题]

A. 应采用历史模拟法计算VaR值　　B. 至少每三个月更新一次数据

C. 置信水平采用99%的单尾置信区间　　D. 市场价格的历史观测期至少为一年

E. 持有期为10个交易日

【解析】商业银行可使用任何能够反映其所有主要风险的模型方法计算市场风险资本要求，包括但不限于方差-协方差法、历史模拟法和蒙特卡洛模拟法等。商业银行应在每个交易日计算一般风险价值，使用单尾、99%置信区间，历史观察期长度应至少为一年(或250个交易日)。用于资本计量的一般风险价值，商业银行使用的持有期应为10个交易日。

7. 商业银行在设计市场风险限额体系时，应当综合考虑的因素有(　　)。[2015年5月真题]

A. 外部市场的发展变化

B. 自身业务性质、规模和复杂程度

C. 资本实力以及与之相适应的风险承受能力

D. 业务经营部门的既往业绩

E. 从业人员的专业水平和经验

【解析】商业银行在设计限额体系时，除ABCDE五项外，还应综合考虑定价、估值和市场风险计量系统，压力测试结果以及内部控制水平。

8. 商业银行下列情形中，主要面临汇率风险的有(　　)。[2014年11月真题]

A. 银行因对外币走势具有某种预期而持有的外币头寸

B. 外币贷款的借款人出现违约行为

C. 外汇衍生产品的交易对手未能如期履行合约

D. 银行资产与负债之间的币种不匹配

E. 为客户提供外汇交易服务时未能立即轧平的外币头寸

【解析】汇率风险是指由于汇率的不利变动而导致银行业务发生损失的风险。汇率风险通常源于以下业务活动：①商业银行为客户提供外汇交易服务或进行自营外汇交易，不仅包括外汇即期交易，还包括外汇远期、期货、互换和期权等交易；②银行账簿中的外币业务，如外币存款、贷款、债券投资、跨境投资等。BC两项，外币贷款的借款人出现违约行为、外汇衍生产品的交易对手未能如期履行合约主要面临信用风险而非汇率风险。

9. 按照风险来源的不同，利率风险可以分为(　　)。

A. 缺口风险　　B. 股票风险　　C. 基准风险　　D. 期权性风险

E. 流动性风险

【解析】利率风险是指市场利率变动的不确定性给商业银行造成损失的可能性。利率风险按照来源不同，分为缺口风险、基准风险和期权性风险。

10. 下列各项属于商业银行从事的银行账簿中的外币业务活动的有(　　)。

A. 外币存款　　B. 外币贷款　　C. 外币债券投资　　D. 外汇远期的买卖

E. 跨境投资

6CDE　7ABCDE　8ADE　9ACD　10ABCE

【解析】商业银行为客户提供外汇交易服务或进行自营外汇交易，不仅包括外汇即期交易，还包括外汇远期、期货、互换和期权等交易。银行账簿中的外币业务主要是指外币存款、贷款、债券投资、跨境投资等。

11. 按照《巴塞尔新资本协议》的规定，下列各项应列入交易账簿的有(　　)。
A. 短期内有目的地持有以便转手出售的头寸
B. 为对冲银行账簿风险而持有的头寸
C. 代客买卖的头寸
D. 做市交易形成的头寸
E. 自营业务而持有的头寸

【解析】交易账簿包括为交易目的或对冲交易账簿其他项目的风险而持有的金融工具和商品头寸。为交易目的而持有的头寸是指短期内有目的地持有以便出售，或从实际或预期的短期价格波动中获利，或锁定套利的头寸，包括自营业务、做市业务和为执行客户买卖委托的代客业务而持有的头寸。

12. 商业银行记入交易账簿的头寸应当满足下列哪些条件？(　　)[2023 年 6 月真题]
A. 在交易方面不受任何限制，可以随时平盘
B. 长期持有，获取利息收入
C. 能够完全对冲以规避风险
D. 能够准确估值
E. 能够进行积极的管理

【解析】交易账簿包括为交易目的或对冲交易账簿其他项目的风险而持有的金融工具和商品头寸。交易账簿中的金融工具和商品头寸原则上应满足以下条件：①在交易方面不受任何限制，可以随时平盘；②能够完全对冲以规避风险；③能够准确估值；④能够进行积极的管理。

13. 商业银行董事会承担监控国别风险管理有效性的最终责任，主要职责包括(　　)。
A. 确保高级管理层采取必要措施识别、计量、监测和控制国别风险
B. 定期审核和批准国别风险管理战略、政策、程序和限额
C. 确定内部审计部门对国别风险管理情况的监督职责
D. 制定、定期审查和监管执行国别风险管理的政策、程序和操作规程
E. 定期审阅高级管理层提交的国别风险报告，监控和评价国别风险管理有效性以及高级管理层对国别风险管理的履职情况

【解析】D 项，高级管理层负责制定、定期审查和监管执行市场风险管理的政策、程序和具体的操作规程，及时了解市场风险水平及其管理状况。

14. 公允价值为交易双方在公平交易中可接受的资产或债权价值，其计量方式包括(　　)。
A. 直接使用可获得的市场价格　　B. 直接使用历史价值
C. 直接使用名义价值　　D. 采用估值技术估值
E. 直接使用账面价值

11ACDE　12ACDE　13ABCE　14AD

【解析】公允价值是指在计量日市场参与者之间的有序交易中，出售一项金融资产时所能收到或转移一项金融负债时将会支付的价格。公允价值计量以市场交易价格为基础，如不存在主市场或最有利市场中有序交易的报价，应采用合理的估值技术。

15. 商业银行对交易账簿进行市值重估，通常采用的方法有(　　)。

A. 按照模型计值　　B. 按照市场价格计值

C. 按照公允价值计值　　D. 按照历史价值计值

E. 按照账面价值计值

【解析】商业银行在进行市值重估时通常采用的两种方法分别是：①盯市，按照市场价格计值，按照市场价格对头寸的计值至少应逐日进行，其好处是收盘价往往有独立的信息来源，并且很容易得到；②盯模，按照模型计值，当按市场价格计值存在困难时，银行可以按照数理模型确定的价值计值。

16. 关于久期，下列说法正确的有(　　)。

A. 久期可以用来对商业银行资产负债的利率敏感度进行分析

B. 久期是对固定收益产品的利率敏感程度或利率弹性的衡量

C. 久期的数学公式为 $dP/dy = D \times P/(1+y)$

D. 久期又称持续期

E. 当市场利率发生变化时，固定收益产品的价格将发生反比例的变动，其变动程度取决于久期的长短，久期越长，其变动幅度也就越大

【解析】C 项，久期的数学公式应为 $dP/dy = -D \times P/(1+y)$。

17. 当久期缺口为正值时，下列说法正确的是(　　)。

A. 资产的加权平均久期大于负债的加权平均久期与资产负债率的乘积

B. 如果市场利率下降，资产与负债的价值都会增加

C. 如果市场利率下降，银行的市场价值将下跌

D. 如果市场利率上升，资产与负债的价值都会减少

E. 如果市场利率上升，银行的市场价值将增加

【解析】久期缺口用来测量银行资产负债的利率风险，久期缺口 = 资产加权平均久期 - (总负债/总资产) × 负债加权平均久期。当久期缺口为正值时，如果市场利率下降，则资产与负债的价值都会增加，但资产价值增加的幅度比负债价值增加的幅度大，银行的市场价值将增加；如果市场利率上升，则资产与负债的价值都将减少，但资产价值减少的幅度比负债价值减少的幅度大，银行的市场价值将减少。

18. 下列关于收益率曲线的说法，正确的是(　　)。

A. 是市场对未来经济状况的判断　　B. 是市场对当前经济状况的判断

C. 是对未来经济走势预期的结果　　D. 是对通货膨胀预期的结果

E. 曲线形状与收益率之间没有直接关系

【解析】收益率曲线用于描述收益率与到期期限之间的关系。收益率曲线的形状反映了长短期收益率之间的关系，它是市场对当前经济状况的判断，以及对未来经济走势预期

15AB　16ABDE　17ABD　18BCD

(包括经济增长、通货膨胀、资本回报等)的结果。

19. 下列关于久期缺口的说法，正确的有(　　)。
A. 当久期缺口为正值时，如果市场利率下降，则资产价值增加的幅度比负债价值增加的幅度大，流动性也随之增强
B. 当久期缺口为负值时，如果市场利率下降，则资产价值增加的幅度大于负债价值增加的幅度，流动性随之增强
C. 当久期缺口为正值时，如果市场利率上升，则资产价值减少的幅度大于负债价值减少的幅度，流动性随之降低
D. 久期缺口的绝对值越大，利率变化对商业银行的资产和负债价值影响越大，对其流动性的影响也越显著
E. 久期缺口为零的情况在商业银行中极少发生

【解析】B 项，当久期缺口为负值时，如果市场利率下降，流动性随之减弱。

20. 假设某银行以 2 年期美元存款作为 1 年期美元贷款的融资来源，贷款利率按照美国国库券利率每三个月重新定价一次，存款利率按照伦敦同业拆借市场利率每月重新定价一次，则该银行主要面临哪两种市场风险？(　　)
A. 基准风险　　B. 收益率曲线风险
C. 期权性风险　　D. 重新定价风险
E. 汇率风险

【解析】该银行以 2 年期美元存款作为 1 年期美元贷款的融资来源，其存款和贷款的重新定价期限不相同，面临重新定价风险。又因其存贷款参照的基准利率不同，该银行将面临基准利率利差变化所造成的基准风险。

21. 单币种敞口头寸反映单一货币的外汇风险，主要包括(　　)等组成因素。
A. 即期净敞口头寸　　B. 远期净敞口头寸
C. 期权合约头寸　　D. 期权敞口头寸
E. 其他敞口头寸

【解析】单币种敞口头寸是指每种货币的即期净敞口头寸、远期净敞口头寸、期权敞口头寸以及其他敞口头寸之和，反映单一货币的外汇风险。

22. 下列哪些属于市场风险的计量方法？(　　)
A. 外汇敞口分析　B. 久期分析　C. 缺口分析　D. 敏感性分析
E. 权重法

【解析】市场风险计量方法包括但不限于：①缺口分析；②久期分析；③外汇敞口分析；④风险价值(Value at Risk，VaR)法；⑤敏感性分析。E 项，权重法属于信用风险的计量方法。

23. 下列关于缺口分析的理解正确的有(　　)。
A. 当某一时间段内的负债大于资产时，就产生了负缺口，即负债敏感性缺口
B. 某时间段的缺口乘以假定的利率变动，得出这一利率变动对净利息收入变动的大致

19ACDE　20AD　21ABDE　22ABCD　23ABC

影响

C. 缺口分析是衡量利率变动对银行当期收益的影响的一种方法

D. 在正缺口情况下，市场利率上升会导致银行净利息收入下降

E. 在负缺口情况下，市场利率上升会导致银行净利息收入上升

【解析】D 项，当某一时段内的资产(包括表外业务头寸)大于负债时，就产生了正缺口，即资产敏感性缺口，此时，市场利率上升会导致银行净利息收入上升；E 项，对于负债敏感性缺口，即负缺口，市场利率上升会导致银行的净利息收入下降。

24. 缺口分析的局限性包括(　　)。

A. 未考虑当利率水平变化时，因各种金融产品基准利率的调整幅度不同而带来的利率风险，即基准风险

B. 忽略了同一时间段内不同头寸的到期时间或利率重新定价期限的差异

C. 未考虑由于重新定价期限的不同而带来的利率风险

D. 大多数缺口分析未能反映利率变动对非利息收入的影响

E. 考虑了利率变动对银行整体经济价值的影响

【解析】C 项，缺口分析只考虑了由于重新定价期限的不同而带来的利率风险(即重新定价风险)，而未考虑当利率水平变化时，各种金融产品因基准利率的调整幅度不同产生的利率风险(即基准风险)；E 项，缺口分析主要衡量利率变动对银行当期收益的影响，未考虑利率变动对银行整体经济价值的影响，所以只能反映利率变动的短期影响。因此，缺口分析只是一种相对初级并且粗略的利率风险计量方法。

25. 关于久期分析，下列说法正确的有(　　)。

A. 久期分析又称为持续期分析或期限弹性分析

B. 主要用于衡量利率变动对银行整体经济价值的影响

C. 只考虑了由于重新定价期限的不同而带来的利率风险(即重新定价风险)，而未考虑当利率水平变化时，各种金融产品因基准利率的调整幅度不同产生的利率风险(即基准风险)

D. 是一种相对初级并且粗略的利率风险计量方法

E. 对于利率的大幅变动(大于1%)，由于头寸价格的变化与利率的变动无法近似为线性关系，久期分析的结果就不再准确，需要进行更为复杂的技术调整

【解析】CD 两项属于缺口分析的局限性。

26. 下列关于 VaR 的描述正确的是(　　)。

A. 风险价值是指在一定的持有期和给定的置信水平下，利率、汇率等市场风险要素的变化可能对资产价值造成的最大损失

B. VaR 值是对损失风险的事后估计

C. VaR 并不意味着可能发生的最大损失

D. 风险价值并非是指实际发生的最大损失

E. VaR 值的计量方法包括但不限于方差 - 协方差法、历史模拟法等

【解析】B 项，VaR 值是对未来损失风险的事前预测。

24ABD　25ABE　26ACDE

27. 风险价值通常是由银行的内部市场风险计量模型来估算，就目前而言，常用的风险价值模型技术有(　　)。

A. 方差－协方差法　　B. 蒙特卡洛模拟法

C. 解释区间法　　D. 历史模拟法

E. 高级计量法

【解析】目前，常用的风险价值模型技术主要有三种：方差－协方差法、历史模拟法和蒙特卡洛模拟法。

28. 下列关于历史模拟法的说法，正确的有(　　)。

A. 是一种全值估计　　B. 需要对市场因子的统计分布进行假定

C. 是一种参数方法　　D. 无须分布假定

E. 反映风险因素统计规律

【解析】历史模拟法假定历史可以在未来重复，通过搜集一定历史期限内全部的风险因素收益信息，模拟风险因素收益未来的变化。历史模拟法反映了风险因素统计规律，因此不需要任何分布假设，也无须计算波动率、相关系数等模型参数。由于历史模拟法的风险因素的历史收益本身已完全包含了风险因素之间的相关关系，因而可以全面反映风险因素和组合价值的各种关系，是基于全定价估值的模拟方法。

29. 敏感性分析是指在保持其他条件不变的前提下，研究单个市场风险要素的微小变化可能会对金融工具或资产组合的收益或经济价值产生的影响，其中，市场风险要素包括(　　)。

A. 利率　　B. 汇率　　C. 股票价格　　D. 商品价格

E. 股票收益

【解析】敏感性分析是指在保持其他条件不变的前提下，研究单个市场风险要素(利率、汇率、股票价格和商品价格)的微小变化可能会对金融工具或资产组合的收益或经济价值产生的影响。例如，汇率变化对银行净外汇头寸的影响，利率变化对银行经济价值或收益产生的影响。

30. 下列关于市场风险计量的说法正确的是(　　)。

A. 久期分析是衡量利率变动对银行经济价值影响的一种方法

B. 缺口分析是衡量利率变动对银行经济价值影响的一种方法

C. 久期分析是衡量利率变动对银行当期收益影响的一种方法

D. 敏感性分析是指在保持其他条件不变的前提下，研究单个市场风险要素的微小变化可能会对金融工具或资产组合的收益或经济价值产生的影响

E. 缺口分析是衡量利率变动对银行当期收益的影响的一种方法

【解析】B项，缺口分析主要衡量利率变动对银行当期收益的影响，未考虑利率变动对银行整体经济价值的影响，所以只能反映利率变动的短期影响；C项，久期分析是衡量利率变动对银行整体经济价值影响的一种方法。

27ABD　28ADE　29ABCD　30ADE

31. 下列关于远期和期货产品的说法，正确的是(　　)。

A. 远期合约是指交易双方按事先约定价格，在未来某一日期交割一定数量的标的物的金融市场业务交易产品

B. 远期合约和期货合约通常在交易所内进行交易

C. 期货合约是非标准化合约

D. 远期合约标的物可以包括外汇、利率、商品等各类形式的基础金融产品

E. 在商品风险方面，通常采用各类商品期货对冲未来的商品价格波动风险

【解析】B 项，远期合约通常在场外市场进行交易，期货合约通常在交易所内进行交易；C 项，期货合约是具有标准期限、标准单位的标准化合约。

32. 巴塞尔协议Ⅲ有关市场风险监管新规的内容，说法正确的是(　　)。

A. 首次明确了详细的账簿划分标准

B. 要求使用内部模型法的银行在交易台层面开展市场风险计量管理

C. 重点对银行账簿向交易账簿的内部风险转移交易，提出严格的监管要求

D. 首次提出剩余风险资本附加要求

E. 内部模型法资本计量以风险价值指标替代预期尾部损失

【解析】E 项，巴塞尔协议Ⅲ内部模型法资本计量以预期尾部损失(ES)替代风险价值(VaR)指标，提出全新的市场风险内部模型法管理流程和计量方法。

三、案例题

请根据表 5-2，回答下列 4 题。

表 5-2　某银行持有的各种货币的外汇敞口头寸

币种	外汇敞口头寸
美元	200(多头)
日元	?
欧元	150(空头)
英镑	80(空头)
港币	50(空头)

(1)若该银行资产负债表上有日元资产 1500，日元负债 800，银行卖出的日元远期合约头寸为 500，买入的日元远期合约头寸为 200，持有的期权敞口头寸为 50，则日元的敞口头寸为(　　)。(单选题)

A. 空头 450　　B. 空头 750　　C. 多头 450　　D. 多头 750

【解析】单币种敞口头寸 = 即期净敞口头寸 + 远期净敞口头寸 + 期权敞口头寸 + 其他敞口头寸 = (即期资产 - 即期负债) + (远期买入 - 远期卖出) + 期权敞口头寸 + 其他敞口头寸 = (1500 - 800) + (200 - 500) + 50 = 450 > 0，因此，该银行在日元上处于多头，即日元的敞口头寸为多头 450。

(2)根据表中数据和第(1)题的计算结果，计算银行持有的货币组合的累积总敞口头寸和净总敞口头寸分别为(　　)。(单选题)

31ADE　32ABCD　▌　(1)C　(2)D

A. 350；-70　　B. 350；70　　C. 930；-370　　D. 930；370

【解析】①累计总敞口头寸等于所有外币的多头与空头的总和，即 200 + 450 + 150 + 80 + 50 = 930；②净总敞口头寸等于所有外币多头总额与空头总额之差，即 200 + 450 - 150 - 80 - 50 = 370。

(3)使用短边法计算银行的总敞口头寸为(　　)。(单选题)

A. 70　　B. 280　　C. 350　　D. 650

【解析】短边法的计算分为三步：首先分别加总每种外汇的多头和空头；其次比较这两个总数；最后选择绝对值较大的作为银行的总敞口头寸。该银行外汇多头头寸之和为：200 + 450 = 650，空头头寸之和为：150 + 80 + 50 = 280，由于前一个总数绝对值较大，所以其总敞口头寸为650。

(4)若此银行对待外汇风险的态度较为激进，计量总敞口头寸时主要考虑不同货币汇率的相关性，则银行使用的总敞口头寸应为(　　)。(单选题)

A. -370　　B. 280　　C. 350　　D. 370

【解析】净敞口头寸法主要考虑不同货币汇率波动的相关性，认为多头与空头存在对冲效应，该计量方法较为激进。使用净敞口头寸法得到的总敞口头寸 = 200 + 450 - 150 - 80 - 50 = 370。

---

(3)D　(4)D

第六章　操作风险管理

一、单选题(下列选项中只有一项最符合题目的要求)

1. 商业银行在银行操作风险与控制自我评估时，针对经营管理过程中的操作风险，实施了旨在改变风险可能性和影响强度的管理控制活动后，仍然保留的那部分风险是(　　)。[2023 年 6 月真题]

   A. 非系统性风险　B. 固有风险　C. 剩余风险　D. 系统性风险

   【解析】风险与控制自我评估是主流的操作风险评估工具，旨在防患于未然，对操作风险管理和内部控制的适当程度及有效性进行检查和评估。商业银行对自身经营管理中存在的操作风险点进行识别，评估固有风险，再通过分析现有控制活动的有效性，评估剩余风险，进而提出控制优化措施的工作。C 项，剩余风险是指在实施了旨在改变风险可能性和影响强度的管理控制活动后，仍然保留的风险。

2. 2008 年初，法国兴业银行因为未授权交易而在金融衍生品市场损失惨重，该事件揭示了商业银行在操作风险管理等领域存在的严重问题。据此下列关于操作风险的表述错误的是(　　)。[2018 年 10 月真题]

   A. 金融工具和信息系统的复杂性降低了潜在的操作风险

   B. 最高管理层和审计委员会必须确保重大缺陷能够迅速得到修正

   C. 必须对所有的业务活动建立相关内部控制，包括建立独立风险管理部门

   D. 必须严禁交易人员在未经授权的情况下建立巨大的风险缺口

   【解析】金融工具和信息系统的复杂性提高了潜在的操作风险。

3. 下列关于商业银行操作风险的表述，错误的是(　　)。[2017 年 10 月真题]

   A. 操作风险表现为流程不健全、流程执行失败、控制和报告不力等

   B. 操作风险广泛存在于商业银行业务和管理的各个领域

   C. 不完善或有问题的内部程序、员工、信息科技系统以及外部事件均有可能造成操作风险损失

   D. 一起操作风险损失事件仅对应一种形态的损失

   【解析】一起操作风险损失事件可能涉及多个损失事件类型，如内外勾结作案形成的操作风险损失就涉及内部欺诈事件、外部欺诈事件两个事件类型。

4. 下列选项中，商业银行一线业务部门的操作风险管理职责为(　　)。[2019 年 6 月真题]

   A. 拟定本行操作风险管理政策、程序和具体的操作规程

   B. 建立适用于全行的操作风险基本控制标准

   C. 协助其他部门识别、评估、监测、控制及缓释操作风险

   D. 根据本行统一的操作风险管理评估方法，识别、监测本部门的操作风险

   【解析】业务条线部门是第一道风险防线，其是风险的承担者，应负责持续识别、评估和

1C　2A　3D　4D

报告风险敞口。

5. 在操作风险计量的标准法中，商业银行的“代理服务业务”产品线的 β 值为（　　）。［2016 年 11 月真题］

A. 8%　　B. 12%　　C. 18%　　D. 15%

【解析】商业银行各业务条线的 β 系数为：“公司金融”“交易和销售”“支付和清算”条线为 18%；“商业银行业务”“代理服务”条线为 15%；“零售银行业务”“资产管理”“零售经纪”条线为 12%。

6. 根据《商业银行资本管理办法（试行）》，采用操作风险高级计量法的商业银行，应具备至少______年观测期的内部损失数据，初次使用高级计量法的商业银行，可使用______年期的内部损失数据。（　　）［2016 年 5 月真题］

A. 5；3　　B. 6；4　　C. 5；4　　D. 6；5

【解析】《商业银行资本管理办法（试行）》对各类操作风险计量方法的实施前提条件进行了明确规定，采用高级计量法，要求数据全面准确，其中对内部损失数据的要求为：商业银行应具备至少 5 年观测期的内部损失数据，初次使用高级计量法的商业银行，可使用 3 年期的内部损失数据。

7. 下列关于商业银行业务外包的描述，最不恰当的是（　　）。［2021 年 6 月真题］

A. 银行原来承担的与外包服务有关的责任同时被转移

B. 选择外包服务提供者时要对其财务、信誉状况和独立程度进行评估

C. 一些关键流程和核心业务不应外包出去

D. 银行应了解和管理任何与外包有关的后续风险

【解析】A 项，从风险实质性上说，业务操作或服务虽然可以外包，但其最终责任并未被“包”出去。外包并不能减少或免除董事会和高级管理层确保第三方行为的安全稳健以及遵守相关法律的责任。

8. 商业银行在采用高级计量法计算操作风险监管资本时，可以将保险理赔收入作为操作风险的缓释因素，但保险理赔收入的风险缓释作用最高不应超过操作风险监管资本要求的（　　）。［2021 年 6 月真题］

A. 30%　　B. 20%　　C. 25%　　D. 15%

【解析】国际上，商业银行所面临的很多操作风险可以通过购买特定的保险加以缓释，例如计算机犯罪保险，主要承保由于有目的地利用计算机犯罪而引发的风险。商业银行在计量操作风险监管资本时，可以将保险理赔收入作为操作风险的缓释因素，但保险的缓释最高不超过操作风险监管资本要求的 20%。

9. 下列不属于商业银行代理业务中的操作风险的是（　　）。［2023 年 6 月真题］

A. 业务员贪污或截留代理业务手续费

B. 客户通过代理收付款进行洗钱活动

C. 委托方伪造收付款凭证骗取资金

D. 代客理财产品受利率波动造成损失

5D　6A　7A　8B　9D

【解析】商业银行代理业务操作风险的种类有：①人员因素；②内部流程；③系统缺陷；④外部事件。A 项属于人员因素；BC 两项属于外部事件；D 项属于商业银行代理业务中面临的市场风险。

10. 根据监管机构的要求，商业银行可以使用三种操作风险资本计量方法，其中(　　)风险敏感度最高。[2019 年 6 月真题]

A. 基本指标法　　B. 标准法　　C. 内部评级法　　D. 高级计量法

【解析】高级计量法风险敏感度高，具有资本激励和管理激励效应，实现了风险计量和风险管理有机结合，有助于展示银行风险管理成效。

11. 在操作风险资本计量的方法中，(　　)是将商业银行的所有业务划分为九类业务条线，对每一类业务条线规定不同的操作风险资本要求系数，并分别示出对应的资本，然后加总九类业务条线的资本即可得到商业银行总体操作风险的资本要求。[2015 年 5 月真题]

A. 标准法　　B. 高级计量法　　C. 基本指标法　　D. 内部评级法

【解析】标准法以各业务条线的总收入为计量基础，总收入是个广义的指标，代表业务经营规模，因此也大致代表了各业务条线的操作风险暴露。业务条线分为 9 个，标准法操作风险资本等于银行各条线前三年总收入的平均值乘上一个固定比例(用 β_i 表示)再加总。

12. 某商业银行 2011 年度营业总收入为 6 亿元；2012 年度营业总收入为 8 亿元，其中包括银行账户出售长期持有债券实现的净收益 1 亿元；2013 年度营业总收入为 5 亿元，则根据基本指标法，该行 2014 年应持有的操作风险资本为(　　)万元。[2014 年 11 月真题]

A. 945　　B. 9450　　C. 900　　D. 9000

【解析】基本指标法下操作风险资本要求的计算公式为：$K_{BIA}=\dfrac{\sum_{i=1}^{n}(GI_i\times\alpha)}{n}$，其中，$K_{BIA}$ 为按基本指标法计量的操作风险资本要求；GI 为过去三年中每年正的总收入(需扣除银行账户上“持有至到期日”和“可供出售”证券实现的损益，扣除非正常项目收入和保险收入)，n 为过去三年中总收入为正的年数，α 为 15%。题中，该行 2014 年应持有的操作风险资本 $=[6\times15\%+(8-1)\times15\%+5\times15\%]\div3=0.9$(亿元)$=9000$(万元)。

13. 商业银行将部分企业贷款的贷前调查工作外包给专业调查机构，并根据该机构提供的调查报告，与某企业签订了一份长期抵押贷款合同。不久，经济形势恶化导致该企业出现违约行为，同时商业银行发现其抵押物价值严重贬损。在这起风险事件中，(　　)应当承担风险损失的最终责任。[2014 年 11 月真题]

A. 贷款审批人　　B. 贷款企业　　C. 专业调查机构　　D. 商业银行

【解析】从风险实质性上说，业务操作或服务虽然可以外包，但其最终责任并未被“包”出去。商业银行仍然是外包过程中出现的操作风险的最终责任人，对客户和监管者承担着保证服务质量、安全、透明度和管理汇报的责任。

10D　11A　12D　13D

14. 商业银行可以采取以下哪项措施进行操作风险缓释？(　　)[2013 年 11 月真题]

A. 放弃衍生产品创新　　B. 外包数据备份业务

C. 实行差错率考核　　D. 改变市场定位

【解析】对于火灾、抢劫、高管欺诈等操作风险，商业银行往往很难规避和降低，甚至有些无能为力，但可以通过制定业务连续性管理计划、商业保险和业务外包等方式将风险转移或缓释。AD 两项是可规避的操作风险的应对措施；C 项是可降低的操作风险的应对措施。

15. 商业银行办理的单笔交易或者在规定期限内的累积交易超过规定金额或者发现可疑交易的，应当向______报送大额交易和可疑交易报告，接受______的监管、检查。(　　)[2021 年 6 月真题]

A. 中国人民银行反洗钱局，国家金融监督管理总局及各地方监管局

B. 中国人民银行反洗钱局，中国证监会及各地方监管局

C. 中国反洗钱监测分析中心，中国人民银行及其分支机构

D. 中国反洗钱监测分析中心，反洗钱工作部际联席会议制度

【解析】商业银行应当按照规定执行大额交易和可疑交易报告制度。商业银行办理的单笔交易或者在规定期限内的累计交易超过规定金额或者发现可疑交易的，应当向中国反洗钱监测分析中心报送大额交易和可疑交易报告，接受中国人民银行及其分支机构的监督、检查。

16. 下列哪项不属于造成商业银行操作风险的外部因素？(　　)[2012 年 10 月真题]

A. 外部欺诈　　B. 自然灾害　　C. 行业竞争激烈　　D. 交通事故

【解析】操作风险是指由不完善或有问题的内部程序、员工、信息科技系统以及外部事件所造成损失的风险。操作风险可分为人员因素、内部流程、系统缺陷和外部事件四大类别，其中，外部事件方面表现为外部欺诈、自然灾害、交通事故、外包商不履责等。

17. 下列不属于商业银行的业务的是(　　)。[2012 年 10 月真题]

A. 公开市场业务　　B. 交易和销售　　C. 零售银行业务　　D. 公司金融

【解析】商业银行的业务条线可划分为：公司金融、交易和销售、零售银行业务、商业银行业务、支付和结算、代理服务、资产管理、零售经纪和其他业务。A 项属于中央银行进行宏观调控的三大货币政策工具(法定存款准备金率、再贴现、公开市场业务)之一。

18. 以下哪类风险事件不应当被划分为操作风险？(　　)[2012 年 6 月真题]

A. 交易系统中的执行价格与会计记录系统存在差异

B. 部分营业场所系统故障造成客户损失

C. 柜员错误收取外币汇款手续费

D. 客户提前赎回理财产品造成银行收入降低

【解析】商业银行的操作风险可按人员因素、内部流程、系统缺陷和外部事件四大类别分类。A 项属于内部流程；B 项属于系统缺陷；C 项属于人员因素。

14B　15C　16C　17A　18D

19. 商业银行员工在代理业务操作中，下列行为易造成操作风险的是(　　)。[2009 年 10 月真题]

A. 设立专户核算代理资金

B. 签订书面委托代理合同

C. 代理手续费收入先用于员工奖励，再纳入银行大账核算

D. 遇到误导性宣传和错误销售，对业务风险进行必要的提示

【解析】在代理业务中，由于人员因素引起的操作风险违规事项主要包括：①业务人员贪污或截留手续费，不进入大账核算；②内外勾结编造虚假代理业务合同骗取手续费收入；③未经授权或超过权限擅自进行交易；④内部人员盗窃客户资料谋取私利等。

20. 代理合同文件存在瑕疵属于哪类因素引起的操作风险？(　　)

A. 人员因素　　B. 内部流程　　C. 系统缺陷　　D. 外部事件

【解析】商业银行的操作风险的产生可分为人员因素、内部流程、系统缺陷和外部事件四大原因。其中，内部流程方面表现为流程不健全、流程执行失败、控制和报告不力、文件或合同缺陷、担保品管理不当、产品服务缺陷、泄密、与客户纠纷等。代理合同文件存在瑕疵属于文件或合同缺陷。

21. 下列行为中，(　　)是由于银行内部流程而引发的操作风险。

A. 某银行运钞车在半路遭遇抢劫，损失 500 万元

B. 办理抵押贷款时，为做成业务，银行在抵押手续尚未办理完全时即发放了贷款

C. 某商业银行不恰当解除劳动合同

D. 银行员工王某联合无业人员张某，偷窃银行重要空白凭证

【解析】A 项属于由于外部事件而引发的操作风险；CD 两项属于由于人员因素而引发的操作风险。

22. 商业银行系统缺陷包括信息科技系统和(　　)所产生的风险。

A. 员工的必要知识不足　　B. 业务流程无效

C. 一般配套设备不完善　　D. 外部欺诈

【解析】商业银行的操作风险的产生可分为人员因素、内部流程、系统缺陷和外部事件四大原因。其中，系统缺陷方面表现为信息科技系统和一般配套设备不完善。

23. 下列哪种情形属于因系统缺陷而引发的操作风险？(　　)

A. 地震致使某银行贮存的账册严重损毁

B. 某银行因为通信系统不稳定而发生业务中断

C. 某银行财务系统建设存在缺陷，未保留部分重要文件

D. 某银行员工李某超越授权使用客户的资金进行投资，造成客户损失

【解析】A 项是由于外部事件而引发的操作风险；C 项是由于内部流程而引发的操作风险；D 项是由于人员因素而引发的操作风险。

24. 2005 年 6 月 17 日，万事达卡国际组织宣布，由于一名黑客侵入"信用卡第三方支付系统"，包括万事达、维萨等机构在内的4000 多万张信用卡用户的银行资料被盗取。这种

19C　20B　21B　22C　23B　24D

风险属于(　　)引发的风险。

A. 人员因素　　B. 系统缺陷　　C. 内部流程　　D. 外部事件

【解析】外部事件包括外部欺诈、自然灾害、交通事故、外包商不履责等。题中商业银行外部人员通过网络侵入内部系统作案，属于外部事件引发的风险。

25. 外部人员的故意欺诈属于(　　)风险。

A. 不完善或有问题的内部程序　　B. 系统缺陷

C. 人员因素　　D. 外部事件

【解析】商业银行的外部事件风险包括：外部欺诈、自然灾害、交通事故、外包商不履责等。

26. 2008年中国四川地区由于地震造成光缆断裂，使多家商业银行的通信和业务受到影响。这体现的是(　　)引发的风险。

A. 监管规定　　B. 自然灾害　　C. 业务外包　　D. 恐怖威胁

【解析】商业银行的外部事件风险包括：外部欺诈、自然灾害、交通事故、外包商不履责等。其中，自然灾害风险是指由于自然因素造成商业银行的财产损失的风险，包括火灾、洪水、地震等。

27. 下列各项中，属于操作风险中的就业制度和工作场所安全事件的是(　　)。

A. 咨询业务　　B. 不良的业务或市场行为

C. 产品瑕疵　　D. 性别及种族歧视事件

【解析】按照操作风险损失事件类型，操作风险可分为七大类。其中就业制度和工作场所安全事件是指商业银行因违反劳动合同法、就业、健康或安全方面的法规或协议，个人工伤赔付或者因歧视及差别待遇事件导致的损失事件，表现在劳资关系、环境安全性、歧视及差别待遇事件三个方面。

28. 外部的盗窃、抢劫行为属于(　　)。

A. 内部欺诈　　B. 外部欺诈　　C. 系统缺陷　　D. 人员因素

【解析】外部欺诈是指第三方故意骗取、盗用、抢劫财产、伪造要件、攻击商业银行信息科技系统或逃避法律监管导致的损失事件。

29. 商业银行对操作风险损失数据收集应当遵循的原则不包括(　　)。

A. 重要性　　B. 谨慎性　　C. 多样性　　D. 统一性

【解析】商业银行对操作风险损失数据的收集应遵循如下原则：①重要性原则；②准确性原则；③统一性原则；④谨慎性原则；⑤全面性原则。

30. 下列各项不属于关键风险指标的是(　　)。

A. 交易量　　B. 员工水平　　C. 董事会水平　　D. 客户满意度

【解析】关键风险指标是代表某一业务领域操作风险变化情况的统计指标，是识别操作风险的重要工具，通常包括交易量、员工水平、技能水平、客户满意度、市场变动、产品成熟度、地区数量、变动水平、产品复杂程度和自动化水平等。

25D　26B　27D　28B　29C　30C

31. 商业银行采用的定量分析方法主要是基于对______和______的分析。( )

A. 操作风险的发生频率；操作风险的影响程度

B. 内部操作风险损失数据；外部数据

C. 业务经营环境；外部数据

D. 业务经营环境；内部控制因素

【解析】商业银行通常采用定性与定量相结合的方法来评估操作风险。定性分析需要依靠有经验的风险管理专家对操作风险的发生频率和影响程度做出评估；定量分析方法则主要基于对内部操作风险损失数据和外部数据进行分析。

32. ( )方面的内容可以不在提交董事会和高级管理层的风险报告中反映。

A. 原始损失数据　　B. 诱因与控制措施

C. 关键风险指标　　D. 资本情况

【解析】操作风险报告的内容包括风险状况、重大操作风险事件、损失事件、诱因与控制措施、关键风险指标、资本情况六个部分。

33. 即使采用适当的缓释工具，也不能( )操作风险。

A. 限制　　B. 降低　　C. 分散　　D. 消除

【解析】操作风险缓释是在量化分析风险点分布、发生概率和损失程度的基础上，采用适当的缓释工具，限制、降低或分散操作风险。

34. ( )一直是商业银行管理操作风险的重要工具。

A. 资产管理　　B. 商业保险　　C. 经济资本配置　　D. 个人信用评分系统

【解析】购买商业保险作为操作风险缓释的有效手段，一直是商业银行管理操作风险的重要工具。A 项，资产管理是流动性风险控制的重要工具；C 项，经济资本配置是战略风险管理的重要工具；D 项，个人信用评分系统是有效管理个人客户信用风险的重要工具。

35. 下列各项不属于商业银行常见业务外包种类的是( )。

A. 技术外包　　B. 程序外包　　C. 业务营销外包　　D. 资金交易业务外包

【解析】商业银行可以将某些业务外包给具有较高技能和规模的其他机构来管理，用于转移操作风险。商业银行常见外包种类包括：①技术外包；②程序外包；③业务营销外包；④专业性服务外包；⑤后勤性事务外包。账务系统、资金交易等关键过程和核心业务不应外包出去。

36. 下列各项中，最容易引发操作风险的业务环节是( )。

A. 柜面业务　　B. 法人信贷业务　　C. 个人信贷业务　　D. 资金交易业务

【解析】柜面业务泛指通过商业银行柜面办理的业务，是商业银行各项业务操作的集中体现，也是最容易引发操作风险的业务环节。

37. “未按审批时所附的限制性条款发放贷款”属于( )业务环节可能出现的违规事项。

A. 贷前调查　　B. 信贷审查　　C. 信贷审批　　D. 贷款发放

31B　32A　33D　34B　35D　36A　37D

【解析】贷款发放业务环节可能出现的违规事项有：①逆程序发放贷款；②未按审批时所附的限制性条款发放贷款；③贷款合同要素填写不规范；④未按规定办妥抵押品抵押登记手续或手续不完善，造成抵押无效；⑤未按规定办理质押物止付手续和质押权利转移手续，形成无效质押；⑥贷款录入上账错误等。

38. 根据监管要求，商业银行在使用标准法计量操作风险监管资本时，(　　)业务条线的操作风险资本系数最低。

A. 公司金融　　B. 商业银行　　C. 资产管理　　D. 代理服务

【解析】公司金融业务、商业银行业务、资产管理业务、代理服务业务的操作风险资本系数分别为18%、15%、12%、15%。

39. 下列哪个业务条线的β系数等于15%？(　　)

A. 公司金融　　B. 零售银行　　C. 商业银行　　D. 零售经纪

【解析】A项的β系数等于18%；BD两项的β系数均等于12%。

40. 如表6－1所示，GI_{1-9}表示各业务条线当年的总收入，β_{1-9}表示各业务条线对应的β系数。

表6－1　产品线数据表　　亿元

产品线	$\sum(GI_{1-9} \times \beta_{1-9})$
2007年	10
2008年	−5
2009年	5

用标准法计算，则2010年操作风险资本为(　　)亿元。

A. 5　　B. 10　　C. 15　　D. 20

【解析】在标准法中，操作风险资本等于银行各条线前三年总收入的平均值乘上一个固定比例(用β_i表示)再加总，根据其计算公式，可得：

$$K_{TSA} = \frac{\sum_{i=1}^{3} \text{Max}[\sum_{i=1}^{9}(GI_i \times \beta_i), 0]}{3} = \frac{10+0+5}{3} = 5(\text{亿元})$$

41. 下列关于商业银行反洗钱管理措施的表述，错误的是(　　)。[2019年6月真题]

A. 客户身份资料在业务关系结束后、客户交易信息在交易结束后，均应当至少保存五年

B. 通过第三方识别客户身份的，如第三方未采取客户身份识别措施，由商业银行承担未履行客户身份识别业务的责任

C. 商业银行的负责人应当对反洗钱内部控制制度的有效实施负责

38C　39C　40A　41D

D. 商业银行在为客户提供一次性金融服务时，不需要客户出示身份证明文件

【解析】D 项，商业银行在与客户建立业务关系或者为客户提供规定金额以上的现金汇款、现钞兑换、票据兑付等一次性金融服务且交易金额单笔达人民币 1 万元以上或者外币等值 1000 美元以上的，应当要求客户出示真实有效的身份证件或者其他身份证明文件，进行核对并登记。

42. 下列不属于操作风险的特点的是(　　)。

A. 具体性　　B. 分散性　　C. 差异性　　D. 周期性

【解析】D 项，周期性属于信用风险的特征之一。

43. 信息科技风险的特征不包括(　　)。

A. 隐蔽性强　　B. 透明度高

C. 突发性强，应急处置难度大　　D. 影响范围广，后果具有灾难性

【解析】信息科技风险是指信息科技在商业银行运用过程中，由于自然因素、人为因素、技术漏洞和管理缺陷产生的操作、法律和声誉等风险。信息科技风险的特征包括：①隐蔽性强；②突发性强，应急处置难度大；③影响范围广，后果具有灾难性。

44. 我国反洗钱监管机制总体特点为“一部门主管、多部门配合”，其中，“一部门”是指(　　)。

A. 中国人民银行　　B. 国务院银行业监督管理机构

C. 证监会　　D. 银行业协会

【解析】我国反洗钱监管机制总体特点为“一部门主管、多部门配合”。“一部门主管”是指中国人民银行作为反洗钱行政主管部门，负责全国的反洗钱监督管理工作；“多部门配合”是指国务院银行业监督管理机构、证监会等有关部门、机构在各自的职责范围内履行反洗钱监督管理职责。

二、多选题(下列选项中有两项或两项以上符合题目的要求)

1. 商业银行面对火灾、高管欺诈、抢劫等操作风险，可以采用(　　)方式来缓释。[2018 年 10 月真题]

A. 改变市场定位　　B. 业务外包

C. 制定业务连续性管理计划　　D. 调整业务规模或放弃某些产品

E. 购买商业保险

【解析】火灾、抢劫、高管欺诈等操作风险，商业银行往往很难规避和降低，甚至有些无能为力，但可以通过制定业务连续性管理计划、购买商业保险、业务外包等方式将风险缓释。

2. X 银行与 Y 数据服务中心签订为期 10 年的 IT 系统外包合同，一旦 X 银行的 IT 系统发生严重故障，Y 数据服务中心将保证 X 银行的业务持续运行。针对以上案例分析，下列描述正确的有(　　)。[2016 年 11 月真题]

A. 非核心业务外包有利于银行将工作重点放在核心业务上

B. 外包服务最终责任人依然是 X 银行

42D　43B　44A　▎　1BCE　2ABCE

C. X 银行旨在通过业务外包来转移操作风险

D. 业务外包和保险一样，都能够从根本上规避操作风险

E. 业务外包本身也可能存在风险

【解析】D 项，银行必须对外包业务的风险进行管理，一些关键过程和核心业务不应外包出去，因为过多的外包也会产生额外的操作风险或其他隐患，因此业务外包不能从根本上规避操作风险。

3. 商业银行柜员在现金存取款的操作中，存在操作风险的有(　　)。[2018 年 10 月真题]

A. 临时离岗时，钱箱加锁并保管好钥匙

B. 未审核客户有效身份证办理大额取现业务

C. 未能正确识别假钞

D. 未经授权办理大额取现业务

E. 无支付凭证或使用内部凭证办理客户资金支付业务

【解析】现金存取款柜台业务环节操作风险的违规事项，除 BCDE 四项外，还包括：①离岗后钱箱未加锁或虽加锁但钥匙未妥善保管；②外部人员采取化整为零手段，通过其他商业银行相互间、账户间频繁存取现金，进行洗钱活动等。

4. 商业银行采用操作风险标准法计算监管资本时，将所有业务分为九个业务条线，操作风险对应的资本要求系数(以 β 表示)不同，监管规定的 β 值包括(　　)。[2016 年 5 月真题]

A. 20%　　B. 15%　　C. 18%　　D. 10%

E. 12%

【解析】各业务条线的操作风险资本系数如下：①零售银行、资产管理和零售经纪业务条线的操作风险资本系数为 12%；②商业银行和代理服务业务条线的操作风险资本系数为 15%；③公司金融、支付和清算、交易和销售及其他业务条线的操作风险资本系数为 18%。

5. 根据监管机构的要求，商业银行符合下列哪些条件时，可以使用标准法计算操作风险资本？(　　)[2015 年 10 月真题]

A. 业务条线实施操作风险管理的人力和物力匮乏

B. 未建立清晰的操作风险内部报告路线

C. 董事会和高级管理层了解操作风险管理架构，但不参与监督执行

D. 银行的操作风险管理系统概念稳健，执行正确有效

E. 有充足的资源支持在主要产品线上和控制及审计领域采用标准法

【解析】银行实施标准法必须至少符合监管当局的以下规定：①银行的董事会和高级管理层适当积极参与操作风险管理框架的监督；②银行的操作风险管理系统概念稳健，执行正确有效；③有充足的资源支持在主要产品线上和控制及审计领域采用标准法。

6. 商业银行在采用标准法计算操作风险监管资本时，下列哪些业务条线对应的系数是 18%？(　　)[2014 年 11 月真题]

A. 公司金融　　B. 支付和清算　　C. 交易和销售　　D. 代理业务

3BCDE　4BCE　5DE　6ABC

E. 零售银行业务

【解析】商业银行各业务条线的操作风险资本系数(即β系数)如下：①零售银行业务、资产管理和零售经纪业务条线的操作风险资本系数为12%；②商业银行业务和代理服务业务条线的操作风险资本系数为15%；③公司金融、支付和清算、交易和销售、其他业务的操作风险资本系数为18%。

7. 下列哪些事件应当归属于商业银行操作风险中的“外部事件”类别？(　　)[2018年10月真题]

A. 客户采取化整为零的手段进行洗钱活动

B. 商业银行信息系统故障，导致大量业务信息丢失

C. 银行员工窃取客户账户资金

D. 被不法分子以大额假存单、假国债、假人民币等诈骗资金

E. 网上支付系统遭受黑客攻击，造成千万名用户的账户资料被盗

【解析】B项属于操作风险中的“系统缺陷”；C项属于操作风险中的“人员因素”。

8. 下列关于商业银行操作风险识别的表述正确的是(　　)。[2013年6月真题]

A. 操作风险可以划分为人员风险、流程风险、系统风险和外部风险

B. 监管规定的变化属于流程风险

C. 输入数据信息的质量和稳定性属于系统风险

D. 外部欺诈、盗窃、洗钱、政治风险等属于外部风险

E. 内部欺诈、失职违规属于人员风险

【解析】B项，监管规定的变化属于外部事件。

9. 商业银行的经营是在一定的社会环境下进行的，经营环境的变化、外部突发事件等都会影响商业银行的正常经营活动，甚至发生损失。下列哪些属于引发操作风险的外部事件？(　　)

A. 外包商不履责

B. 控制和报告不力

C. 失职违规

D. 违反用工法

E. 自然灾害

【解析】外部事件引发的操作风险包括外部欺诈、自然灾害、交通事故、外包商不履责等。B项属于内部流程引发的操作风险；CD两项属于人员因素引发的操作风险。

10. 按照操作风险损失事件类型分类，下列属于信息科技系统事件的有(　　)。

A. 硬件

B. 软件

C. 网络与通信线路

D. 动力输送损耗/中断

E. 黑客攻击损失

【解析】信息科技系统事件是指因信息科技系统生产运行、应用开发、安全管理以及由于软件产品、硬件设备、服务提供商等第三方因素，造成系统无法正常办理业务或系统速度异常所导致的损失事件。E项属于外部欺诈事件。

11. 设计良好的操作风险关键风险指标体系要满足的基本原则有(　　)。

7ADE　8ACDE　9AE　10ABCD　11ABCDE

A. 整体性　　B. 重要性　　C. 敏感性　　D. 可靠性
E. 有效性

【解析】操作风险关键风险指标是代表某一业务领域操作风险变化情况的统计指标，是识别操作风险的重要工具。设计良好的关键风险指标体系要满足整体性、重要性、敏感性、可靠性原则，且须明确数据口径、门槛值、报告路径等要素。

12. 下列各项属于关键风险指标的是(　　)。
A. 交易量　　B. 员工水平　　C. 市场变动　　D. 地区数量
E. 技能水平

【解析】关键风险指标通常包括：交易量、员工水平、技能水平、客户满意度、市场变动、产品成熟度、地区数量、变动水平、产品复杂程度和自动化水平等。

13. 操作风险评估的步骤中，属于准备阶段的有(　　)。
A. 识别评估对象　　B. 绘制流程图
C. 收集评估背景信息　　D. 提出优化方案
E. 整合评估成果

【解析】操作风险评估包括准备、评估和报告三个步骤：①准备阶段，包括制定评估计划、识别评估对象、绘制流程图、收集评估背景信息；②评估阶段，包括识别主要风险点、召开会议、开展评估、制定改进方案；③报告阶段，包括整合结果和双线报告。

14. 在操作风险评估流程中，报告阶段的步骤包括(　　)。
A. 提出优化方案　　B. 整合结果
C. 绘制流程图　　D. 总结改进措施
E. 双线报告

【解析】操作风险评估包括准备、评估和报告三个步骤。其中，报告阶段包括整合结果和双线报告两个步骤。

15. 商业银行可通过购买特定的保险加以缓释的操作风险包括(　　)。
A. 火灾导致实物资产损失　　B. 内部盗窃
C. 外部欺诈　　D. 设备瘫痪
E. 交易差错

【解析】A 项，商业银行可以通过购买财产保险进行风险缓释；BC 两项，商业银行可以通过购买商业银行一揽子保险进行风险缓释；D 项，商业银行可以通过购买营业中断保险进行风险缓释；E 项，可以通过购买错误与遗漏保险进行风险缓释。

16. 哪些方面可以分析主要业务的操作风险点及其控制措施？(　　)
A. 柜面业务　　B. 法人信贷业务　　C. 个人信贷业务　　D. 资金业务
E. 代理业务

【解析】操作风险管理关系到商业银行的每个业务和岗位，不论业务条线还是管理部门，都负有管理操作风险的责任。根据我国商业银行目前的业务种类和运营方式，可以从最普遍的柜面业务、法人信贷业务、个人信贷业务、资金业务和代理业务五个方面来分析

12ABCDE　13ABC　14BE　15ABCDE　16ABCDE

操作风险点及其控制措施。

17. 操作风险是商业银行面临的一项重要风险，商业银行应该为抵御操作风险造成的损失安排经济资本。下列哪些是商业银行可选择的经济资本计算方法？(　　)

A. 内部评级法　B. 基本指标法　C. 标准法　D. 新标准法

E. 高级计量法

【解析】操作风险资本计量方法包括基本指标法、标准法和高级计量法，以及2017年《巴塞尔Ⅲ最终方案》提出的新标准法。A项，内部评级法属于信用风险的计量方法。

18. 在标准法中，商业银行的所有业务可划分成九大类业务条线，主要包括(　　)。

A. 支付和结算　B. 资产管理　C. 公司金融　D. 贷款

E. 零售银行

【解析】标准法以各业务条线的总收入为计量基础，总收入是个广义的指标，代表业务经营规模，因此也大致代表了各业务条线的操作风险暴露。业务条线分为9个：公司金融、交易和销售、零售银行业务、商业银行业务、支付和结算、代理服务、资产管理、零售经纪和其他业务。

19. 下列关于操作风险识别的内容，说法正确的是(　　)。

A. 操作风险识别应该以当前和未来潜在的操作风险两方面为重点

B. 操作风险识别方法包括事前识别和事后识别

C. 电子银行业务规模快速增长，但客户资金被盗/交易故障次数异常增多属于系统缺陷造成的操作风险损失事件

D. 在引进新产品、采取新程序和系统之前，须对其潜在操作风险进行单独识别

E. 借助因果分析模型，只能对重要业务岗位和流程中的操作风险进行识别

【解析】E项，商业银行通常可以借助因果分析模型，对所有业务岗位和流程中的操作风险进行全面且有针对性的识别，并建立操作风险成因和损失事件之间的关系。

20. 洗钱、恐怖融资、扩散融资三者的区别包括(　　)。

A. 洗钱的资金来源为非法所得，恐怖融资和扩散融资的资金来源往往合法

B. 洗钱的目的是为了隐藏犯罪资金来源，恐怖融资和扩散融资的资金主要被用于政治目的

C. 洗钱的资金量大、交易复杂，恐怖融资的资金量小、交易简单，扩散融资的资金量大、交易隐蔽

D. 洗钱的资金环形流动，恐怖融资和扩散融资的资金点到点流动

E. 洗钱的目的是为了隐藏犯罪资金来源，恐怖融资和扩散融资的资金主要被用于军事目的

【解析】BE两项，洗钱的目的是为了隐藏犯罪资金来源，恐怖融资的资金主要被用于政治目的，扩散融资的资金主要被用于军事目的。

17BCDE　18ABCE　19ABCD　20ACD

第七章　流动性风险管理

一、单选题（下列选项中只有一项最符合题目的要求）

1. 在国内商业银行的管理中，流动性储备的最主要形式是分级流动性储备体系，其中二级流动性储备一般配置（　　）。［2018 年 10 月真题］

A. 库存现金　B. 国债　C. 超额备付金　D. 票据

【解析】一家股份制银行的流动性储备分为三级，其中二级流动性储备建立专门的流动性投资组合。该组合属于交易账户，主要配置流动性最好的国债。

2. 净稳定资金比例（NSFR）是商业银行流动性管理的重要指标，其定义为可用稳定资金与所需资金的比例，根据我国监管要求，该指标监管标准为不低于（　　）。［2019 年 6 月真题］

A. 100%　B. 50%　C. 150%　D. 75%

【解析】净稳定资金比例定义为可用稳定资金与所需稳定资金之比，其最低监管标准为不低于 100%。净稳定资金比例指标包含两部分内容：可用稳定资金（ASF）和所需稳定资金（RSF）。

3. 银行体系的流动性主要体现为商业银行整体在中央银行的（　　）。［2016 年 11 月真题］

A. 各项贷款总额　B. 各项存款总额　C. 现金寸头　D. 超额备付金寸头

【解析】银行体系的流动性主要体现为商业银行整体在中央银行的超额备付金头寸。影响超额备付金头寸的主要因素包括外汇占款、贷款投放、节假日因素等。

4. 商业银行具有相同或相似属性业务风险敞口过大而表现出的风险为（　　），该风险为流动性风险的主要诱因之一。［2016 年 10 月真题］

A. 信用风险　B. 战略风险　C. 集中度风险　D. 市场风险

【解析】集中度风险源于银行具有相同或相似属性业务风险敞口过大而产生的风险。到期时间过于集中对流动性将产生极大压力，而集中爆发的信用风险也极易引发流动性风险，因此集中度风险是引发信用风险、流动性风险的主要诱因之一。

5. 商业银行可以采用流动性比率法评估自身的流动性状况。下列关于流动性比率法的描述最不恰当的是（　　）。［2020 年 10 月真题］

A. 我国《商业银行流动性风险管理办法（试行）》规定，商业银行流动性比例不低于 25%

B. 商业银行根据外部监督要求和内部管理规定，制定各类资产的合理比率指标

C. 我国《商业银行流动性风险管理办法（试行）》规定，商业银行流动性覆盖率应当不低于 150%

D. 商业银行可根据自身业务规模和特色设定多种流动性比率/指标，满足流动性风险管理的需要

1B　2A　3D　4C　5C

【解析】C 项，商业银行的流动性覆盖率的最低监管标准为不低于 100%。

6. 商业银行对(　　)变化的敏感度，最显著影响其资产负债的期限结构。[2015 年 10 月真题]
A. 存款准备金率　B. 国债收益率　C. 票据贴现率　D. 存贷款基准利率
【解析】商业银行资产负债期限结构是指在未来特定的时段内，到期资产(现金流入)与到期负债(现金流出)的构成状况。除了每日客户存取款、贷款发放/归还、资金交易等会改变商业银行的资产负债期限结构外，存贷款基准利率的调整也会导致其资产负债期限结构发生变化。商业银行对利率变化的敏感程度直接影响着资产负债期限结构，因为任何利率波动都会导致商业银行资产和负债的价值产生波动。

7. 在正常市场条件下，下列资产负债匹配方式中，流动性风险最低的是(　　)。[2017 年 10 月真题]
A. 负债以公司/机构存款为主，资产以中短期贷款为主
B. 负债以零售客户存款为主，资产以中短期贷款为主
C. 负债以公司/机构存款为主，资产以中长期贷款为主
D. 负债以循环发行的短期债券为主，资产以中长期贷款为主
【解析】商业银行最常见的资产负债期限错配情况是将大量短期借款(负债)用于长期贷款(资产)，即“借短贷长”。如果这种期限错配严重失衡，则有可能因到期资产所产生的现金流入严重不足造成支付困难，从而面临较高的流动性风险。

8. 商业银行的零售存款通常被认为是(　　)。[2021 年 6 月真题]
A. 来源集中，流动性风险低　B. 不稳定的负债，流动性风险高
C. 比较稳定的负债，流动性风险低　D. 来源分散，流动性风险高
【解析】通常，零售性质的资金(如居民储蓄)因为其资金来源更加分散、同质性更低，相比批发性质的资金(如同业拆借、公司存款)具有更高的稳定性。因此，以零售资金来源为主的商业银行，其流动性风险相对较低。

9. 下列风险都可能给商业银行造成经营困难，但导致商业银行破产的直接原因通常是(　　)。[2014 年 6 月真题]
A. 流动性风险　B. 操作风险　C. 战略风险　D. 信用风险
【解析】流动性风险是银行所有风险中最具破坏力的风险。几乎所有摧毁银行的风险都是以流动性风险爆发来为银行画上句号的。流动性风险堪称银行风险中的“终结者”。

10. 通常，以(　　)为主要资金来源的商业银行，其负债流动性的利率敏感度相对较低。[2013 年 6 月真题]
A. 发行债券　B. 公司存款　C. 同业拆借　D. 居民储蓄
【解析】通常，零售性质的资金(如居民储蓄)因为其资金来源更加分散、同质性更低，相比批发性质的资金(如同业拆借、公司存款)具有更高的稳定性。因此，以零售资金来源为主的商业银行，其流动性风险相对较低。

11. 借入流动性是商业银行降低流动性风险的“最具风险”的方法，原因在于，借入资金时

6D　7B　8C　9A　10D　11B

商业银行不得不在资金成本和(　　)之间做出艰难选择。[2012年10月真题]

A. 流动性风险　　B. 可获得性　　C. 不可获性　　D. 最终收益

【解析】在实践操作中，必须清醒地认识到，借入流动性是商业银行降低流动性风险的“最具风险”的方法，因为商业银行在借入资金时，不得不在资金成本和可获得性之间做出艰难的选择。商业银行通常选择在真正需要资金的时候借入资金。

12. 为有效降低流动性风险，商业银行资产和负债的分布应当(　　)。

A. 异质化、分散化

B. 资产应当同质化、集中化，负债应当异质化、分散化

C. 同质化、集中化

D. 负债应当同质化、集中化，资产应当异质化、分散化

【解析】商业银行应当严格执行限额管理的相关要求，尽可能降低其资金来源(负债)和使用(资产)的同质性，形成合理的资产负债分布结构，以获得稳定的、多样化的现金流量，最大程度地降低流动性风险。即商业银行资产和负债的分布应当异质化、分散化。

13. 股票投资收益率上升，最可能会给银行造成(　　)风险。

A. 信用　　B. 市场　　C. 声誉　　D. 流动性

【解析】股票市场投资收益率上升时，存款人倾向于将资金从银行转到股票市场，而借款人可能会推进新的贷款请求或加速提取那些支付低利率的信贷额度，也将对商业银行的流动性状况造成影响。

14. 为了获取盈利，商业银行在正常范围内可以建立(　　)的资产负债期限结构。

A. 借短贷短　　B. 借长贷长　　C. 借长贷短　　D. 借短贷长

【解析】商业银行为了获取盈利而在正常范围内建立的“借短贷长”的资产负债期限结构(或持有期缺口)，被认为是一种正常的、可控性较强的流动性风险。

15. (　　)是最常见的资产负债的期限错配情况。

A. 部分资产与某些负债在持有时间上不一致

B. 部分资产与某些负债在到期时间上不一致

C. 将大量短期借款用于长期贷款，即借短贷长

D. 将大量长期借款用于短期贷款，即借长贷短

【解析】商业银行最常见的资产负债期限错配情况是将大量短期借款(负债)用于长期贷款(资产)，即“借短贷长”，其优点是可以提高资金使用效率、利用存贷款利差增加收益，但如果这种期限错配严重失衡，则有可能因到期资产所产生的现金流入严重不足造成支付困难，从而面临较高的流动性风险。

16. 商业银行流动性风险的内生因素不包括(　　)。

A. 资产负债期限结构　　B. 资产负债类别结构

C. 资产负债分布结构　　D. 资产负债币种结构

【解析】商业银行流动性风险的内生因素包括：①资产负债期限结构；②资产负债币种

12A　13D　14D　15C　16B

结构；③资产负债分布结构。

17. 下列关于商业银行的资产负债期限结构的说法，不正确的是(　　)。
A. 股票投资收益率的下降，会造成存款人资金转移，从而很可能会造成商业银行的流动性紧张
B. 在每周的最后几天、每月的最初几日或每年的节假日，商业银行必须随时准备应付现金的巨额需求
C. 商业银行对利率变化的敏感程度直接影响着资产负债期限结构
D. 商业银行在正常范围内的“借短贷长”的资产负债特点所引致的持有期缺口，是一种正常的、可控性较强的流动性风险

【解析】A 项，股票市场投资收益率上升时，存款人倾向于将资金从银行转到股票市场，而借款人可能会推进新的贷款请求或加速提取那些支付低利率的信贷额度，也将对商业银行的流动性状况造成影响。

18. 流动性管理部门应建立流动性风险应急管理机制，其原因不包括(　　)。[2023 年 10 月真题]
A. 流动性应急机制是银行满足监管合规的重要条件之一
B. 流动性应急管理有助于银行管理人员迅速决策
C. 流动性应急管理能够帮助降低银行流动性成本
D. 流动性应急管理能够帮助银行内部统一应对危机的认识

【解析】流动性应急机制是银行进行流动性管理的一类政策和程序，这类政策和程序用于应对极端的流动性紧张情形，使银行能够在危机情景下依然合理控制流动性成本，进行及时有效的筹资，以应对流动性危机。银行建立流动性应急机制主要原因如下：①流动性应急机制是银行流动性管理中必不可少的部分，也是满足监管合规的重要条件。②流动性应急机制能够帮助银行提高应对危机的及时性。③流动性应急机制能够帮助银行提高应对危机的有效性。

19. 香港金融管理局建议商业银行将一级流动资产(可在 7 天内变现的流动资产)比率维持在(　　)以上。
A. 15%　　B. 20%　　C. 25%　　D. 30%

【解析】香港金融管理局规定银行的法定流动资产比率为 25%。除此之外，香港金融管理局建议商业银行将一级流动资产(可在 7 天内变现的流动资产)比率维持在 15% 以上，并保持 7 日内的负错配金额不超过总负债的 10%，1 个月内的负错配金额不超过总负债的 20%。

20. 下列各项不会影响商业银行资产负债期限结构的是(　　)。
A. 每日客户存取款　　B. 贷款发放/归还
C. 存贷款基准利率的调整　　D. 商业银行减少网点数量

【解析】因各种内外部因素的影响和作用，商业银行的资产负债期限结构时刻都在发生变化，流动性状况也随之改变。除了每日客户存取款、贷款发放/归还、资金交易等会

17A　18B　19A　20D

改变商业银行的资产负债期限结构外，存贷款基准利率的调整也会导致其资产负债期限结构发生变化。

21. 下列关于商业银行针对资产负债币种结构进行流动性风险管理的说法，不正确的是(　　)。

A. 商业银行应对其经常使用的主要币种的流动性刚性状况进行计量、监测和控制

B. 商业银行除结合本币承诺来评价总的外汇流动性需求以及可接受的错配情况外，还应对所持有的各币种的流动性进行单独分析

C. 多币种的资产与负债结构降低了银行流动性风险管理的复杂程度

D. 商业银行如果认为美元是最重要的对外结算工具，可以完全持有美元用来匹配所有的外币债务，而减少其他外币的持有量

【解析】对于从事国际业务的商业银行而言，多币种的资产负债期限结构增加了流动性风险管理的复杂程度。在本国或国际市场出现异常状况时，外币债权方通常因为对债务方缺乏足够了解并且无法对市场发展做出正确判断，而要求债务方提前偿付债务。在这种不利的市场条件下，商业银行如果不能迅速满足外币债务的偿付需求，将不可避免地陷入外币流动性危机，并严重影响其在国际市场上的声誉。因此，从事国际业务的商业银行必须高度重视各主要币种的资产负债期限结构。

22. (　　)属于零售性质的资金。

A. 同业拆借　　B. 公司存款　　C. 居民储蓄　　D. 再贴现

【解析】通常，零售性质的资金(如居民储蓄)因为其资金来源更加分散、同质性更低，相比批发性质的资金(如同业拆借、公司存款)具有更高的稳定性。因此，以零售资金来源为主的商业银行，其流动性风险相对较低。

23. 下列情形中，(　　)表现的是流动性风险与市场风险的关系。

A. 制定实施新战略、推广新业务之前，应合理评估并预测其可能对商业银行经营状况/资产价值造成的不利影响

B. 因错误判断市场发展趋势，导致投资组合价值严重受损，从而增加流动性风险，如超限额持有/投机次级金融产品

C. 法国兴业银行交易员违规交易衍生产品造成巨额损失，不得不接受政府救助

D. 任何涉及商业银行的负面消息，都可能削弱存款人和社会公众的信心并造成存款资金大量流失，最终使商业银行被动陷入流动性危机

【解析】A 项为流动性风险与策略风险的关系，策略风险源于商业决策本身或执行过程中的错漏和偏差，以及对外部环境和行业变化缺乏正确的应对措施；C 项为流动性风险与操作风险的关系，操作风险是由于不完善或有问题的内部程序、员工和信息科技系统，以及外部事件所造成损失的风险；D 项为流动性风险与声誉风险的关系，银行在履行债务和安全稳健运行方面的声誉，对于银行维持资金稳定及以合理成本融资至关重要。

24. 不良贷款及违约损失大幅上升，贷款收益显著下降，从而增加流动性风险，这反映了商

21C　22C　23B　24A

业银行(　　)之间的关系。

A. 流动性风险与信用风险　　B. 流动性风险与市场风险

C. 流动性风险与操作风险　　D. 流动性风险与战略风险

【解析】流动性风险成因的复杂性决定了它既可以是资产负债期限结构不匹配等因素引发的直接风险，也可能是由于信用风险、市场风险、操作风险及其他风险引发的次生风险。如果银行承担了过度的信用风险，则其本身的信用将出现问题，对银行信用敏感的资金提供者将重新考虑给予融资的条件和金额。银行的融资能力将受到较大的损害。

25. 法国兴业银行交易员违规交易衍生产品造成巨额损失，不得不接受政府救助，这属于(　　)对流动性的影响。

A. 市场风险　　B. 法律风险　　C. 操作风险　　D. 战略风险

【解析】操作风险是指因不完善或有问题的内部程序、员工和信息科技系统，以及外部事件所造成损失的风险。法国兴业银行因为其银行交易员违规操作交易衍生品造成巨额损失，这是法国兴业银行不完善的内部程序和员工系统导致的。

26. 我国规定，商业银行流动性资产余额与流动性负债余额的比例不得低于(　　)。

A. 25%　　B. 30%　　C. 50%　　D. 75%

【解析】根据《商业银行风险监管核心指标(试行)》第八条，流动性比例为流动性资产余额与流动性负债余额之比，衡量商业银行流动性的总体水平，不应低于25%。

27. 下列关于超额备付金率的说法错误的是(　　)。

A. 超额备付金率越低，银行短期流动性越强

B. 超额备付金率可分币种计算，用于分别衡量商业银行人民币和外币的备付情况

C. 超额备付金率是衡量银行流动性和清偿能力的一个短期指标，涵盖范围较窄

D. 该指标在大小银行之间缺乏可比性，比较适用于同质同类银行机构之间的比较

【解析】超额备付金率=(在中国人民银行超额准备金存款+库存现金)/各项存款。超额备付金率越高，银行短期流动性越强，若比率过低，则表明银行清偿能力不足，可能会影响银行的正常兑付。

28. 在《商业银行风险监管核心指标》中，核心负债比为核心负债期末余额与总负债期末余额之比，该比率不得低于(　　)。

A. 20%　　B. 40%　　C. 60%　　D. 80%

【解析】核心负债比=核心负债期末余额/总负债期末余额×100%，该比率不得低于60%。

29. 核心负债比中核心负债的定义为(　　)。

A. 活期存款的50%以及距到期日3个月以上(含)定期存款和发行债券

B. 活期存款以及距到期日6个月以上(含)定期存款和发行债券

C. 活期存款的50%以及距到期日6个月以上(含)定期存款和发行债券

D. 活期存款以及距到期日3个月以上(含)定期存款和发行债券

【解析】根据《商业银行风险监管核心指标》，核心负债是指距到期日三个月以上(含)定

25C　26A　27A　28C　29A

期存款和发行债券以及活期存款的50%。

30. 商业银行通过假设自身3个月的收益率变化增加/减少20%的情况进行流动性测算，以确保商业银行储备足够的流动性来应付可能出现的各种极端状况的方法属于(　　)。

A. 敏感性分析　　B. 情景分析　　C. 信号分析　　D. 压力测试

【解析】压力测试是根据不同的假设情况(可量化的极端范围)进行流动性测算，以确保商业银行储备足够的流动性来应付可能出现的各种极端情况。

31. 在计算流动性匹配率时，(　　)天以内的存放同业、拆放同业及买入返售的折算率为0。

A. 3　　B. 7　　C. 14　　D. 28

【解析】流动性匹配率的计算公式为：流动性匹配率 = 加权资金来源/加权资金运用 × 100%。其中，加权资金运用包括各项贷款、存放同业、拆放同业、买入返售(不含与中央银行的交易)、投资同业存单、其他投资等项目。7天以内的存放同业、拆放同业及买入返售的折算率为0。

二、多选题(下列选项中有两项或两项以上符合题目的要求)

1. 中国商业银行体系的流动性风险宏观经济因素主要包括(　　)。[2018年10月真题]

A. 贷款投放　　B. 财政存款　　C. 通货膨胀　　D. 外汇占款

E. 现金支取

【解析】除了一般性的流动性与流动性风险的特点外，中国商业银行的流动性波动及流动性风险也具有自身独有的特点。中国商业银行体系的流动性在宏观影响因素、货币政策传导上具有自身独有的特点。宏观经济因素主要包括外汇占款、贷款投放、现金支取和财政存款四个因素。

2. 商业银行的净稳定资金比例(NSFR)指标和存贷比指标的区别有(　　)。[2016年11月真题]

A. NSFR指标是短期流动性指标，而存贷比指标是单纯的信贷指标

B. NSFR是现状指标，而存贷比是预期指标

C. NSFR指标包括全部的资产负债表，而存贷比指标只涉及存款贷款

D. NSFR指标设计了资产负债的稳定性权重，存贷比指标只考虑总量

E. NSFR指标要求大于100%，而存贷比指标要求不高于75%

【解析】A项，NSFR和存贷比均属于计量流动性风险的长期结构性指标。B项，存贷比 = 调整后贷款余额/调整后存款余额 × 100%，该式的分子分母均不需估算，因此存贷比指标是现状指标；而NSFR = 可用稳定资金/所需稳定资金 × 100%，其中，分母“所需稳定资金”即估算在持续1年的流动性紧张环境中，无法通过自然到期、出售或抵押借款而变现的资产数量，因此NSFR是预期指标。

3. 下列做法可能导致商业银行面临较高流动性风险的有(　　)。[2016年5月真题]

A. 以核心存款作为贷款的主要资金来源　　B. 将大量短期借款用于长期贷款

C. 保持资产与负债币种匹配　　D. 将贷款集中于几个优势行业

30D　31B　▎　1ABDE　2CDE　3BD

E. 在日常经营中持有足够水平的流动资金

【解析】B项，商业银行最常见的资产负债期限错配情况是将大量短期借款(负债)用于长期贷款(资产)，即“借短贷长”，如果这种期限错配严重失衡，则有可能因到期资产所产生的现金流入严重不足造成支付困难，从而面临较高的流动性风险；D项，如果商业银行的贷款过度集中于某个行业或某类金融产品，则一旦出现不利的市场情况时，必然遭受巨大损失乃至破产倒闭。

4. 下列影响商业银行资产负债期限结构的情形有(　　)。[2016年5月真题]

A. 贷款偿还　　B. 每日客户存取款

C. 贷款发放　　D. 资金交易

E. 基准利率变化

【解析】除了每日客户存取款、贷款发放/归还、资金交易等会改变商业银行的资产负债期限结构外，存贷款基准利率的调整也会导致其资产负债期限结构发生变化。其他诸如股票市场投资收益率上升时，存款人倾向于将资金从银行转到股票市场，而借款人可能会推进新的贷款请求或加速提取那些支付低利率的信贷额度，也将对商业银行的流动性状况造成影响。

5. 在其他条件不变的情况下，某大型国有商业银行的下列做法中，通常有助于降低该行流动性风险的做法有(　　)。[2015年10月真题]

A. 将授信投放集中于房地产行业

B. 积极争揽中型、小型企业存款

C. 以大型企业的大额资金作为负债的主要来源

D. 以个人客户资金作为负债的主要来源

E. 在客户种类和资金到期日上适当均衡分布

【解析】A项，商业银行应当维持资金来源的多样化及稳定性，避免资金来源过度集中于个别对手、产品或市场。BC两项，大额公司/机构存款的变动对商业银行流动性的冲击尤为显著，积极开拓中小企业客户存款，有助于显著分散和降低流动性风险。D项，通常，零售性质的资金(如居民储蓄)因为其资金来源更加分散、同质性更低，相比批发性质的资金(如同业拆借、公司存款)具有更高的稳定性。因此，以零售资金来源为主的商业银行，其流动性风险相对较低。E项，商业银行应当根据自身情况，控制各类资金来源的合理比例，并适度分散客户种类和资金到期日。

6. 商业银行的流动性风险管理应当重点关注资产负债的(　　)匹配。[2015年10月真题]

A. 分布结构　　B. 利率结构　　C. 币种结构　　D. 产品结构

E. 期限结构

【解析】商业银行流动性风险管理的核心是要尽可能地提高资产的流动性和负债的稳定性，并在两者之间寻求最佳的风险－收益平衡点，应该重点关注资产负债期限结构、资产负债币种结构以及资产负债分布结构的匹配。

7. 下列关于商业银行流动性风险与各类主要风险关系的表述，正确的有(　　)。[2015年

4ABCDE　5BDE　6ACE　7ABCD

5 月真题]

A. 良好的声誉有助于商业银行以合理的成本获得所需的资金，从而改善其流动性

B. 制定和实施新战略、推广新产品/业务之前，应当评估流动性可能造成的影响

C. 市场风险会影响投资组合的收益，并因此造成流动性波动

D. 重大的操作风险损失可能对流动性造成显著影响

E. 承担较高的信用风险有助于降低流动性风险

【解析】E 项，商业银行承担过高的信用风险可能导致不良贷款及违约损失大幅上升，贷款收益显著下降，从而增加流动性风险。

8. 在商业银行的流动性管理应急计划中应当包括(　　)等方面的内容。[2014 年 11 月真题]

A. 明确在危机情况下各部门的分工和应采取的措施

B. 弥补现金流量不足的工作程序

C. 如何维持良好的公共关系，树立积极的公众形象

D. 制定在危机情况下对资产和负债的处置措施

E. 如何处理与利益持有者之间的关系

【解析】流动性应急计划主要包括两方面内容：①危机处理方案，规定各部门沟通或传输信息的程序，明确在危机情况下各自的分工和应采取的措施，以及制定在危机情况下资产和负债的处置措施；②弥补现金流量不足的工作程序。流动性应急计划具体应包括六部分内容：职能分工、预警指标、应急措施、沟通披露、计划演练、审批更新。A 项属于职能分工；BD 属于应急措施；CE 属于沟通披露。

9. 适时发现可能预示即将发生流动性风险的预警信号，有助于商业银行及时采取措施降低流动性风险。下列可被认为是商业银行流动性风险预警信号的有(　　)。[2014 年 6 月真题]

A. 银行发行的股票价格异常下跌

B. 市场上愿意提供融资的交易对手数量减少

C. 银行发行的可流通债券(包括次级债)的交易量显著增加，且买卖利差扩大

D. 银行评级下调

E. 资产质量恶化

【解析】银行如果持续性忽视预警指标，并在预警信号产生期间不积极建立流动性储备，则容易成为触发流动性危机的主要原因。流动性风险预警信号包括：①银行收入下降；②资产质量恶化，如不良资产的增加；③银行评级下调；④无保险的存款、批发融资或资产证券化的利差扩大；⑤股价大幅下跌；⑥资产规模急速扩张或收购规模急剧增大；⑦无法获得市场借款。

10. 下列可被认为是商业银行短期流动性风险三级预警信号的有(　　)。[2013 年 11 月真题]

A. 本外币备付率连续一周低于 1%

B. 存款短时间内持续大幅下降超过存款总规模的 20%

C. 本外币超额准备金率连续一周低于 1.5%

D. 市场出现恐慌性挤兑

8ABCDE　9ABCDE　10ABDE

E. 市场融资能力下降，出现支付危机

【解析】商业银行短期流动性风险三级预警信号包括：①本外币备付率连续一周低于1%；②存款短时间内持续大幅下降超过存款总规模的20%；③市场出现恐慌性挤兑；④一周到期现金流不足存款总额的1%；⑤市场融资能力下降，出现支付危机。C项属于商业银行短期流动性风险二级预警信号。

11. 商业银行保持合理的资产负债分布结构有助于降低流动性风险，下列做法恰当的有(　　)。[2013年6月真题]

A. 制定适当的债务组合，与主要资金提供者建立稳健持久的关系

B. 适度分散客户种类和资金到期日

C. 关注贷款对象、时间跨度、还款周期等要素的分布结构

D. 保持合理的资金来源结构

E. 根据本行的业务特点持有合理的流动资产组合

【解析】商业银行应通过以下方法保持合理的资产负债分布结构：①根据自身情况，控制各类资金来源的合理比例，并适度分散客户种类和资金到期日；②在日常经营中持有足够水平的流动资金，并根据本行的业务特点持有合理的流动资产组合，作为应付紧急融资的储备；③制定适当的债务组合以及与主要资金提供者建立稳健持久的关系，以维持资金来源的多样化及稳定性，避免资金来源过度集中于个别对手、产品或市场；④制定风险集中限额，并监测日常遵守的情况；⑤商业银行的资金使用应注意交易对象、时间跨度、还款周期等要素的分布结构。

12. 商业银行的资产负债期限结构是指在未来特定时段内，(　　)的构成状况。

A. 现金流入与现金流出　　B. 长期资产数量与长期负债数量

C. 敏感性资产数量与敏感性负债数量　　D. 到期资产与到期负债

E. 流动性资产数量与流动性负债数量

【解析】商业银行的资产负债期限结构是指在未来特定时段内，到期资产(现金流入)与到期负债(现金流出)的构成状况。

13. 流动性风险是(　　)引发的次生风险。

A. 信用风险　　B. 市场风险　　C. 操作风险　　D. 策略风险

E. 外汇风险

【解析】流动性风险成因的复杂性决定了它既可以是资产负债期限结构不匹配等因素引发的直接风险，也可能是由于信用风险、市场风险、操作风险、声誉风险、策略风险、集中度风险以及国别风险等引发的次生风险。

三、案例题

2013年6月3日，A银行总行资产负债管理委员会(ALCO)会议上，资产负债管理部总经理严厉指出，我行流动性覆盖率指标(LCR)仅为74%，已经跌破监管红线，不能仅为业务部门的盈利目标而忽视流动性风险管理，目前金融同业业务线未来一个月内现金流负缺口太大，必须降低流动性风险敞口，否则可能面临流动性危机。

11ABCDE　12AD　13ABCD

6月5日，A银行日间现金流管理出现问题，出款按时划出，但几笔进款未能按时到账，导致日终(17:00)在央行备付金账户出现30亿的透支额。

5月30日至6月11日A银行备付金情况参见表7-1。

表7-1

日期2013年	全行备付金	总行备付金	总存款
5月30日	350	60	23000
6月1日	280	75	23250
6月2日	260	65	23100
6月3日	330	70	23050
6月4日	340	66	22990
6月5日	230	-30	22800
6月6日	330	100	22950
6月7日	350	120	22900
6月8日	330	90	22980
6月9日	400	80	23050
6月10日	375	85	22960
6月11日	380	88	22990

6月20日，随着大型商业银行加入借钱大军，市场“平头存、防透支、现金为王”气氛升温，隔夜拆借利率飙升578基点，达到13.44%，各期限利率全面上升，“钱荒”进一步升级。

根据以上案例描述，回答下列7小题。

(1)A银行LCR指标已跌破监管红线，根据监管要求，LCR监管红线是(　　)。(单选题)

A. 90%　　B. 110%　　C. 100%　　D. 120%

【解析】商业银行的流动性覆盖率(LCR)的最低监管标准为不低于100%。在流动性覆盖率低于100%时，银行业监督管理机构将要求商业银行提交流动性风险分析报告，报告应包括导致流动性覆盖率降至最低监管标准以下的原因、持续时间预测、严重程度、银行是否能在短期内采取补救措施等多方面因素进行分析。监管部门将着重分析商业银行的整体稳健程度和风险状况，合格优质流动性资产减少的幅度、持续时间和频率，以及其他应急资金来源的可获得性并视情况采取一系列应对措施。

(2)6月6日后，A银行在“钱荒”中面临的最突出的内部管理问题是(　　)。(单选题)

A. 同业交易对手单一

B. 未来一个月内现金流负缺口太大

C. 在央行的备付金不足

D. 利率迅速飙升到13.44%，市场同业“现金为王”

【解析】金融同业业务线未来一个月内现金流负缺口太大，在“钱荒”中无疑会使A银行雪上加霜，面临流动性危机。

(1)C　(2)B

(3)如果上表中所示年份为2016年，按照2016年的央行备付金管理规定，下列表述正确的有(　　)。(多选题)

A. 如果6月5日央行备付金账户透支额为－250亿元，则为违规

B. 6月5日央行备付金账户－30亿元不违规

C. 6月5日央行备付金账户－30亿元为透支违规

D. 按照央行的监管频度，上表中总行平均备付率应是按旬计算

E. 按照央行的监管频度，上表中总行平均备付金是72.10亿元

【解析】超额备付金率＝(在中国人民银行的超额准备金存款＋库存现金)/各项存款，该指标不得低于2%，通常为2%～5%。A项，若6月5日央行备付金账户透支额为－250亿元，则超额备付金率＝[230＋(－250)]/22800＜0，违规；BC两项，6月5日央行备付金账户－30亿元时，超额备付金率＝[230＋(－30)]/22800×100%≈0.88%，低于监管标准，属于违规；D项，备付率一般按月度监测，日常流动性风险管理中则按日监测；E项，总行平均备付金＝[60＋75＋65＋70＋66＋(－30)＋100＋120＋90＋80＋85＋88]/12≈72.42(亿元)。

(4)A银行要降低流动性风险敞口，在“钱荒”期间其合适的措施有(　　)。(多选题)

A. 缩短资产久期，增强资产流动性

B. 拉长负债久期，付出一定成本缓解流动性压力

C. 缩短负债久期，避免成本增高

D. 控制金融同业业务的资产负债久期差

E. 拉长资产久期，提高资产盈利能力

【解析】在“钱荒”期间，整个市场流动性不足，利率有上升趋势，此时如果资产久期越长，资产与负债价值变动的幅度越大，利率风险也就越高，应缩短资产久期，加快资产的回收，增强资产的流动性；同时拉长负债久期，缓解流动性压力；并注意控制金融同业业务的资产负债久期差，使其处于合理范围之内。

(5)LCR旨在确保商业银行具有充足的合格流动性资产，能够在国务院银行业监督管理机构规定的流动性压力情景下，通过变现这些资产满足未来至少(　　)日的流动性需求。(单选题)

A. 10　　B. 20　　C. 60　　D. 30

【解析】流动性覆盖率(LCR)旨在确保商业银行具有充足的合格优质流动性资产，能够在国务院银行业监督管理机构规定的流动性压力情景下，通过变现这些资产满足未来至少30日的流动性需求。流动性覆盖率的计算公式为：流动性覆盖率＝

$$\frac{\text{合格优质流动性资产}}{\text{未来30日现金净流出量}}\times 100\%。$$

(6)下列对商业银行流动性风险管理的方法中，能使商业银行形成合理的资金来源和资产负债分布结构，以获得稳定的、多样化的现金流量，降低流动性风险的方法有(　　)。(多选题)

A. 制定适当的债务组合以及与主要的资金提供者建立稳健持久的关系，以维持资金来

(3)AC　(4)ABD　(5)D　(6)ABCE

源的稳定性与多样化

B. 在日常经营中持有足够水平的流动资金，持有合理的流动资产组合，作为应付紧急融资的储备

C. 控制各类资金来源的合理比例，适度分散客户种类和资金到期日

D. 以同业负债、发行票据等这类性质的资金作为商业银行资金的主要来源，因为其资金来源更加分散

E. 制定风险集中限额，监测日常遵守的情况

【解析】D 项，通常，零售性质的资金(如居民储蓄)因为其资金来源更加分散、同质性更低，相比批发性质的资金(如同业拆借、公司存款)具有更高的稳定性。因此，以零售资金来源为主的商业银行，其流动性风险相对较低。

(7)下列关于我国商业银行流动性监管主要指标的描述，正确的有(　　)。(多选题)

A. 商业银行的流动性覆盖率不低于 150%

B. 商业银行的净稳定资金比例不低于 100%

C. 商业银行的流动性比例不低于 25%

D. 商业银行的核心存款比不低于 25%

E. 商业银行的贷存比不高于 75%

【解析】A 项，商业银行的流动性覆盖率的最低监管标准为不低于 100%；D 项，监管部门并未对商业银行的核心存款比提出要求。

---

(7)BCE

第八章　国别风险管理

一、单选题(下列选项中只有一项最符合题目的要求)

1. 下列关于国别风险限额和集中度管理的表述，最不恰当的是(　　)。[2023 年 10 月真题]

A. 经济资本限额的设定旨在合适地分配及控制某国家或地区所使用的的经济资本
B. 敞口限额的设定旨在控制某国家或地区敞口的持有量，以防止头寸过分集中
C. 国别限额依据国别风险、业务机会两个因素确定
D. 国别风险敞口限额考虑风险转移后的最终风险敞口，即净敞口限额

【解析】C 项，国别风险限额可依据国别风险、业务机会和国家(地区)重要性三个因素确定。

2. 某一国家或地区的还款能力出现明显问题，对该国家或地区的贷款本息或投资可能会造成一定损失，这种状况应当划分为(　　)。[2017 年 10 月真题]

A. 较低国别风险　B. 低国别风险　C. 较高国别风险　D. 中等国别风险

【解析】国别风险应当至少划分为低、较低、中等、较高、高五个等级，其中，中等国别风险是指某一国家或地区的还款能力出现明显问题，对该国家或地区的贷款本息或投资可能会造成一定损失。

3. 在商业银行国别风险管理中，(　　)的设定旨在控制某国家或地区敞口的持有量，以防止头寸过分集中于某一国家或地区。[2017 年 10 月真题]

A. 交易对手限额　B. 经济资本限额　C. 敞口限额　D. 期限限额

【解析】国别限额类型有敞口限额和经济资本限额。敞口限额的设定旨在控制某国家或地区敞口的持有量，以防止头寸过分集中于某一国家或地区。经济资本限额的设定旨在合适地分配及控制某国别或地区所使用的经济资本，以防某一国家或地区占用过高的经济资本，超出银行可以承受的范围。

4. 某笔 1000 万美元贷款的借款人在开曼群岛注册成立，经营资产和实际业务均在泰国，主要原材料来自俄罗斯，产品主要销往英国。该笔业务敞口风险主体最终所属国为(　　)。[2017 年 10 月真题]

A. 泰国　B. 开曼群岛　C. 英国　D. 俄罗斯

【解析】主体所在国家(地区)，对于非个人，一般是指主体注册成立的国家。但当直接风险主体是空壳公司或特殊目的公司(SPV)，比如注册在开曼群岛、维尔京群岛等离岸金融中心或其他金融中心的客户，则其所在地为从事实际经营活动的地区或其管理机构的所在地。

5. 商业银行的下列风险评级中，评级结果不包含违约概率的是(　　)。[2016 年 11 月真题]

1C　2D　3C　4A　5A

A. 国别评级　　B. 主权评级　　C. 法人客户评级　　D. 个人客户评级

【解析】国别评级反映一国(地区)政治、经济、财政、金融、国际收支、制度运营等的综合风险程度。国别风险等级仅表示排序，不代表违约率。

6. 国别风险不同于商业银行所面临的一般风险。据此，下列表述错误的是(　　)。[2014年11月真题]

A. 国别风险产生或存在于跨国的经济、金融和贸易活动中

B. 国别风险不可以转移

C. 国别风险是和国家主权密切相关的风险

D. 国别风险是由不可抗拒的国外风险因素造成的

【解析】B项，商业银行可以通过投保国别风险保险来转移风险。投保人通过支付一定的保费将所承担的国别风险转移给承保人。承保机构有由各国政府开办或代表政府的出口信用机构以及国际多边担保机构、其他商业性保险公司。

7. 在国别风险的主要类型中，最基本和最重要的是(　　)。

A. 主权风险　　B. 政治风险　　C. 传染风险　　D. 转移风险

【解析】国别风险的主要类型包括转移风险、主权风险、传染风险、货币风险、宏观经济风险、政治风险、间接国别风险七类。国别风险考虑的风险因素很复杂，最基本和最重要的是转移风险。

8. 下列关于国别风险的表述，正确的是(　　)。

A. 在风险管理实践中，声誉风险管理属于操作风险管理的范畴

B. 国别风险仅存在于国际资本市场业务中

C. 转移风险是国别风险的主要类型之一

D. 资产被国有化不会引发国别风险

【解析】A项，在风险管理实践中，操作风险包括法律风险，但不包括策略风险和声誉风险；B项，国别风险存在于授信、国际资本市场业务、设立境外机构、代理行往来和由境外服务提供商提供的外包服务等经营活动中；D项，国别风险可能由一国或地区经济状况恶化、政治和社会动荡、资产被国有化或被征用、政府拒付对外债务、外汇管制或货币贬值等情况引发。

9. 用应付未付外债总额与当年出口收入之比衡量一国长期资金的流动性，一般的限度为(　　)。

A. 60%　　B. 80%　　C. 100%　　D. 120%

【解析】应付未付外债总额与当年出口收入之比可以用来衡量一国长期资金的流动性，一般的限度为100%。高于这个限度说明该国的长期资金流动性差，因而风险也较高。

10. 国际收支逆差与国际储备之比超过(　　)，说明风险较大。

A. 80%　　B. 100%　　C. 120%　　D. 150%

【解析】国际收支逆差与国际储备之比反映以一国国际储备弥补其国际收支逆差的能力，一般限度是150%，超过这一限度说明风险较大。

6B　7D　8C　9C　10D

11．国别风险的评估指标不包括(　　)。

A．数量指标　　B．等级指标　　C．规模指标　　D．比例指标

【解析】国别风险的评估指标主要包括三种：数量指标、比例指标和等级指标。这三项指标是对国别风险关键因素的不同方面进行衡量。

12．在评估国别风险时，不需要考虑的因素有(　　)。

A．经济的定量因素　　B．政治的定性因素

C．文化的定性因素　　D．社会状况的定量因素

【解析】在评估国别风险时，商业银行应当充分考虑一个国家或地区经济、政治和社会状况的定性和定量因素。

13．日常国别风险信息监测应遵循的原则不包括(　　)。

A．完整性　　B．独立性　　C．及时性　　D．相关性

【解析】日常国别风险信息监测应遵循完整性、独立性和及时性原则。完整性是指应该收集全部的风险信息，对所有的可能会产生负面影响、提高银行风险的信息都应该关注整理；独立性是指在处理收集的信息时，应保证独立性，不能因为主观或其他原因而使收集到的信息有失公允；及时性是指保证信息的时效性，保证在发生国别风险事件的第一时间收集信息，从而在第一时间做出预警措施。

14．关于国别风险预警和应急处置，下列说法错误的是(　　)。

A．加强风险预测需要增加应急预警系统风险防范的主动性、前瞻性、有效性

B．对应急预警体系开展更新和调整应遵循控制为主、预防为辅的原则

C．预警等级应有完整严格的书面制度

D．应急处置方案应针对不同的预警等级，由不同层级机构或部门负责处置

【解析】B项，在系统运行过程中，应当根据经验与实际运行结果，本着预防为主、控制为辅，加强事前预测、减少事后管理的原则，对应急预警体系开展更新和调整，增强风险预测能力。

二、多选题(下列选项中有两项或两项以上符合题目的要求)

1．国别风险评级指标体系分为政治环境、经济环境、财政实力、(　　)等几个方面。[2017年10月真题]

A．金融环境　　B．经商环境　　C．国际收支　　D．居住环境

E．旅游环境

【解析】国别评级反映一国(地区)政治、经济、财政、金融、国际收支、制度运营等的综合风险程度。

2．商业银行面临的国别风险存在于(　　)经营活动中。[2022年7月真题]

A．代理行往来　　B．由境外服务提供商提供的外包服务

C．设立境外机构　　D．国际资本市场业务

E．对“一带一路”国家的授信

【解析】国别风险存在于授信、国际资本市场业务、设立境外机构、代理行往来和由境外

11C　12C　13D　14B　▌　1AC　2ABCDE

服务提供商提供的外包服务等经营活动中。

3. 商业银行对国别风险的计量方法应满足的要求有(　　)。
A. 能够覆盖所有风险暴露和不同类型的风险
B. 能够覆盖所有重大风险暴露和不同类型的风险
C. 能够根据风险的分散情况计量国别风险
D. 能够在单一和并表层面按国别计量风险
E. 能够根据有风险转移及无风险转移情况分别计量国别风险

【解析】商业银行应当根据本机构国别风险类型、暴露规模和复杂程度选择适当的计量方法。计量方法应当至少满足以下要求：①能够覆盖所有重大风险暴露和不同类型的风险；②能够在单一和并表层面按国别计量风险；③能够根据有风险转移及无风险转移情况分别计量国别风险。

4. 主权评级结果将作为(　　)的基础。
A. 主权客户授信　B. 限额　C. 政策制定　D. 风险监测
E. 境外客户授信

【解析】主权评级结果将作为主权客户授信、限额、政策制定以及风险监测等的基础。E项，国别评级结果主要作为国别限额设定、境外客户授信、贷款分类、国别准备金计提等的基础。

5. 国别风险评级指标体系分为金融环境、制度运营环境、(　　)等几个方面。［2023年10月真题］
A. 财政实力　B. 居住环境
C. 国际收支及外债水平　D. 生态环境
E. 政治和经济环境

【解析】国别风险评级模型指标的筛选通常遵循以下原则：一是均衡覆盖政治、经济、财政、金融、外部收支和运营环境等模块，每个方面基本都要有定量和定性指标；二是模型指标不可太多，根据各机构实践，以20个左右为宜，以免降低每个指标的相对重要性，减少模型解释力；三是平衡考虑指标在统计上的显著性和指标的经济意义。

6. 下列关于国别限额的说法，正确的有(　　)。
A. 国别限额可依据国别风险、业务机会和国家(地区)重要性三个因素确定
B. 业务机会表示商业银行在某国可能的业务量相对大小
C. 国家(地区)重要性是指商业银行在该国业务对银行整体发展战略、经营收益的相对重要性
D. 国别风险越高，国别限额越低
E. 同等国别风险下，业务机会越大，国别限额越低

【解析】E项，设定国别限额与各国的业务机会大小有关，同等国别风险下，业务机会越大，限额也相应增加。商业银行在各国的业务机会是不同的，可以根据各国GDP规模、与我国双边贸易额及我国对该国的直接投资额等代表因素来判定其业务机会。

3BDE　4ABCD　5ACE　6ABCD

7．为有效规避和缓释业务所涉国别风险，应做到(　　)。

A．“了解你的客户”及所在国家(地区)风险

B．对贷款采取结构性的安排

C．以银团贷款方式分散风险

D．建立国别风险黑名单，对黑名单国家实行禁入或经批准才可准入

E．严守集中度限额，减少对高和较高风险国家的业务

【解析】除了 ABCDE 五项外，为有效规避和缓释业务所涉国别风险，还应做到：①通过投保国别风险保险来转移风险；②增加风险较低的第三国母公司或银行的担保或承兑；③吸引世界银行、亚洲开发银行等有政治影响力的多边金融机构参与项目；④合同中增加保护条款，一旦触发，未提款的合约不再提款，已提款的合约需提前还款；⑤项目收入币种与贷款币种存在错配时，除了通常的套期保值方式外，可对资金的筹措、发放、收回约定币种。

7ABCDE

第九章　声誉风险与战略风险管理

一、单选题（下列选项中只有一项最符合题目的要求）

1. 对商业银行声誉风险进行有效管理的最佳做法是（　　）。［2022 年 7 月真题］
A. 声誉风险管理应主要针对高管言行和理财产品
B. 声誉风险管理应全面覆盖商业银行的各种行为
C. 声誉风险管理应重在对银行内部控制制度建设
D. 声誉风险管理应主要针对高管言行和新闻媒体
【解析】《商业银行声誉风险管理指引》要求商业银行声誉风险管理应当全面覆盖商业银行的各种行为、经营活动和业务领域，督促商业银行规范声誉风险管理，引导商业银行完善全面风险管理体系，并通过审慎有效监管，保护广大存款人和消费者的利益。

2. 我国商业银行之间的竞争日趋激烈，普遍面临着收益下降、产品/服务成本增加、产品/服务过剩的发展困局。为有效提升自身的长期竞争能力和优势，各商业银行应重视并强化（　　）的管理。［2019 年 6 月真题］
A. 声誉风险　　B. 市场风险　　C. 战略风险　　D. 信用风险
【解析】商业银行战略风险是在经济全球化、金融市场快速发展、监管环境日趋严格的大背景下逐步提出、研究和获得重视的。一般认为，商业银行战略风险是指由于对战略环境判断不准确、战略制定不适当、战略执行出现重大偏差，或当外部环境发生变化而未能及时正确应对，而导致不能正确执行本行战略或对银行自身经营发展产生重大影响的风险。战略风险管理一般是指针对战略的分析、制定、执行、评价等，通过风险识别、评估、控制、监测和报告等管理过程，确保本行战略得到正确制定和有效执行，且能敏锐和合理应对外部形势变化。

3. 商业银行正确处理投诉和批评对于维护其声誉至关重要。据此，下列描述最不恰当的是（　　）。［2016 年 5 月真题］
A. 商业银行应当将接受投诉和批评看作与客户/公众沟通的好时机
B. 商业银行应当学会从投诉和批评中积累声誉风险的早期预警经验
C. 商业银行应当能够准确预测投诉/批评可能造成的风险损失及影响
D. 商业银行应当能够通过投诉和批评，深入发掘自身潜在的风险
【解析】商业银行在运营和发展过程中，出现某些错误是不可避免的，但及时改正并且正确处理投诉和批评至关重要，有助于商业银行提高金融产品/服务的质量和效率。恰当处理投诉和批评对于维护商业银行的声誉固然重要，但是商业银行不能将工作仅停留在解决问题的层面上，通过接受利益持有者的投诉和批评，深入发掘商业银行的潜在风险，才更具价值。商业银行应当从投诉和批评中积累早期声誉风险预警经验。C 项，风险管理人员应当有能力分析和判断投诉的起因、规模、趋势、规律与潜在风险之间的相关性，

1B　2C　3C

但无法做到准确预测。

4. 下列关于商业银行声誉风险的理解，最恰当的是(　　)。[2016 年 5 月真题]
A. 声誉风险通过整体的、系统化的方法来管理
B. 声誉风险无法通过加强内部控制来避免
C. 声誉风险不会损害到银行的经济价值
D. 声誉风险与其他风险不具有相关性

【解析】商业银行所面临的风险，不论是正面的还是负面的，都必须通过系统化方法管理，因为几乎所有风险都可能影响商业银行声誉，因此声誉风险也被视为一种多维风险。商业银行只有从整体层面认真规划、管理声誉风险，制定明确的运营规范、行为方式和道德标准，并切实贯彻和执行，才能有效管理和降低声誉风险。

5. 商业银行应当通过系统化的管理方法降低声誉风险可能给商业银行造成的损失。以下对声誉风险管理的认识，最不恰当的是(　　)。[2022 年 7 月真题]
A. 商业银行面临的几乎所有风险都可能危及自身声誉
B. 声誉风险可以通过历史模拟法进行计量和监测
C. 所有员工都应当深入理解风险管理理念，恪守内部流程，减少可能造成声誉风险的因素
D. 有效的声誉风险管理是有资质的管理人员、高效的风险管理流程和现代信息技术共同作用的结果

【解析】B 项，历史模拟法是计量和监测市场风险的方法，截至目前，国内外金融机构尚未开发出有效的声誉风险管理量化技术。

6. 下列战略风险管理措施中，不具有前瞻性、预防性特征的是(　　)。[2023 年 6 月真题]
A. 将最佳的风险管理办法转变为商业银行的既定政策和原则
B. 定期评估威胁商业银行的风险因素，及早采取有效措施减少或杜绝各类风险隐患
C. 对风险造成的损失进行最大程度的控制
D. 从应急性的风险管理操作转变为预防性的风险管理规划

【解析】一般认为，商业银行战略风险是指由于对战略环境判断不准确、战略制定不适当、战略执行出现重大偏差，或当外部环境发生变化而未能及时正确应对，而导致不能正确执行本行战略或对银行自身经营发展产生重大影响的风险。战略风险管理一般是指针对战略的分析、制定、执行、评价等，通过风险识别、评估、控制、监测和报告等管理过程，确保本行战略得到正确制定和有效执行，且能敏锐和合理应对外部形势变化。C 项属于事后控制措施。

7. 商业银行将(　　)和经营目标结合起来，是创造公共透明度、维护商业银行声誉的一个重要层面。[2019 年 6 月真题]
A. 领导能力　　B. 企业社会责任　　C. 盈利能力　　D. 战略发展计划

【解析】将商业银行的企业社会责任和经营目标结合起来，是创造公共透明度、维护商业银行声誉的一个重要层面。商业银行应当不仅在其内部广泛传播价值理念，也应当将这

4A　5B　6C　7B

种价值观延续到其合作伙伴、客户和供应商/服务商，并在整个经济和社会环境中，树立富有责任感并值得信赖的机构形象。

8. 商业银行有效的战略风险管理应当确保其长期战略、短期目标、（ ）和可利用资源紧密联系在一起。[2013 年 11 月真题]

A. 风险管理措施　B. 员工利益　C. 连续营业方案　D. 资本实力

【解析】有效的战略风险管理流程应当确保商业银行的长期战略、短期目标、风险管理措施和可利用资源紧密联系在一起。与声誉风险相似，战略风险产生于商业银行运营的所有层面和环节，并与市场风险、信用风险、操作风险和流动性风险等交织在一起。

9.《商业银行资本管理办法（试行）》是何时正式施行的？（ ）[2013 年 11 月真题]

A. 2018 年 12 月 31 日　B. 2013 年 1 月 1 日

C. 2012 年 7 月 1 日　D. 2012 年 6 月 7 日

【解析】2012 年 6 月 7 日，原中国银监会正式发布《商业银行资本管理办法（试行）》，自 2013 年 1 月 1 日开始施行。

10. 商业银行的声誉危机管理应当建立在（ ）的基础上，而且如果能够在监管部门采取行动之前妥善处理，将取得更好的效果。[2013 年 11 月真题]

A. 良好的内部控制和机构利益　B. 良好的道德规范和公众利益

C. 良好的道德规范和股东利益　D. 维护股东利益

【解析】传统上，商业银行的危机管理主要采用“辩护或否认”的对抗战略推卸责任，但往往招致更强烈的对抗行动。如今更加具有建设性的危机处理方法是“化敌为友”，敢于面对暂时性的危机或挑战，勇于承担责任并与内外部利益持有者协商解决问题，以缓解利益持有者的持续对抗。因此，声誉危机管理应当建立在良好的道德规范和公众利益的基础上，而且如果能够在监管部门采取行动之前妥善处理，将取得更好的效果。

11. 关于战略风险管理的基本做法，下列说法正确的是（ ）。[2012 年 10 月真题]

A. 增强对客户的透明度　B. 确保及时处理投诉和批评

C. 明确董事会和高级管理层的责任　D. 加强员工新媒体使用管理

【解析】战略风险管理的基本做法包括：①采取恰当的战略风险管理方法；②明确董事会和高级管理层的责任。AB 两项属于声誉风险的管理方法；D 项属于新媒体时代有效的声誉风险管理体系应包括的内容。

12. （ ）是指由商业银行经营、管理及其他行为或外部事件导致利益相关方对商业银行负面评价的风险。

A. 法律风险　B. 战略风险　C. 声誉风险　D. 操作风险

【解析】A 项，法律风险是指商业银行因日常经营和业务活动无法满足或违反法律规定，导致不能履行合同、发生争议/诉讼或其他法律纠纷而造成经济损失的风险；B 项，战略风险是指商业银行在追求短期商业目的和长期发展目标的过程中，因不适当的发展规划和战略决策给商业银行造成损失或不利影响的风险；D 项，操作风险是指由不完善或有问题的内部程序、员工、信息科技系统以及外部事件所造成损失的风险。

8A　9B　10B　11C　12C

13. 下列关于声誉风险管理的说法，不正确的是(   )。

A. 声誉危机管理规划给商业银行创造了价值

B. 加强员工新媒体使用管理不是声誉风险管理体系的内容之一

C. 声誉风险通常与信用、市场、操作、流动性等风险交叉存在、相互作用

D. 保持与媒体的良好接触有助于改善商业银行声誉管理的操作实践

【解析】B 项，加强员工新媒体使用管理，促使员工规范使用自媒体等新媒体平台，是商业银行声誉风险管理应对新媒体时代冲击的重要步骤。

14. 下列哪项不属于声誉风险管理流程的内容？(   )

A. 外部审计　　B. 声誉风险监测和报告

C. 声誉风险评估　　D. 声誉风险识别

【解析】商业银行应当建立清晰的声誉风险管理流程，用来一致、持久地识别、评估和监测每一个可能影响声誉的风险因素。清晰的声誉风险管理流程包括：①声誉风险识别；②声誉风险评估；③声誉风险监测和报告；④声誉风险控制和缓释。

15. 声誉风险通常与信用风险、市场风险、操作风险等风险(   )。

A. 相互排斥、互不共存　　B. 相互独立、互不影响

C. 交叉存在、互相作用　　D. 没有关系

【解析】声誉风险可能产生于商业银行运营的任何环节，通常与信用风险、市场风险、操作风险、流动性风险等风险交叉存在、相互作用。因此，声誉风险识别的核心是正确识别八大类风险中可能威胁商业银行声誉的风险因素。

16. 声誉风险管理部门应当将收集到的声誉风险因素按照(   )进行排序。

A. 影响程度和紧迫性　　B. 影响程度和时间先后

C. 时间先后和重要程度　　D. 时间先后和紧迫性

【解析】声誉风险管理部门应当将收集到的声誉风险因素按照影响程度和紧迫性进行优先排序。为此，商业银行需要明确界定对不同利益持有者所承担的责任，以及即将执行的决策可能产生的结果。

17. 处于声誉风险管理第一线的部门是(   )。

A. 声誉风险管理部门　　B. 声誉风险审计部门

C. 声誉风险监测部门　　D. 声誉风险评估部门

【解析】声誉风险管理部门处在声誉风险管理的第一线，应当随时了解各类利益持有者所关注的问题，并且正确预测他们对商业银行的业务、政策或运营调整可能产生的反应。

18. 客户被看作商业银行的核心资产，现在越来越多的商业银行将产品研发、未来发展计划向客户/公众告知，增强对客户/公众的透明度。这对声誉风险管理有什么意义？(   )

A. 提高商业银行的声誉

B. 增加客户对银行声誉风险管理的干预程度

C. 增加客户对商业银行声誉风险管理的了解程度

13B　14A　15C　16A　17A　18D

D. 广泛征求客户的意见，提早预知和防范新产品可能引发的声誉风险

【解析】客户应当被看作是商业银行的核心资产，而不仅仅是产品或服务的被动接受者。传统上，商业银行通常都会因为竞争关系而将很多信息秘而不宣，如今越来越多的商业银行将产品研发、未来发展计划向客户/公众告知，并广泛征求意见，以提早预知和防范新产品/服务可能引发的声誉风险。

19. 下列关于声誉危机管理规划的说法，正确的是(　　)。

A. 制定危机管理规划是声誉危机管理规划的主要内容之一

B. 危机管理应当采用“辩护或否认”的对抗战略

C. 声誉危机管理需要技能、经验以及全面细致的危机管理规划，以便为商业银行在危机情况下保全甚至提高声誉提供行动指南

D. 危机可能永远不会发生，所以声誉危机管理规划没有给商业银行创造附加价值

【解析】A 项，制定危机管理规划是声誉风险管理的具体做法之一；B 项，传统上，商业银行的危机管理主要采用“辩护或否认”的对抗战略推卸责任，但往往招致更强烈的对抗行动，如今更加具有建设性的危机处理方法是“化敌为友”；D 项，无论声誉危机何时发生，商业银行在系统制定声誉危机管理规划时，很多潜在风险就已经被及时发现并得到有效处理，因此，声誉危机管理规划能够给商业银行创造相当可观的附加价值。

20. 重大声誉事件发生后(　　)内向国务院银行业监督管理机构或其派出机构报告有关情况。

A. 6 小时　　B. 12 小时　　C. 1 天　　D. 3 天

【解析】商业银行应积极稳妥应对声誉事件，重大声誉事件发生后 12 小时内向国务院银行业监督管理机构或其派出机构报告有关情况。

21. 战略风险属于一种(　　)。

A. 短期的显性风险　　B. 短期的潜在风险

C. 长期的显性风险　　D. 长期的潜在风险

【解析】战略风险管理通常被认为是一项长期性的战略投资，实施效果需要很长时间才能显现。战略风险管理强化了商业银行对于潜在风险的洞察力，能够预先识别所有潜在风险以及这些风险之间的内在联系和相互作用，并尽可能在危机真实发生前就将其有效遏制。

22. 银行战略风险管理的主要作用是(　　)。

A. 提高银行的股东价值和银行知名度，保持银行的行业领先地位

B. 最大限度地避免经济损失，提高员工的业务熟练程度，提高银行知名度

C. 最大限度地避免经济损失，持久维护和提高商业银行的声誉与股东价值

D. 持久维护商业银行的声誉，提高员工的业务熟练程度，消除银行面临的市场风险

【解析】战略风险管理强化了商业银行对于潜在风险的洞察力，能够预先识别所有潜在风险以及这些风险之间的内在联系和相互作用，并尽可能在危机真实发生前就将其有效遏制。简而言之，战略风险管理能够最大限度地避免经济损失、持久维护和提高商业银

19C　20B　21D　22C

行的声誉与股东价值。

23. 商业银行的(　　)来源于其内部经营管理活动，以及外部政治、经济和社会环境的变化。

A. 流动性风险　　B. 法律风险　　C. 战略风险　　D. 操作风险

【解析】商业银行的战略风险来源于其内部经营管理活动，以及外部政治、经济和社会环境的变化，主要体现在四个方面：①商业银行战略目标缺乏整体兼容性；②为实现这些目标而制定的经营战略存在缺陷；③为实现目标所需要的资源匮乏；④整个战略实施过程的质量难以保证。

24. 战略风险管理的基本假设不包括(　　)。

A. 如果采取适当的措施，风险可以完全避免

B. 预防工作有助于避免或减少风险事件和未来损失

C. 准确预测未来风险事件的可能性是存在的

D. 如果对未来风险加以有效管理和利用，风险有可能转变为发展机会

【解析】商业银行致力于战略风险管理的前提，是理解并接受战略风险管理的基本假设：①准确预测未来风险事件的可能性是存在的；②预防工作有助于避免或减少风险事件和未来损失；③如果对未来风险加以有效管理和利用，风险有可能转变为发展机会。

25. 2009 年原银监会对战略风险的高、中、低风险给出了评判标准，下列哪一项不属于高风险的特征？(　　)

A. 战略目标缺失、不明确或未考虑业务环境的变化

B. 管理能力或现有资源不足以实现预定的策略目标

C. 管理层在新产品或服务决策、并购方面的以往表现一般

D. 企业文化定位与战略目标不一致

【解析】C 项为中风险的评判标准。

26. 董事会对战略风险管理的结果负有(　　)责任。

A. 间接　　B. 直接　　C. 最大　　D. 最终

【解析】董事会是战略风险管理的最高决策机构，对战略风险管理的结果负有最终责任。

27. 商业银行的战略规划应当定期审核或修正，以适应不断发展变化的市场环境。下列哪一种情况下，商业银行不需要调整战略规划？(　　)

A. 中国银行业实行全面的对外开放，竞争加剧

B. 房贷市场长期看好，但是遇到紧缩的货币政策，房贷产品计划推行不如预期

C. 中小企业逐渐成为市场经济的主要力量，而银行一直为大型国有企业提供贷款服务

D. 客户的结构发生变化，提出新的需求

【解析】战略规划应当定期审核或修正，以适应不断发展变化的市场环境和满足利益持有者的需求，同时最大限度地降低战略规划中的战略风险。B 项，产品的计划推行不如预期，其原因可能是经济环境不允许、经济政策不支持或规划方向有误等，如果仅是短期内的货币政策影响，房贷市场仍然长期看好，就不应视为战略有误，无须对长远战略

23C　24A　25C　26D　27B

规划进行调整。

28. 下列不属于战略风险识别宏观战略层面内容的是(　　)。
A. 资产投资组合中存在高风险、低收益的金融产品
B. 建立企业级风险管理信息系统的决策是否恰当
C. 接受或拒绝战略合作伙伴
D. 进入或退出市场的决策是否恰当

【解析】通常，战略风险可以从宏观战略层面、中观管理层面和微观执行层面进行识别。其中，在宏观战略层面，董事会和最高管理层必须全面、深入地评估商业银行长期战略决策中可能潜藏的战略风险。例如，进入或退出市场、提供新产品/服务、接受或拒绝战略合作伙伴、建立企业级风险管理信息系统等重要决策，应当保持长期内在一致性，并有助于支持短期目标的实现。A 项属于战略风险识别的中观管理层面的内容。

29. 下列属于战略风险识别中观管理层面内容的是(　　)。
A. 进入或退出市场的决策是否恰当
B. 资产投资组合中是否存在高风险、低收益的金融产品
C. 是否忽视对个人理财人员的职业技能和道德操守培训
D. 建立企业级风险管理信息系统的决策是否恰当

【解析】通常，战略风险识别可以从宏观战略层面、中观管理层面和微观执行层面三个层面入手。其中，在中观管理层面，业务领域负责人应当严格遵循商业银行的整体战略规划，最大限度地避免投资策略、业务拓展等涉及短期利益的经营/管理活动存在的战略风险。例如，违背董事会和最高管理层的风险偏好原则，倾向于选择高风险、高收益的业务，甚至是投资组合中存在高风险、低收益的金融产品。AD 两项属于宏观战略层面的风险识别；C 项属于微观执行层面的战略风险识别。

30. 商业银行的战略风险管理体系通常可以分解为宏观战略层面、中观管理层面和微观执行层面，战略风险也相应的潜藏于这三个层面之中。关于商业银行三个层面的战略风险，下列说法错误的是(　　)。
A. 具体岗位的风险管理政策和流程直接影响商业银行的业绩表现，因此必须定期严格审核或修订
B. 信用评级参数的设定、投资组合的选择/分布、市场营销计划等可能存在相当严重的战略风险
C. 进入/退出市场、提供新产品/服务、接受/放弃合作伙伴等长期战略决策可能存在巨大的战略风险
D. 战略风险管理规划不应经常审核或修订以免影响长期战略一致性

【解析】D 项，战略风险管理的最有效方法是制定以风险为导向的战略规划，并定期进行修正。虽然重大的战略规划/决策有时需要提请股东大会审议、批准，但并不意味着战略规划因此保持长期不变。相反，战略规划应当定期审核或修正，以适应不断发展变化的市场环境和满足利益持有者的需求，同时最大限度地降低战略规划中的战略风险。

28A　29B　30D

31. 下列哪一项属于商业银行面临的技术风险？(　　)

A. 产品研发失败

B. 我国金融业开放之后，行业竞争更加激烈

C. 银行的信息系统安全性存在风险

D. 银行缺乏独特的品牌形象

【解析】A 项属于项目风险；B 项属于行业风险；D 项属于品牌风险。

32. 激烈的行业竞争必然形成优胜劣汰，如果缺乏独特的品牌形象和吸引力，将可能遭遇严重的生存危机。品牌风险会影响到(　　)。

A. 商业银行的技术水平　　B. 商业银行的风险管理水平

C. 商业银行的业务创新水平　　D. 商业银行的盈利能力和业务发展空间

【解析】激烈的行业竞争必然形成优胜劣汰，产品/服务的品牌管理质量直接影响了商业银行的盈利能力和发展空间。

33. 对于风险发生的可能性高而且影响显著的战略风险，采取的措施是(　　)。

A. 采取必要的管理措施　　B. 密切关注

C. 尽量避免或高度重视　　D. 接受风险

【解析】在评估战略风险时，应当首先由商业银行内部具有丰富经验的专家负责审核一些技术性较强的假设条件；然后由战略管理/规划部门对各种战略风险的影响效果和发生的可能性作出评估，据此进行优先排序并制定具有针对性的战略实施方案，如表9－1所示。

表9－1　战略风险评估及实施方案

评估项目		风险发生的可能性		
		低	中	高
风险的影响	显著	采取必要的管理措施	必须采取管理措施、密切关注	尽量避免或高度重视
	中度	可接受风险、持续监测	应当采取管理措施	必须采取管理措施
	轻微	接受风险	可接受风险、持续监测	采取管理措施、持续监测

34. 有效的战略风险管理应当定期采取(　　)的方式，全面评估商业银行的愿景、短期目的以及长期目标，并据此制定切实可行的实施方案。

A. 从下至上　　B. 从上至下　　C. 由内到外　　D. 由外到内

【解析】战略风险涵盖了商业银行的发展愿景、战略目标以及当前和未来的资源制约等诸多方面的内容。因此，有效的战略风险管理应当定期采取从上至下的方式，全面评估商业银行的愿景、短期目的以及长期目标，并据此制定切实可行的实施方案，体现在商业银行的日常风险管理活动中。

35. 商业银行战略风险管理的最有效方法是(　　)，并定期进行修正。

A. 加强对风险的监测　　B. 制定长期固定的战略规划

31C　32D　33C　34B　35D

C. 制定战略风险的应急方案　　D. 制定以风险为导向的战略规划

【解析】战略风险管理的最有效方法是制定以风险为导向的战略规划，并定期进行修正。首先，战略规划应当清晰阐述实施方案中所涉及的风险因素、潜在收益以及可接受的风险水平，并且尽可能地将预期风险损失和财务分析包含在内；其次，战略规划必须建立在商业银行当前的实际情况和未来的发展潜力基础之上，反映商业银行的经营特色；最后，战略规划始于宏观战略层面，但最终必须深入贯彻并落实到中观管理层面和微观执行层面。

36. 下列关于战略风险管理的说法，正确的是(　　)。

A. 经济资本配置是战略风险管理的重要工具之一

B. 风险管理部门负责制定商业银行最高级别的战略规划

C. 商业银行只需要对失败的战略规划进行总结，吸取教训

D. 战略风险独立于市场、信用、操作、流动性等风险单独存在

【解析】战略风险的一个重要工具是经济资本配置，利用经济资本配置，可以有效控制每个业务领域所承受的风险规模。B项，董事会和高级管理层负责制定商业银行最高级别的战略规划，并将其作为商业银行未来发展的行动指南；C项，无论成功与否，商业银行都应当对战略规划和实施方案的执行效果进行深入分析、客观评估、认真总结并从中吸取教训；D项，与声誉风险相似，战略风险产生于商业银行运营的所有层面和环节，并与市场风险、信用风险、操作风险和流动性风险等交织在一起。

二、多选题(下列选项中有两项或两项以上符合题目的要求)

1. 良好的声誉风险管理有助于提升商业银行的盈利能力和实现长期战略目标，下列事件可能引发商业银行声誉风险的有(　　)。[2017年10月真题]

A. 内控缺失导致违规案件层出不穷　　B. 违反用工法

C. 缺乏经营特色　　D. 金融产品/服务存在严重缺陷

E. 缺乏社会责任感

【解析】良好的声誉是商业银行生存之本。商业银行一旦被发现其金融产品/服务存在严重缺陷(如电子银行业务缺乏足够的安全性和稳定性)，或内控缺失导致违规案件层出不穷，或缺乏经营特色和社会责任感，那么即便花费大量的时间和金钱用于事后的危机管理，也难以弥补对商业银行声誉造成的实质性损害。

2. 下列关于商业银行战略风险的描述，正确的有(　　)。[2018年10月真题]

A. 战略风险管理成本高，且未来收益难以确定，得不偿失

B. 良好的战略风险管理最终会使商业银行获益

C. 战略风险管理是一种长期性管理

D. 战略风险管理强化了商业银行对于潜在威胁的洞察力

E. 战略风险管理是一种短期性管理

【解析】战略风险管理能够最大限度地避免经济损失、持久维护和提高商业银行的声誉和股东价值。战略风险管理通常被认为是一项长期性的战略投资，实施效果需要很长时间才能显现。战略风险管理强化了商业银行对于潜在风险的洞察力，能够预先识别所有潜

36A　▎　1ABCDE　2BCD

在风险以及这些风险之间的内在联系和相互作用，并尽可能在危机真实发生前就将其有效遏制。

3. 下列有助于改善商业银行声誉风险管理状况的措施包括(　　)。[2015 年 5 月真题]

A. 及时处理投诉和批评　　B. 对所有已识别风险一视同仁、集中处理

C. 增加对客户、公众的透明度　　D. 与媒体保持良好接触

E. 制定危机管理应急计划

【解析】声誉风险管理的具体做法有：①强化声誉风险管理培训；②尽可能维护大多数利益持有者的期望；③确保及时处理投诉和批评；④增强对客户和公众的透明度；⑤将企业社会责任与经营目标相结合；⑥保持与媒体的良好接触；⑦制定危机管理规划；⑧加强声誉风险隐患排查工作；⑨加强对声誉事件的应对处理；⑩积极稳妥应对重大声誉事件；⑪强化声誉事件的考核问责。

4. 下列对商业银行声誉风险管理的表述，正确的有(　　)。[2014 年 11 月真题]

A. 商业银行面临的几乎所有风险和不确定因素都可能危及自身声誉

B. 所有员工都应当深入理解价值理念，恪守内部流程，减少可能造成声誉风险的因素

C. 有效的声誉风险管理是有资质的管理人员、高效的风险管理流程和现代信息技术的综合能力体现

D. 声誉风险是一种多维的风险

E. 声誉风险可以通过历史模拟法进行计量和监测

【解析】商业银行所面临的风险，不论是正面的还是负面的，都必须通过系统化方法管理。因为几乎所有风险都可能影响商业银行的声誉，因此声誉风险也被视为一种多维风险。有效的声誉风险管理是有资质的管理人员、高效的风险管理流程以及先进的信息系统共同作用的结果。E 项，历史模拟法是计量和监测市场风险的方法。

5. 下列事件可能引发商业银行声誉风险的有(　　)。[2013 年 11 月真题]

A. 银行大量挪用客户存款

B. 银行投资衍生产品遭受巨额损失

C. 网银系统出现故障，引发客户安全质疑

D. 在银行办理业务排队时间长、柜员服务态度差

E. 出售理财产品未事先告知潜在风险，使客户蒙受巨大损失

【解析】声誉风险是指由商业银行经营、管理及其他行为或外部事件导致利益相关方对商业银行作出负面评价的风险。商业银行一旦被发现其金融产品/服务存在严重缺陷(如电子银行业务缺乏足够的安全性和稳定性)，或内控缺失导致违规案件层出不穷，或缺乏经营特色和社会责任感，均可能引发声誉风险。

6. 建立良好的声誉风险管理体系，有利于(　　)。

A. 招募和保留最佳雇员　　B. 减少进入新市场的阻碍

C. 维持客户和供应商的忠诚度　　D. 增进和投资者的关系

E. 最大限度地减少诉讼威胁和监管要求

3ACDE　4ABCD　5ABCDE　6ABCDE

【解析】除 ABCDE 五项外，建立良好的声誉风险管理体系，还有利于：①确保产品和服务的溢价水平；②创造有利的资金使用环境；③强化自身的可信度和利益持有者的信心；④吸引高质量的合作伙伴和强化自身竞争力。

7. 重大声誉事件的发生可能会带来哪些影响？(　　)

A. 造成银行业重大损失　　B. 造成市场大幅波动

C. 引发系统性风险　　D. 影响社会经济秩序稳定

E. 导致流程管理失败

【解析】在声誉风险识别中，识别声誉事件很关键，声誉事件是指引发商业银行声誉风险的相关行为或事件。重大声誉事件是指造成银行业重大损失、市场大幅波动、引发系统性风险或影响社会经济秩序稳定的声誉事件。E 项，流程管理失败属于操作风险损失事件。

8. 在声誉风险评估中，通常需要作出预先评估的风险事件包括(　　)。

A. 市场对商业银行的盈利预期

B. 影响客户或公众的政策性变化(例如营业场所、营业时间、服务收费等方面的调整)

C. 商业银行改革/重组的成本/收益

D. 监管机构责令整改的不利信息/事件

E. 市场利率短期内剧烈波动

【解析】商业银行通常需要作出预先评估的风险事件包括：①市场对商业银行的盈利预期；②商业银行改革/重组的成本/收益；③监管机构责令整改的不利信息/事件；④影响客户或公众的政策性变化等(如营业场所、营业时间、服务收费等方面的调整)。

9. 声誉危机管理规划的主要内容包括(　　)。

A. 危机现场处理　　B. 提高日常解决问题的能力

C. 危机处理过程中的持续沟通　　D. 管理危机过程中的信息交流

E. 预先制定战略性的危机管理规划

【解析】除 ABCDE 五项外，声誉危机管理规划的主要内容还包括：①模拟训练和演习；②提高发言人的沟通技能。

10. 在声誉危机管理中，预先制定战略性的危机管理规划的主要内容包括(　　)。

A. 测试危机沟通方案以及应对措施

B. 设定危机管理负责人岗位，定期评估金融机构的内外部沟通机制

C. 熟悉危机处理的最佳媒介方式

D. 确保可供使用的沟通资源和技术手段畅通，保障危机时刻的信息传递

E. 在机构内部明确危机管理原则，并尽可能告知所有利益持有者

【解析】商业银行预先制定战略性的危机管理规划的主要内容有：①设定危机管理负责人岗位，定期评估金融机构的内外部沟通机制；②确保可供使用的沟通资源和技术手段畅通，保障危机时刻的信息传递；③熟悉危机处理的最佳媒介方式；④在机构内部明确危机管理原则，并尽可能告知所有利益持有者。A 项属于声誉危机管理中提高日常解决

7ABCD　8ABCD　9ABCDE　10BCDE

问题的能力方面的内容。

11. 声誉危机管理需要技能、经验以及全面细致的危机管理规划，为提高日常解决问题的能力，下列做法可行的有(　　)。
  A. 预先识别潜在危机，并制定相应的反应策略
  B. 公共关系和投资者关系部门应当密切协作，以采取更恰当的对外回应
  C. 改变业务部门处理问题的方式，尽可能避免将问题升级为危机
  D. 定期测试危机沟通方案以及应对措施
  E. 采用压力测试和敏感性分析法进行声誉危机评估

【解析】E 项，应当采用压力测试和情景分析法进行声誉危机评估。

12. 战略风险管理的作用包括(　　)。
  A. 能够最大限度地避免经济损失
  B. 提高商业银行的声誉和股东价值
  C. 强化了商业银行对于潜在威胁的洞察力
  D. 在危机真实发生前就将其有效遏制
  E. 能够预先识别所有潜在风险以及这些风险之间的内在联系和相互作用

【解析】战略风险管理能够最大限度地避免经济损失、持久维护和提高商业银行的声誉和股东价值。同时，战略风险管理强化了商业银行对于潜在风险的洞察力，能够预先识别所有潜在风险以及这些风险之间的内在联系和相互作用，并尽可能在危机真实发生前就将其有效遏制。

13. 战略风险管理通常被认为是一项长期性的战略投资，实施效果需要很长时间才能显现。实质上，商业银行可以在短期内便体会到战略风险管理的诸多益处，包括(　　)。
  A. 比竞争对手更早采取风险控制措施，可以更为妥善地处理风险事件
  B. 避免因盈利能力出现大幅波动而导致的流动性风险
  C. 优化经济资本配置，并降低资本使用成本
  D. 强化内部控制系统和流程
  E. 避免附加的强制性监管要求，减少法律争议/诉讼事件

【解析】除 ABCDE 五项外，实施战略风险管理，商业银行在短期内便能体会到的益处还包括：①全面、系统地规划未来发展，有助于将风险挑战转变为成长机会；②对主要风险提早做好准备，能够避免或减轻其可能造成的严重损失。

14. 可能引发商业银行战略风险的外部风险包括(　　)。
  A. 行业风险　　B. 竞争对手风险　　C. 品牌风险　　D. 技术风险
  E. 项目风险

【解析】除 ABCDE 五项外，政治动荡、经济恶化、社会道德水准下降等外部环境的变化都可能引发商业银行的战略风险，从而对商业银行的管理质量、竞争能力和可持续发展造成严重威胁。

15. 在战略风险评估中，应由专家审核的假设条件主要有(　　)。

11ABCD　12ABCDE　13ABCDE　14ABCDE　15BDE

A. 公司的整体战略　　B. 利率变化及预期
C. 公司治理结构　　D. 整体经济指标
E. 信用风险参数

【解析】在评估战略风险时，应当首先由商业银行内部具有丰富经验的专家负责审核一些技术性较强的假设条件，如整体经济指标、利率变化/预期、信用风险参数等。

16. 通常，战略风险识别可以从(　　)入手。
A. 宏观战略层面　　B. 技术层面
C. 中观管理层面　　D. 微观执行层面
E. 战术层面

【解析】战略风险可以从宏观战略层面、中观管理层面和微观执行层面进行识别：①在宏观战略层面，董事会和最高管理层必须全面、深入地评估商业银行长期战略决策中可能潜藏的战略风险；②在中观管理层面，业务领域负责人应当严格遵循商业银行的整体战略规划，最大限度地避免投资策略、业务拓展等涉及短期利益的经营/管理活动存在的战略风险；③在微观执行层面，所有岗位员工必须严格遵守相关业务岗位的操作规程，同时具备正确的风险管理意识。

17. 商业银行面临的外部战略风险包括(　　)。
A. 流动性风险　B. 行业风险　C. 品牌风险　D. 国别风险
E. 法律风险

【解析】商业银行面临的外部战略风险分为：行业风险、技术风险、品牌风险、竞争对手风险、项目风险、其他外部风险。ADE 三项与战略风险并列属于商业银行面临的八大风险。

18. 商业银行面临的项目风险主要有(　　)。
A. 兼并失败　　B. 系统建设失败
C. 产品研发失败　　D. 市场份额受到侵蚀
E. 进入新市场失败

【解析】商业银行面临的项目风险类别包括：①产品研发失败；②系统建设失败；③进入新市场失败；④兼并/收购失败等。D 项属于竞争对手风险。

19. 商业银行通常采用定期自我评估的方法，来检验战略风险管理是否有效实施。对战略风险管理进行监测的意义在于(　　)。
A. 满足客户需求　　B. 提高雇员的技术水平
C. 银行能更清楚的认识到市场变化　　D. 银行可以了解自身营运状况的改变
E. 了解各业务领域为实现整体经营目标所承受的风险

【解析】战略管理/规划部门对评估结果的连续性和波动性进行长期、深入、系统化的分析和监测，非常有利于商业银行清醒地认识市场变化、运营状况的改变，以及各业务领域为实现整体经营目标所承受的风险。

20. 有效的战略风险管理应当(　　)。

16ACD　17BC　18ABCE　19CDE　20ABCDE

A. 制定切实可行的实施方案

B. 定期采取从上至下的方式进行

C. 体现在商业银行的日常风险管理活动中

D. 使得在实现战略发展目标的同时，将风险损失降到最低

E. 全面评估商业银行的愿景、短期目的以及长期目标

【解析】战略风险涵盖了商业银行的发展愿景、战略目标以及当前和未来的资源制约等诸多方面的内容。因此，有效的战略风险管理应当定期采取从上至下的方式，全面评估商业银行的愿景、短期目的以及长期目标，并据此制定切实可行的实施方案，体现在商业银行的日常风险管理活动中。在整个管理过程中，商业银行应保持风险管理、战略规划和实施方案相互促进、统一协调，在实现战略发展目标的同时，将风险损失降到最低。

21. 商业银行战略风险管理的最有效方法是制定以风险为导向的战略规划，并定期进行修正。战略规划应当(　　)。

A. 清晰阐述实施方案中所涉及的风险因素、潜在收益以及可以接受的风险水平

B. 说明与其他竞争对手战略实施方案的比较

C. 反映商业银行的经营特色

D. 尽可能包括实施方案的预期风险损失和财务分析

E. 从宏观战略层面开始，深入贯彻并落实到中观管理层面和微观执行层面

【解析】战略风险管理的最有效方法是制定以风险为导向的战略规划，并定期进行修正。首先，战略规划应当清晰阐述实施方案中所涉及的风险因素、潜在收益以及可接受的风险水平，并且尽可能地将预期风险损失和财务分析包含在内；其次，战略规划必须建立在商业银行当前的实际情况和未来的发展潜力基础之上，反映商业银行的经营特色；最后，战略规划始于宏观战略层面，但最终必须深入贯彻并落实到中观管理层面和微观执行层面。

22. 战略规划在实施方案中应当阐述的内容包括(　　)。

A. 所涉及的风险因素　　B. 潜在收益

C. 可以接受的风险水平　　D. 预期风险损失和财务分析

E. 银行自身资本状况

【解析】战略风险管理的最有效方法是制定以风险为导向的战略规划，并定期进行修正。战略规划应当清晰阐述实施方案中所涉及的风险因素、潜在收益以及可接受的风险水平，并且尽可能地将预期风险损失和财务分析包含在内。

21ACDE　22ABCD

第十章　其他风险管理

一、单选题(下列选项中只有一项最符合题目的要求)

1. 行为风险的定义把______放在了核心位置，体现了______的风险管理理念。(　　)[2019年6月真题]

A. 金融机构利益，以金融机构为核心

B. 金融机构利益，以客户为核心

C. 消费者利益，以金融机构为核心

D. 消费者利益，以客户为核心

【解析】行为风险的定义把消费者利益放在了核心位置，体现了“以客户为核心”的风险理念。整个行为风险的识别、评估、监测、报告、控制、缓释过程都围绕消费者或客户利益是否受到损害展开。

2. 新产品(业务)风险识别是指商业银行在新产品(业务)研发和投产过程中结合产品线的(　　)和风险点，对潜在风险事项或因素进行全面分析和识别并查找出风险原因的过程。[2020年10月真题]

A. 风险事件　　B. 风险特点　　C. 业务特点　　D. 风险类型

【解析】新产品(业务)风险管理流程包括：新产品(业务)风险识别、新产品(业务)风险评估、新产品(业务)风险控制。其中，新产品(业务)风险识别是指商业银行在新产品(业务)研发和投产过程中结合产品线的风险类型和风险点，对潜在风险事项或因素进行全面分析和识别并查找出风险原因的过程。

3. 新产品(业务)风险评估是指商业银行在风险识别确定风险类型和风险点的基础上，对风险点出现的可能性和后果进行评估，衡量确定产品(　　)的过程。[2017年10月真题]

A. 风险事件　　B. 风险结果　　C. 风险类型　　D. 风险等级

【解析】新产品(业务)风险评估是指商业银行在风险识别确定风险类型和风险点的基础上，对风险点出现的可能性和后果进行评估，衡量确定产品风险等级的过程。

4. 商业银行开办表外业务，应当坚持(　　)为本、审慎经营、合规优先的理念，并按照实质重于形式的原则对业务进行管理。

A. 利率　　B. 风险　　C. 合法　　D. 合规

【解析】商业银行开展表外业务应当遵循以下原则：①管理全覆盖原则；②分类管理原则；③风险为本原则。其中风险为本原则要求：商业银行开办表外业务，应当坚持风险为本、审慎经营、合规优先的理念，并按照实质重于形式的原则对业务进行管理。

5. 下列关于衍生产品风险管理措施，说法错误的是(　　)。

A. 银行业金融机构开办衍生产品业务前，应充分了解当地以及主要交易对手所在国家

1D　2D　3D　4B　5C

或地区衍生交易监管合规要求

B. 衍生产品业务面临交易对手信用风险，应将其纳入银行业金融机构的整体交易对手信用风险管理框架

C. 并非所有衍生产品都要开展市场风险计量

D. 银行业金融机构应当制订完备的突发事件应急计划，包含所叙做各类衍生产品业务的应急安排

【解析】所有衍生产品均应开展市场风险计量，风险计量的方法包括但不限于风险价值、压力测试、风险敞口、敏感度等。风险计量参数的选择原则上遵照市价原则。

二、多选题(下列选项中有两项或两项以上符合题目的要求)

1. 商业银行开发新产品(业务)所面临的主要风险类型有(　　)。[2019 年 6 月真题]

A. 声誉风险　B. 合规风险　C. 操作风险　D. 信用风险

E. 市场风险

【解析】金融产品(业务)创新是指商业银行等金融机构运用新方式、新技术，通过创新、模仿、推广金融产品(业务)以满足人们不断增长的金融消费需求。商业银行开发新产品(业务)所面临的主要风险类型有：信用风险、市场风险、操作风险、声誉风险、合规风险。

2. 新产品(业务)风险管理原则包括(　　)。

A. 统一性　B. 公开性　C. 全面性　D. 时效性

E. 统筹性

【解析】新产品(业务)风险管理原则包括：统一性、全面性、适应性、有效性以及统筹性。

1ABCDE　2ACE

第十一章 压力测试

一、**单选题**(下列选项中只有一项最符合题目的要求)

1. 主要货币汇率出现大的变化，属于(　　)压力测试情景。[2019 年 6 月真题]

A. 操作风险　　B. 市场风险　　C. 声誉风险　　D. 战略风险

【解析】针对市场风险的压力情景包括但不限于以下内容：利率重新定价、基准利率不同步以及收益率曲线出现大幅变动、期权行使带来的损失，主要货币汇率出现大的变化，信用价差出现不利走势，商品价格出现大幅波动，股票市场大幅下跌以及货币市场大幅波动等。

2. 系统失灵导致业务中断造成巨额损失，此种情景属于(　　)压力情景。[2018 年 10 月真题]

A. 信用风险　　B. 流动性风险　　C. 操作风险　　D. 市场风险

【解析】针对操作风险的压力情景包括但不限于受到以下重大操作事件影响：内部欺诈事件，外部欺诈事件，就业制度和工作场所安全事件，客户、产品和业务活动事件，实物资产的损坏，信息科技系统事件，执行、交割和流程管理事件等。信息系统事件应充分考虑业务中断系统失灵导致的直接损失和间接损失。

3. 商业银行应当建立有效的压力测试治理结构，其中应当制定压力测试政策的是(　　)。[2020 年 10 月真题]

A. 董事会　　B. 股东大会　　C. 监事会　　D. 高级管理层

【解析】高级管理层的职责之一是组织开展压力测试，参与压力测试目标、方案及重要假设的确定，推动压力测试结果在风险评估和资本规划中的运用，确保资本应急补充机制的有效性。

4. 关于商业银行压力测试情景预测期间的描述错误的是(　　)。[2018 年 10 月真题]

A. 预测期间的长短应该考虑面临的风险类型

B. 流动性风险的预测期间一般以年为单位

C. 预测期间的长短是压力测试的重要考虑因素

D. 市场风险可能在短期发生较大变化，所以一般预测期间以天或周为单位

【解析】对于信用风险而言，虽然不排除突发信用风险的可能，但大多数信用风险的发生、传导、产生实质影响以及实施应对调整措施，都有一段时间，通常达数月或几年，因此针对信用风险的压力情景一般以年为单位。对于市场风险和流动性风险而言，由于其可能在短期甚至即时发生较大变化，风险的传导速度快，相应的市场反应和相应效果短期内显现，因此以天或周为单位设计压力情景的预测期间相当普遍。

5. 商业银行的流动性压力测试的承压指标与其他压力测试不尽相同，流动性风险的承压指

1B　2C　3D　4B　5C

标重点关注(　　)。[2017 年 10 月真题]

A. 商业银行的资产收益率　　B. 商业银行的净利润率

C. 商业银行的支付能力指标　　D. 商业银行的资本充足率

【解析】流动性压力测试的承压指标与其他压力测试不同。信用风险或市场风险压力测试的承压指标是银行盈利或亏损，以及亏损对银行资本的影响，关心银行是否会因为严重的亏损导致资不抵债。而流动性风险的承压指标是银行的支付能力，也即银行是否有能力在资金严重流失的情况下，保持足够的流动性头寸，维持银行的正常经营。

6. 下列关于商业银行压力测试的描述，错误的是(　　)。[2020 年 10 月真题]

A. 通过合理的流程和方法，综合反映各个条线、领域专家意见

B. 压力测试应采用定量和定性相结合的方式开展

C. 尽量以定性方法来确定压力测试情景的相关参数

D. 压力测试不仅包括设计情景、分析结果，还包括提出改进措施

【解析】C 项，压力测试应采用定量和定性相结合的方式开展。尽量以定量方法来确定压力情景参数、风险因子相关性以及具体传导过程，并运用定性方法作为补充，通过合理的流程和方法，综合反映各个条线、领域专家意见。

7. 商业银行批发和零售存款大量流失，属于(　　)。[2021 年 6 月真题]

A. 信用风险　　B. 流动性风险　　C. 市场风险　　D. 操作风险

【解析】商业银行针对流动性风险的压力情景包括但不限于以下内容：流动性资产变现能力大幅下降，批发和零售存款大量流失，批发和零售融资的可获得性下降，交易对手要求追加抵(质)押品或减少融资金额，主要交易对手违约或破产等。

8. 下列关于商业银行压力测试的说法中最不恰当的一项是(　　)。[2016 年 5 月真题]

A. 银行应根据经济形势变化，建立定期评估、更新压力测试方法的机制

B. 压力测试仅适宜选择多因素压力变量，构建综合性的情景假设

C. 银行所选择的压力测试应确保所设计情景能有效传导至各类实质风险

D. 银行应合理设计轻度、中度、重度等不同严重程度的压力情景

【解析】B 项，商业银行根据测试目的需要，选择单因素压力变量，构建单一的情景假设，评估单一事件对资本充足率的影响，或选择多因素压力变量，构建综合性的情景假设，分析、评估系统性风险对银行资本承压能力的影响。

9. 计量市场风险时，计量 VaR 值时通常需要采用压力测试进行补充，因为(　　)。[2013 年 6 月真题]

A. VaR 值只在 99% 的置信区间内有效

B. 压力测试提供一般市场情形下精确的损失水平

C. 压力测试通常计量正常市场情况下所能承受的风险损失

D. VaR 值反映一定置信区间内的最大损失，但没有说明极端损失

【解析】市场风险压力测试主要目标在于弥补 VaR 模型缺陷和强化风险管理。VaR 模型缺陷主要表现在两方面：①VaR 不能反映极端情况下非正常市场中的损害程度，需要通过

6C　7B　8B　9D

压力测试方法弥补 VaR 方法的缺陷；②在压力情况下，风险因子的相关性可能发生改变。压力测试能捕捉压力状态下风险因子相关性发生改变的现象，反映极端事件的风险暴露。

二、多选题(下列选项中有两项或两项以上符合题目的要求)

1. 商业银行根据压力测试结果可采取的改进措施有(　　)。[2019 年 6 月真题]

A. 重组、变现、终止和对冲风险头寸　　B. 压缩资产负债规模，调整资产负债结构

C. 增加风险缓释　　D. 调整业务发展策略和定价策略

E. 提高信贷审批标准

【解析】压力测试结果是风险计量体系的重要组成部分。商业银行应定期进行主要风险的压力测试，压力测试结果作为各风险管理决策的重要参考。根据压力测试结果，商业银行可采取的管理措施包括但不限于：①重组、变现、终止和对冲风险头寸；②增加风险缓释；③提高信贷审批标准；④调整风险限额；⑤压缩资产负债规模，调整资产负债结构，包括增加拨备、留存收益、补充资本和增加流动性储备等；⑥调整业务发展策略和定价策略等。

2. 商业银行针对信用风险的压力测试情景包括(　　)。[2022 年 7 月真题]

A. 部分国际业务敞口面临国别风险或转移风险

B. 银行支付清算系统突然中断运行

C. 国内及国际主要经济体宏观经济增长下滑

D. 房地产价格出现大幅度向下波动

E. 部分行业出现集中违约

【解析】商业银行针对信用风险的压力情景包括但不限于以下内容：①国内及国际主要经济体宏观经济增长下滑；②房地产价格出现较大幅度向下波动；③贷款质量和抵押品质量恶化；④授信较为集中的企业和主要交易对手信用等级下降乃至违约；⑤部分行业出现集中违约；⑥部分国际业务敞口面临国别风险或转移风险；⑦其他对银行信用风险带来重大影响的情况等。B 项属于商业银行针对流动性风险的压力测试情景。

3. 商业银行进行资本充足率压力测试应覆盖全行范围内的实质性风险，主要包括(　　)。[2016 年 5 月真题]

A. 信用风险　　B. 银行账簿利率风险

C. 集中度风险　　D. 市场风险

E. 操作风险

【解析】资本充足率压力测试应在统一情景下分析覆盖全行范围内的实质性风险，包括但不限于信用风险、市场风险、操作风险、银行账簿利率风险、流动性风险、集中度风险。

4. 商业银行定期对银行账户和交易账户进行压力测试的主要目的有(　　)。[2013 年 6 月真题]

A. 计算资产组合可能产生的最高收益

B. 识别和管理“尾部”风险，对模型假设进行评估

1ABCDE　2ACDE　3ABCDE　4BE

C. 对市场风险 VaR 值的准确性进行验证

D. 分析资产组合在不同市场条件下可能产生的收益或损失

E. 协助银行制定改进措施

【解析】压力测试的作用主要包括：①前瞻性评估压力情景下的风险暴露，识别定位业务的脆弱环节，改进对风险状况的理解，监测风险的变动；②对基于历史数据的统计模型进行补充，识别和管理“尾部”风险，对模型假设进行评估；③关注新产品或新业务带来的潜在风险；④评估银行资产质量、盈利能力、资本水平和流动性承受压力事件的能力，为银行设定风险偏好、制定资本和流动性规划提供依据；⑤支持内外部对风险偏好和改进措施的沟通交流；⑥协助银行制定改进措施。

三、案例题

风险事件：

2007 年，受美国次贷危机导致的全球信贷紧缩影响，英国北岩银行发生储户挤兑事件。自 9 月 14 日全国范围内的挤兑事件发生以来，截止 18 号，严重的客户挤兑导致 30 多亿英镑的资金流出，占存款总量的 12% 左右。短短几个交易日中，北岩银行股价下跌了将近 80%。英国议会 2008 年 2 月 21 日通过了将北岩银行国有化的议案，授权该国政府将北岩银行的所有股份暂时归入其名下，并由独立的审计机构来计算股东的收益。

相关背景：

北岩银行 1997 年 10 月 1 日进行公司制改革，实施高速扩张战略。房地产按揭贷款业务快速发展，资本消耗较大。1997 ~ 2007 年 10 年间，其资产规模增长 7 倍，年均增长 21.34%，而资本充足率从 2003 年的 14.3% 降至 2006 年的 11.6%。1997 年底合并总资产仅 158 亿英镑，2006 年底合并资产达 1010 亿英镑，其中 89.2% 的资产是住房抵押贷款，已成为英国第五、苏格兰地区第二大的住房抵押贷款机构，并于 2001 年 9 月入选伦敦富时 100 指数。

北岩银行 2006 年末向消费者发放的贷款占总资产的比重为 85.498%，加上无形资产、固定资产，全部非流动性资产占比高达 85.867%，而流动性资产仅占总资产的 14.133%，特别是其中安全性最高的现金及中央银行存款仅占 0.946%。

从负债方面来看，北岩银行资金来源中 50% 来自资产证券化，大大高于英国银行平均 7% 的证券化融资率，平均期限 3.5 年；10% 来自资产担保债券，平均期限 7 年；批发市场拆入资金占 25%，其中近一半资金的期限不足 1 年。为实现高速增长，北岩银行从批发市场上大量拆入资金，并于 1999 年采取了“分销源头”的融资模式。在这种模式中，银行不再将贷款持有到期，而是将贷款卖给投资者。该银行通过将抵押贷款打包，并将打包的抵押贷款作为进一步融资的抵押物——即“资产证券化”过程，使其资产负债表上的贷款实现了风险隔离。2004 年，北岩银行引入了“资产担保债券”，即银行本身持有资产并据此发行资产担保债券。这样虽可以使银行在获得市场融资的同时享受较高的贷款收益，但也加大了银行自身的风险暴露。

根据以上案例描述，回答下列 7 小题。

(1) 英国北岩银行出现的挤兑事件将导致银行的(　　)。(单选题)

A. 法律风险　　B. 市场风险　　C. 国别风险　　D. 流动性风险

---

(1) D

【解析】流动性风险的内部因素包括：出现重大声誉风险，如员工欺诈或丑闻等负面消息，削弱公众对银行的信心，或承诺未能履行，虽然该承诺没有法律约束力，但仍会引起公众和评级机构对银行财务状况的质疑，导致存款支取，或出现挤兑，引发一家银行甚至整个银行体系的流动性危机。

(2)北岩银行迅猛的增长战略可能带来下列哪些风险？(　　)(多选题)

A. 该行从批发市场拆入的资金主要来源于金融机构，风险较小

B. 该行过度依赖从资本市场筹集短期资金，这会使它更容易受到市场崩溃的冲击

C. 金融危机导致按揭贷款的质量下降，贷款定价不能够弥补损失

D. “借短贷长”的经营方式导致资产负债结构期限不匹配

E. “分销源头”的结果是该行过分依赖证券化作为其主要资金来源

【解析】A项，英国北岩银行从批发市场拆入的资金占25%，即通过同业拆借、发行债券或卖出有资产抵押的证券来融资，资金主要来源于金融机构。与资金主要来自零售存款业务的其他银行相比，绝大部分资金来源于批发市场使得北岩银行更容易受到市场上资金供求影响。

(3)根据我国监管要求，商业银行使用权重法计算风险加权资产时，对个人住房抵押贷款的风险权重为(　　)。(单选题)

A. 70%　　B. 50%　　C. 100%　　D. 0

【解析】在权重法下，不同资产类别分别对应不同的风险权重/信用转换系数。例如，对现金类资产、对我国中央政府和中国人民银行的债权、对我国政策性银行的债权，风险权重为0；对一般企业的债权权重为100%；对符合标准的微型和小型企业的债权权重为75%；对个人住房抵押贷款债权权重为50%；对个人其他债权权重为75%。

(4)资本充足率低是导致英国北岩银行危机的一个重要因素。商业银行应对资本充足率进行压力测试，下列不属于资本充足率压力测试框架的是(　　)。(单选题)

A. 情景选择　　B. 定量压力测试

C. 资本规划　　D. 定性压力测试及管理行动

【解析】资本充足率压力测试框架可以视为一个汇总各实质性风险压力测试的平台，能够描绘压力情景下银行的整体状况。资本充足率压力测试框架的主要内容包括情景选择、定量压力测试、定性压力测试及管理行动和结果输出。

(5)英国北岩银行危机表明流动性对商业银行生存具有重要意义。商业银行保持良好的流动性状况对其运营产生的积极作用包括(　　)。(多选题)

A. 避免商业银行的资产被迫廉价出售

B. 降低商业银行借入资金所需支付的风险溢价

C. 增进市场信心、向市场表明商业银行是安全的并有能力偿还贷款

D. 降低商业银行所面临的操作风险

E. 确保银行有能力实现贷款承诺，稳固客户关系

【解析】实施积极的流动性风险管理策略，保持良好的流动性状况能够对商业银行的安

---

(2)BCDE　(3)B　(4)C　(5)ABCE

全、稳健运营产生积极作用：①增进市场信心，向外界表明银行有能力偿还借款，是值得信赖的；②确保银行有能力履行贷款承诺，稳固客户关系；③避免银行资产廉价出售，损害股东利益；④降低银行借入资金时所需支付的风险溢价。

(6)英国北岩银行的挤兑事件提醒各大银行要加强对流动性风险的监管。关于商业银行的流动性监管的辅助指标，下列说法不正确的是(　　)。(单选题)

A. 经调整资产流动性比例 = 调整后流动性资产余额/调整后流动性负债余额 ×100%

B. 经调整后流动性负债余额 = 流动性负债总和 - 1 个月内到期用于质押的存款金额

C. 存贷款比例不得超过 75%

D. 存贷款比例 = 调整后存款余额/调整后贷款余额 ×100%

【解析】D 项，存贷比 = 调整后贷款余额/调整后存款余额 ×100%。

(7)2008 年全球金融危机后，巴塞尔委员会公布了巴塞尔协议Ⅲ框架。相比于巴塞尔协议Ⅱ，巴塞尔协议Ⅲ突出表现在(　　)。(多选题)

A. 重新界定监管资本的构成，恢复普通股在监管资本中的核心地位

B. 改进风险权重计量方法，大幅度增加高风险业务的资本要求

C. 增加了对交易账户和双重违约的处理

D. 建立逆周期资本监管机制，提升银行体系应对信贷周期转换的能力

E. 显著提高资本充足率监管标准，通常情况下普通商业银行的普通股充足率应达到 7%，总资本充足率不得低于 10.5%

【解析】相比巴塞尔协议Ⅱ，巴塞尔协议Ⅲ对资本监管的重要改进主要体现在以下四个方面：①重新界定监管资本的构成，恢复普通股在监管资本中的核心地位；②改进风险权重计量方法，大幅度提高高风险业务的资本要求；③建立逆周期资本监管机制，提升银行体系应对信贷周期转换的能力，弱化银行体系与实体经济之间的正反馈循环；④显著提高资本充足率监管标准，通常情况下普通商业银行的普通股充足率应达到 7%，总资本充足率不得低于 10.5%。C 项属于巴塞尔协议Ⅱ的内容。

(6) D　(7) ABDE

第十二章　风险评估与资本评估

一、单选题(下列选项中只有一项最符合题目的要求)

1. 全球金融危机过后，解决系统重要性金融机构(G - SIFIs)带来的"大而不能倒"问题已经成为国际监管改革的重点，(　　)于2011年提出了一揽子加强系统重要性银行监管的管理措施。[2020年10月真题]

A. 金融稳定理事会　　B. 世界银行

C. 国际货币基金组织　　D. 巴塞尔委员会

【解析】金融稳定理事会(FSB)于2011年11月提出了一揽子加强系统重要性银行监管的政治措施并得到G20领导人峰会的批准。

2. 下列关于商业银行资本规划的表述，错误的是(　　)。[2023年6月真题]

A. 银行应当通过严格和前瞻性的压力测试，测算不同压力条件下的资本需求和资本可获得性

B. 资本规划应充分考虑对银行资本水平可能产生重大负面影响的因素

C. 对于轻度压力测试结果，银行应当在应急预案中明确相应的资本补充政策安排和应对措施

D. 资本规划应至少设定内部资本充足率3年目标

【解析】C项，对于重度压力测试结果，商业银行应当在应急预案中明确相应的资本补充政策安排和应对措施，并充分考虑融资市场流动性变化，合理设计资本补充渠道。

3. 根据《商业银行资本管理办法(试行)》，下列关于商业银行第二支柱建设的描述，最不恰当的是(　　)。[2023年10月真题]

A. 银行需要审慎评估各类风险、资本充足水平和资本质量，制定资本规划和资本充足率管理计划

B. 银行需要建立完善的风险管理框架和稳健的内部资本充足评估程序

C. 银行应将内部资本充足评估程序作为内部管理和决策的组成部分

D. 内部资本充足评估程序应至少每三年实施一次

【解析】D项，内部资本充足评估程序应当至少每年实施一次，如银行经营情况、风险状况和外部环境发生重大变化，要及时进行调整和更新。

4. 下列不属于商业银行内部资本充足评估内容的是(　　)。[2023年6月真题]

A. 风险评估　　B. 信息披露　　C. 压力测试　　D. 资本规划

【解析】内部资本充足评估报告是整个内部资本充足评估的总结性报告，内容涵盖内部资本充足评估的主要内容，即风险评估、资本规划和压力测试。

5. 下列关于商业银行内部资本充足评估报告的表述，错误的是(　　)。[2020年10月真题]

1A　2C　3D　4B　5C

A. 报告应评估银行实际持有的资本是否足以抵御主要风险

B. 监管机构认为银行的内部资本充足评估程序符合监管要求时，可基于银行自行评估的内部资源水平来确定监管资本要求

C. 监管机构在银行提交评估报告后，不需要再对银行内部资本充足评估程序进行检查

D. 报告可以作为内部完善风险管理体系和控制机制的重要参考文件

【解析】C 项，商业银行应当建立内部资本充足评估程序的报告体系，定期监测和报告银行资本水平和主要影响因素的变化趋势。

6. 根据《商业银行资本管理办法(试行)》的规定，商业银行在资本规划中，应优先考虑补充(　　)。[2018 年 10 月真题]

A. 其他一级资本　B. 核心一级资本　C. 储备资本　D. 二级资本

【解析】商业银行应当优先考虑补充核心一级资本，增强内部资本积累能力，完善资本结构，提高资本质量。

7. 商业银行进行风险加总，若考虑风险分散化效应，应基于______实证数据，且数据观察期至少覆盖______完整的经济周期。(　　)

A. 短期；一个　B. 长期；两个　C. 长期；一个　D. 短期；两个

【解析】商业银行进行风险加总，应当充分考虑集中度风险及风险之间的相互传染。若考虑风险分散化效应，应基于长期实证数据，且数据观察期至少覆盖一个完整的经济周期。否则，商业银行应对风险加总方法和假设进行审慎调整。

8. 为了对未来一段时期的资本充足情况进行预测和管理，资本规划通常的做法是对未来(　　)进行滚动规划。

A. 一年或三年　B. 三年或五年　C. 两年或三年　D. 三年或四年

【解析】为了对未来一段时期的资本充足情况进行预测和管理，资本规划通常的做法是对未来三年或五年进行滚动规划。由于银行对于未来一年往往有更多的信息，因此规划的重点往往在第一年，第一年的预测也为后几年的预测提供了基础信息。

9. 资本规划应至少设定内部资本充足率(　　)目标。

A. 一年　B. 两年　C. 三年　D. 五年

【解析】商业银行制定资本规划，应当综合考虑风险评估结果、未来资本需求、资本监管要求和资本可获得性，确保资本水平持续满足监管要求。资本规划应至少设定内部资本充足率三年目标。

二、多选题(下列选项中有两项或两项以上符合题目的要求)

1. 根据《商业银行资本管理办法(试行)》，监管部门对商业银行全面风险管理框架进行评估的要素有(　　)。[2015 年 5 月真题]

A. 全面、及时地识别、计量、监测、缓释和控制风险

B. 良好的管理信息系统

C. 有效的董事会和高级管理层监督

D. 全面的内部控制

6B　7C　8B　9C　▍　1ABCDE

E. 适当的政策、程序和限额

【解析】商业银行应当建立与其内部资本充足评估程序相互衔接和配合的、完善的全面风险管理框架，确保银行的稳健运行和持续发展。全面风险管理框架应当包括以下要素：①有效的董事会和高级管理层监督；②适当的政策、程序和限额；③全面、及时地识别、计量、监测、缓释和控制风险；④良好的管理信息系统；⑤全面的内部控制。

2. 商业银行制定资本规划需要考虑的因素有(　　)。[2014 年 6 月真题]

A. 风险评估结果　B. 资本可获得性　C. 未来资本需求　D. 压力测试结果

E. 资本监管要求

【解析】商业银行制定资本规划，应当综合考虑风险评估结果、未来资本需求、资本监管要求和资本可获得性，确保资本水平持续满足监管要求。对于重度压力测试结果，商业银行应当在应急预案中明确相应的资本补充政策安排和应对措施，并充分考虑融资市场流动性变化，合理设计资本补充渠道。

3.《商业银行资本管理办法(试行)》规定，商业银行内部资本充足评估程序应实现的目标有(　　)。

A. 确保主要风险得到识别、计量或评估、监测和报告

B. 确保资本水平与风险偏好及风险管理水平相适应

C. 确保商业银行的主要风险能够被预测

D. 确保监管部门有效监管商业银行面临的主要风险

E. 确保资本规划与银行经营状况、风险变化趋势及长期发展战略相匹配

【解析】根据《商业银行资本管理办法(试行)》规定，商业银行内部资本充足评估程序应实现以下目标：①确保主要风险得到识别、计量或评估、监测和报告；②确保资本水平与风险偏好及风险管理水平相适应；③确保资本规划与银行经营状况、风险变化趋势及长期发展战略相匹配。

4. 国际银行业开展风险评估的基本原则有(　　)。

A. 符合监管要求　　B. 符合银行实际

C. 符合存款者要求　　D. 保证一定的前瞻性

E. 采用先进技术指标

【解析】银行在建立风险评估体系时，一般要坚持三个基本原则：①符合监管要求，即实质性风险评估体系必须要符合监管机构的相关要求；②符合银行实际，即评估体系要符合银行内部风险管理和资本管理的需要；③保证一定的前瞻性，即在建立风险评估体系时需要充分借鉴世界各国监管机构和银行同业的先进经验。

5. 风险评估体系要符合银行内部(　　)的需要。

A. 资本管理　B. 利润管理　C. 财务管理　D. 风险管理

E. 运营管理

【解析】风险评估体系要符合银行内部风险管理和资本管理的需要，充分考虑银行风险管理的组织分工和管理流程，结合银行的风险文化确定相应的评估内容。

2ABCDE　3ABE　4ABD　5AD

6. 商业银行实质性风险评估的总体要求是(　　)。

A. 商业银行应当有效评估和管理各类主要风险

B. 商业银行应当建立全面风险管理的内控机制

C. 商业银行应当建立风险加总的政策和程序，确保在不同层次上及时识别风险

D. 商业银行应当建立与全面风险管理相适应的管理信息系统体系

E. 商业银行进行风险加总，应当充分考虑集中度风险及风险之间的相互传染

【解析】风险评估主要包括两个方面的内容，一方面是对全面风险管理框架的评估，其中主要是对公司治理、风险政策流程和限额以及信息系统的评估；另一方面是实质性风险评估，对银行面临的所有实质性风险进行全面评估。商业银行实质性风险评估的总体要求包括：①商业银行应当有效评估和管理各类主要风险。②商业银行应当建立风险加总的政策和程序，确保在不同层次上及时识别风险。③商业银行进行风险加总，应当充分考虑集中度风险及风险之间的相互传染。BD 两项属于对全面风险管理框架评估的要求。

7.《商业银行资本管理办法(试行)》规定，商业银行应在内部资本充足评估程序框架下建立(　　)资本充足率压力测试工作机制。

A. 合规的　　B. 全面的　　C. 审慎的　　D. 建设性的

E. 前瞻性的

【解析】《商业银行资本管理办法(试行)》规定，商业银行应在内部资本充足评估程序框架下建立全面、审慎、前瞻性的资本充足率压力测试工作机制，通过以定量分析为主的方法测算在某些不利情景下可能发生损失及风险资产的变化，以评估对银行整体层面资本充足水平的影响。

8. 商业银行应基于风险评估过程中获取的(　　)确定资本需求。

A. 当前风险状况　　B. 当前风险水平　　C. 未来业务规划　　D. 未来盈利模式

E. 发展战略

【解析】根据风险评估结果，商业银行应当在资本充足性评估程序中评估资本充足水平，即进行资本评估。商业银行应基于风险评估过程中获取的当前风险状况、未来业务规划和发展战略确定资本需求。

9. 资本规划是对正常和压力情景下的资本充足率进行预测，并将预测资本水平与目标资本充足率比较，相应调整财务规划和业务规划，使银行(　　)达到动态平衡。

A. 资本充足水平　　B. 发展规划　　C. 业务规划　　D. 财务规划

E. 经营规划

【解析】资本规划是对正常和压力情景下的资本充足率进行预测，并将预测资本水平与目标资本充足率比较，相应调整财务规划和业务规划，使银行资本充足水平、业务规划和财务规划达到动态平衡。资本规划的核心是预测未来的资本充足率，预测资本充足率需要对分子(监管资本)以及分母(风险加权资产)进行正常情景和压力情景的预测。

10. 监管资本的预测需要对(　　)分别进行预测。

A. 附属资本　　B. 核心一级资本　　C. 其他一级资本　　D. 二级资本

6ACE　7BCE　8ACE　9ACD　10BCD

E. 经济资本

【解析】资本规划的核心是预测未来的资本充足率，预测资本充足率需要对分子(监管资本)以及分母(风险加权资产)进行正常情景和压力情景的预测。监管资本的预测需要对核心一级资本、其他一级资本和二级资本分别进行预测。各级资本的细项如何变动受到投资计划、融资计划、拨备政策、利润增速、利润留存比例等的影响。

11. 各级资本的细项如何变动受到(　　)等的影响。

A. 投资计划　B. 融资计划　C. 拨备政策　D. 利润增速

E. 利润留存比例

12. 总风险加权资产等于(　　)加权资产的总和。

A. 信用风险　B. 市场风险　C. 声誉风险　D. 流动性风险

E. 操作风险

13. 商业银行制定资本规划，应当(　　)。

A. 综合考虑风险评估结果、未来资本需求、资本监管要求和资本可获得性，确保资本水平持续满足监管要求

B. 确保目标资本水平与业务发展战略、风险偏好、风险管理水平和外部经营环境相适应，兼顾短期和长期资本需求，并考虑各种资本补充来源的长期可持续性

C. 审慎估计资产质量、利润增长及资本市场的波动性，充分考虑对银行资本水平可能产生重大负面影响的因素，包括或有风险暴露，严重且长期的市场衰退，以及突破风险承受能力的其他事件

D. 优先考虑补充核心一级资本，增强内部资本积累能力，完善资本结构，提高资本质量

E. 通过严格和前瞻性的压力测试，测算不同压力条件下的资本需求和资本可获得性，并制定资本应急预案以满足计划外的资本需求，确保银行具备充足资本应对不利的市场条件变化

【解析】除了 ABCDE 五项外，商业银行制定资本规划的监管要求还有：①对于重度压力测试结果，商业银行应当在应急预案中明确相应的资本补充政策安排和应对措施，并充分考虑融资市场流动性变化，合理设计资本补充渠道；②商业银行高级管理层应当充分理解压力条件下商业银行所面临的风险及风险间的相互作用、资本工具吸收损失和支持业务持续运营的能力，并判断资本管理目标、资本补充政策安排和应对措施的合理性。

14. 商业银行制定资本规划，应当充分考虑对银行资本水平可能产生重大负面影响的因素，包括(　　)。

A. 或有风险暴露　B. 严重且长期的市场衰退

C. 突破风险承受能力的其他事件　D. 风险事件

E. 外部事件

【解析】商业银行制定资本规划，应当审慎估计资产质量、利润增长及资本市场的波动性，充分考虑对银行资本水平可能产生重大负面影响的因素，包括或有风险暴露，严重

11ABCDE　12ABE　13ABCDE　14ABC

且长期的市场衰退，以及突破风险承受能力的其他事件。

15. 商业银行的资本应急预案应包括(　　)等。

A. 紧急筹资成本分析　　B. 紧急筹资可行性分析

C. 限制资本占用程度高的业务发展　　D. 采用风险缓释措施

E. 风险缓释成本分析

【解析】商业银行的资本应急预案应包括紧急筹资成本分析和可行性分析、限制资本占用程度高的业务发展、采用风险缓释措施等。

16. 商业银行应当建立内部资本充足评估程序的报告体系，报告应至少包括以下内容(　　)。

A. 评估主要风险状况及发展趋势、战略目标和外部环境对资本水平的影响

B. 定期报告流动性风险水平指标

C. 评估实际持有的资本是否足以抵御主要风险

D. 确定监管资本要求

E. 提出确保资本能够充分覆盖主要风险的建议

【解析】商业银行应当建立内部资本充足评估程序的报告体系，定期监测和报告银行资本水平和主要影响因素的变化趋势。报告应至少包括以下内容：①评估主要风险状况及发展趋势、战略目标和外部环境对资本水平的影响；②评估实际持有的资本是否足以抵御主要风险；③提出确保资本能够充分覆盖主要风险的建议。B 项属于流动性风险报告的内容；D 项，监管机构可以基于银行自行评估的内部资本水平来确定监管资本要求。

15ABCD　16ACE

第十三章　银行监管与市场约束

一、单选题(下列选项中只有一项最符合题目的要求)

1. 在监管实践中，(　　)监管贯穿于商业银行设立、持续经营、市场退出的全过程。[2018 年 10 月真题]

A. 资本充足率　　B. 利润率　　C. 现场　　D. 非现场

【解析】《关于统一国际银行资本计量和资本标准的协议》(巴塞尔协议Ⅰ)建立了一套国际通用的覆盖表内外风险的资本充足率标准，提出了银行最低资本要求，将资本充足率监管作为银行监管的核心内容，并提出具体的、国际统一的标准。

2. 多年来国内外银行危机的惨痛教训反复证明，(　　)是最可能导致银行危机的最主要原因。[2023 年 10 月真题]

A. 银行业务创新不足　　B. 风险偏好过于激进

C. 市场过度竞争　　D. 金融消费者权益保护不足

【解析】银行普遍存在通过扩大资产规模增加利润的发展冲动。由于银行本身并不承担全部风险成本，因此容易引发银行机构在信贷配置方面的逆向选择与道德风险，造成金融市场效率低下。国内外教训反复证明，银行业资产规模的盲目扩张是银行业危机的主要原因。我国商业银行长期缺乏资产扩张的约束机制，普遍存在“速度情结”和“规模冲动”，导致商业银行资产质量不高，银行体系积聚较高风险。

3. 下列关于商业银行进行充分信息披露作用的表述，错误的是(　　)。[2019 年 6 月真题]

A. 信息披露能够揭示商业银行的经营状况及商业银行经营者的行为

B. 信息披露会增加审计人员发表不恰当审计意见的可能性

C. 信息披露能够强化外部市场对经营者行为的约束

D. 信息披露是消除信息不对称及降低代理成本的有效途径之一

【解析】银行机构要真实、全面、及时、充分地进行信息披露，提高银行经营透明度，有利于社会大众及监管机构对银行的监督管理，提高银行治理水平和风险控制意识。

4. 监管部门监督检查与(　　)共同构成商业银行有效管理和控制风险的外部保障。[2016 年 11 月真题]

A. 公司治理　　B. 资本管理　　C. 市场约束　　D. 市场准入

【解析】监管部门监督检查与市场约束共同构成商业银行有效管理和控制风险的外部保障。面对当前复杂多变的全球经济、金融形势，有效银行监管对保持金融稳定的重要性不断提升，全球范围内就加强对银行机构监管、完善监管政策和会计政策、鼓励有效公司治理、提高信息披露水平达成共识，银行监管与市场约束在银行业风险管理体系中的重要性必将进一步提升。

1A　2B　3B　4C

5. 银行监管与外部审计各有侧重，通常情况下，银行监管侧重于(　　)。[2020 年 10 月真题]

A. 银行机构风险和合规性的分析、评价　B. 财务报表检查

C. 会计资料规范性　D. 关注财务数据完整性、准确性和可靠性

【解析】银行监管侧重于合规管理与风险控制的分析和评价；外部审计则侧重于财务报表审计，关注财务信息的完整性、准确性、可靠性。

6. 国务院银行业监督管理机构在总结和借鉴国内外银行监管经验的基础上提出的理念是(　　)。[2017 年 10 月真题]

A. 管法人、管风险、管内控、提高透明度

B. 管法人、管风险、管制度、提高透明度

C. 管机构、管风险、管制度、提高透明度

D. 管法人、管流程、管内控、提高透明度

【解析】在总结和借鉴国内外银行监管经验的基础上，国务院银行业监督管理机构提出了"管法人、管风险、管内控、提高透明度"的监管理念。这一监管理念内生于中国的银行改革、发展与监管实践，是对当前我国银行监管工作经验的高度总结。

7. 监管机构对商业银行现场检查的重点不包括(　　)。[2012 年 10 月真题]

A. 市场竞争状况　B. 业务经营的合法合规性

C. 资本充足性　D. 风险状况

【解析】银行业监督管理机构现场检查的重点内容包括：业务经营的合法合规性、风险状况和资本充足性、资产质量、流动性、盈利能力、管理水平和内部控制、市场风险敏感度。

8.《银行业监督管理法》明确我国银行业监管的目标是促进银行业合法、稳健运行和(　　)。

A. 维护金融体系的安全和稳定　B. 维护市场的正常秩序

C. 维护公众对银行业的信心　D. 保护债权人利益

【解析】《银行业监督管理法》明确我国银行业监督管理的目标是：促进银行业的合法、稳健运行，维护公众对银行业的信心。同时，提出银行业监督管理应当保证银行业公平竞争，提高银行业竞争力。

9. 风险监管的核心步骤是(　　)。

A. 了解机构　B. 规划监管行动　C. 风险评估　D. 风险衡量

【解析】风险评估是风险为本监管最为核心的步骤，其作用是认识和把握机构所面临的风险种类、风险水平和演变方向以及风险管理能力。风险评估环节包含四个阶段：①了解银行的业务和风险管理制度；②界定其主要业务领域；③用风险矩阵对每一业务领域的八种潜在风险逐一识别和衡量；④形成风险评估报告。

10. 银行风险监管指标设计的核心是(　　)。

A. 行业监管　B. 合规监管　C. 法律监管　D. 风险监管

5A　6A　7A　8C　9C　10D

【解析】银行风险监管指标设计以风险监管为核心，以法人机构为主体，兼顾分支机构，并形成分类、分级的监测体系。

11. 风险水平类指标不包括(　　)。

A. 核心负债比率　　B. 预期损失率

C. 关注类贷款迁徙率　　D. 不良贷款拨备覆盖率

【解析】风险水平类指标包括信用风险指标、市场风险指标、操作风险指标和流动性风险指标。A 项属于流动性风险指标；BD 两项属于信用风险指标；C 项属于风险迁徙类指标。

12. 资产利润率的计算公式为(　　)。

A. 资产利润率 = 净收入/资本金总额 ×100%

B. 资产利润率 = 净利润/资本金总额 ×100%

C. 资产利润率 = 净利润/所有者权益平均余额 ×100%

D. 资产利润率 = 净利润/资产平均余额 ×100%

【解析】资产利润率 = 净利润/资产平均余额 ×100%。资本利润率 = 净利润/所有者权益平均余额 ×100%。这些指标反映银行资产或资本的盈利能力。从而评价银行的经营成果，指标越高，表明银行资产或资本的利用效果越好。

13. 下列指标的计算公式中，错误的是(　　)。

A. 成本收入比率 =(营业支出 - 营业税金及附加)/营业净收入

B. 净息差 = 利息净收入/生息资产平均余额 ×100%

C. 利息收入比率 = 利息净收入/营业总收入 ×100%

D. 中间业务收入比率 = 中间业务收入/营业净收入 ×100%

【解析】C 项，利息收入比率 = 利息净收入/营业净收入 ×100%。

14. 下列关于风险监管的内容的表述，不正确的是(　　)。

A. 银行机构自身风险状况既包括银行整体并表基础上的总体风险水平，还包括其单一分支机构的风险水平

B. 监管部门对商业银行人力资源状况的监管包括对技术人员实施任职资格审核和对商业银行人事政策和管理程序进行评估

C. 监管部门高度关注银行类金融机构所面临的风险状况，包括行业整体风险状况、区域风险状况和银行机构自身的风险状况

D. 商业银行管理信息系统的形式和内容应当与商业银行营运、组织结构、业务政策、操作系统和管理报告制度相吻合

【解析】B 项，监管部门对商业银行人力资源状况的监管分为两大方面：①对高级管理人员实施任职资格审核，从职业操守、专业能力和道德品质等方面评价拟任人员适任情况；②对商业银行人事政策和管理程序的评价。

15. 下列关于风险监管的说法，不正确的是(　　)。

A. 监管部门所关注的风险状况包括行业整体风险状况、区域风险状况和银行机构自身

11C　12D　13C　14B　15D

的风险状况

B. 银行监管部门通过现场检查和非现场监管等手段，对银行机构风险状况进行全面评估和监控

C. 按照诱发风险的原因，通常可将风险分为信用风险、市场风险、操作风险、流动性风险、国别风险、声誉风险、法律风险以及战略风险八大类

D. 银行机构自身风险状况不包括分支机构的风险水平

【解析】D 项，银行机构自身风险状况既包括银行整体并表基础上的总体风险水平，还包括其单一或部分分支机构的风险水平。

16. 某商业银行目前的资本金为 40 亿元，信用风险加权资产为 100 亿元，根据《商业银行资本充足率管理办法》，若要使资本充足率为 8%，则市场风险资本要求为(　　)亿元。

A. 8　　B. 16　　C. 24　　D. 32

【解析】根据资本充足率的计算公式：资本充足率 =(总资本 - 对应资本扣减项)/(信用风险加权资产 + 12.5 × 市场风险资本要求 + 操作风险资本要求) × 100%，可以推出：市场风险资本要求 = [(总资本 - 对应资本扣除项)/资本充足率 - 信用风险加权资产 - 操作风险资本要求]/12.5 =(40/8% - 100)/12.5 = 32(亿元)。

17. 下列关于市场准入的说法，不正确的是(　　)。

A. 市场准入是指监管部门采取行政许可手段审查、批准市场主体可以进入某一领域并从事相关活动的机制

B. 机构准入是指依据法定标准，批准银行机构法人或其分支机构的设立

C. 业务准入是指按照盈利性原则，批准银行机构的业务范围和开办新的业务品种

D. 高级管理人员的准入，是指对银行机构高级管理人员任职资格的核准或认可

【解析】根据国务院银行业监督管理机构的监管规则，银行机构的市场准入包括三个方面：机构准入、业务准入、高级管理人员准入。其中，业务准入是指按照审慎性标准，批准银行机构业务范围和开办新业务。

18. 市场准入应遵循的原则不包括(　　)。

A. 效益　　B. 公开　　C. 便民　　D. 效率

【解析】市场准入应当遵循公开、公平、公正、效率及便民的原则。

19. 下列各项中，关于我国对资本充足率要求的说法不正确的是(　　)。

A. 监管部门将对资本充足率的监管分为四个层次，其中，第四个层次是最低资本要求

B. 根据《商业银行资本管理办法(试行)》，我国商业银行资本信息披露包括资本充足率的计算方法

C. 资本充足率 =(总资本 - 对应资本扣减项)/(信用风险加权资产 + 12.5 × 市场风险资本要求 + 操作风险资本要求) × 100%

D. 一级资本充足率 =(一级资本 - 对应资本扣减项)/(信用风险加权资产 + 12.5 × 市场风险资本要求 + 操作风险资本要求) × 100%

【解析】A 项，《商业银行资本管理办法(试行)》明确提出了四个层次的监管资本要求。

16D　17C　18A　19A

第一个层次是最低资本要求；第二个层次是储备资本要求和逆周期资本要求；第三个层次是系统重要性银行附加资本要求；第四个层次是针对特殊资产组合的特别资本要求和针对单家银行的特定资本要求，即第二支柱资本要求。

20. 下列各项关于监督检查的说法，错误的是(　　)。
A. 非现场监管和现场检查两种方式相互补充，互为依据，在监管活动中发挥着不同的作用
B. 通过现场检查可修正非现场监管的结果
C. 通过非现场监管系统收集到全面、可靠和及时的信息，这将大大减少现场检查的工作量
D. 非现场监管结果将提高现场检查的质量

【解析】D 项，现场检查结果将提高非现场监管的质量。检查小组从实地获取的第一手资料将验证非现场监管人员的分析判断，特别是从被监管机构的内部控制和管理质量方面为非现场监管的分析提供大量佐证，提升分析的准确性。

21. 关于银行监管的主要方式，下列表述不正确的是(　　)。
A. 银行监管的主要方式包括市场准入、非现场监管、现场检查和风险处置纠正
B. 非现场监管需要非现场监管人员按照风险为本的监管理念，全面持续地收集、检测和分析被监管机构的风险信息
C. 现场检查是指监管部门针对银行机构存在的不同风险和风险的严重程度，及时采取相应措施加以处置
D. 非现场监管工作需要对现场检查发现的问题和风险进行持续跟踪监测，督促被监管机构的整改进度和情况

【解析】C 项，风险处置纠正是指监管部门针对银行机构存在的不同风险和风险的严重程度，及时采取相应措施加以处置。现场检查是指监管当局及其分支机构派出监管人员到被监管的银行业金融机构进行实地检查，通过查阅账表、文件等各种资料和座谈询问等方法，对银行业金融机构经营管理情况进行分析、检查、评价和处理，督促其合法、稳健经营，提高经营管理水平，维护金融机构及金融体系安全的一种检查方式。

22. 下列哪项关于现场检查的表述不正确？(　　)
A. 现场检查是指监管当局及其分支机构派出监管人员到被监管的金融机构进行实地检查
B. 监管当局通过现场检查，可以对金融宏观调控的运行情况是否正常等问题进行客观检验
C. 通过现场检查，对商业银行正当的、合法的经营活动以及先进的管理操作做法予以肯定并予以保护
D. 现场检查对非现场监管有指导作用

【解析】D 项，非现场监管对现场检查有指导作用，非现场监管人员的分析结果将为每个现场检查小组提供被检查机构以及同类机构的最新情况和信息，特别是对一些风险点和重大的问题缺陷进行检查提示和建议，从而大大提高现场检查的针对性。

20D　21C　22D

23. 下列各项中不属于风险处置纠正的内容的是(　　)。

A. 风险纠正　　B. 风险防范　　C. 市场退出　　D. 风险救助

【解析】风险处置纠正贯穿银行监管始终，是指监管部门针对银行机构存在的不同风险和风险的严重程度，及时采取相应措施加以处置，包括：①风险纠正；②风险救助；③市场退出。

24. 关于风险救助，下列说法不正确的是(　　)。

A. 是针对有问题的银行机构采取的救助性措施

B. 其内容包括调整决策层和管理层、实施资产和债务重组等

C. 其措施可分为两类：一类是建议性或参考性措施，另一类是带有一定强制性或监控性的措施

D. 其目的是通过风险救助，改善银行机构经营状况，有效处置化解风险，防止风险进一步扩大和恶化

【解析】C 项，风险的纠正性措施可分为两类：一类是建议性或参考性措施，另一类是带有一定强制性或监控性的措施。

25. 下列关于银行监管法律法规体系的说法，不正确的是(　　)。

A. 在我国，按照法律的效力等级划分，银行监管法律框架由法律、行政法规和规章三个层级的法律规范构成

B. 行政法规是由国务院依法制定的，以国务院令的形式发布的各种有关活动的法律规范，其效力等同于法律

C. 规章是银行监督管理部门根据法律和行政法规，在权限范围内制定的规范性文件

D. 法律是由全国人民代表大会及其常务委员会根据《宪法》，并依照法定程序制定的有关法律规范，是法律框架的最基本组成部分

【解析】B 项，行政法规是由国务院依法制定，以国务院令的形式发布的各种有关活动的法律规范，其效力低于法律。

26. 下列风险管理领域相关制度指引中，(　　)不属于信用风险管理领域相关制度指引。

A.《贷款通则》

B.《商业银行不良资产监测和考核暂行办法》

C.《商业银行操作风险管理指引》

D.《项目融资业务指引》

【解析】C 项，《商业银行操作风险管理指引》属于操作风险管理领域相关制度指引。

27. 下列关于市场约束的表述不正确的是(　　)。

A. 监管部门是市场约束的核心

B. 市场约束的目的在于促进银行稳健经营

C. 市场约束机制不需要一系列配套制度也可以实现

D. 股东通过行使权利给银行经营者施加经营压力，有利于银行改善治理，实现对银行的市场约束

23B　24C　25B　26C　27C

【解析】C项，市场约束机制需要一系列配套制度得以实现，包括完善的信息披露制度、健全的中介机构管理约束、良好的市场环境和有效的市场退出政策，以及监管机构对银行业金融机构所披露的信息进行评估等。

28. 监管部门是市场约束的核心，其作用不包括(　　)。
A. 制定信息披露标准和指南，提高信息的可靠性和可比性
B. 实施惩戒，即建立有效的监督检查制度，确保政策执行和有效信息披露
C. 引导其他市场参与者改进做法，强化监督
D. 建立风险处置和退出机制，促进行政约束机制最终发挥作用

【解析】监管部门的作用除了ABC三项之外还包括建立风险处置和退出机制，促进市场约束机制最终发挥作用。

29. 下列关于市场约束参与方的作用，错误的是(　　)。
A. 监管机构制定信息披露标准和指南，提高信息的可靠性和可比性
B. 存款人通过提取存款或把存款转入其他银行，增加银行的竞争压力，银行为了吸收更多的存款必然要照顾存款人的利益，提高银行经营管理水平，有效控制风险
C. 评级机构能够引导公众选择资金安全性高的金融机构，并起到市场监督的作用
D. 股东的市场约束作用在于通过股票的购买和出售，对银行的资金调度施加压力，督促银行改善经营，控制风险

【解析】D项，债券持有人的市场约束作用主要是通过债券的购买和赎回，对银行的资金调度施加压力，督促银行改善经营，控制风险。银行股东拥有银行经营的决策权、投票权和转让股份等权利，股东通过行使权利给银行经营者施加经营压力，有利于银行改善治理，实现对银行的市场约束。

30. (　　)作为独立的第三方，能够对银行进行客观公正的评级。
A. 监管部门　　B. 银行业协会　　C. 评级机构　　D. 审计师

【解析】评级机构作为独立第三方，能够对银行进行客观公正的评级，为投资者和债权人提供有关资金安全的风险信息，引导公众选择资金安全性高的金融机构。

31. 关于专有信息和保密信息披露的内容，下列表述错误的是(　　)。
A. 专有或保密信息的有限披露免除，不得与会计准则的披露要求产生冲突
B. 专有信息是指如果与竞争者共享这些信息，会导致银行在这些产品和系统的投资价值下降，并进而削弱其竞争地位
C. 如果专有信息和保密信息的披露会严重损害银行的地位，那么银行可以选择不披露其具体内容，一般性披露也可以免除
D. 信息披露需均衡考虑信息披露的完整性原则以及保护专有及保密信息的需要

【解析】C项，在某些情况下，专有或保密信息的对外披露会严重损害银行的竞争地位，这种情况下银行可以不披露具体的项目，但必须对要求披露的信息进行一般性披露，并解释某些项目未对外披露的事实和原因。

32. 关于强化信息披露监控机制，下列表述不正确的是(　　)。

28D　29D　30C　31C　32C

A. 信息披露如果不符合要求，必要时可要求增加信息披露的内容甚至重新进行信息披露

B. 日常监督机制主要针对商业银行信息披露的行为、特点，进行有效、稳定的信息披露监督

C. 法律赋予监管当局的责任越大，揭示商业银行信息披露的动机越小，商业银行在信息披露上造假的动机就越大

D. 为了达到有效银行监管的目的，监管当局必须强化信息披露监控机制，包括日常监督机制、惩罚机制和监管当局责任

【解析】C 项，法律赋予监管当局的责任越大，监管者的能力越强，揭示商业银行信息披露的动机越强烈，商业银行在信息披露上造假的动机就越小，也越有可能提供真实可靠的信息数据。

33. 在外部审计与信息披露的关系中，外部审计除了有利于提高信息披露质量外，还有助于(　　)。

A. 提高我国商业银行的竞争能力

B. 消除信息不对称及降低代理成本

C. 对银行产生更强有力的监管和市场约束

D. 提高审计效率

【解析】由于我国商业银行信息披露存在披露内容不全面，风险信息、表外业务信息披露不充分，信息披露监控机制不完善等问题，市场参与者难以及时获得诸如银行财务状况、经营战略、风险管理能力、收益等方面的可靠信息，无法判断哪些银行风险较低，或要求风险较高的银行提供更高的收益。因此，借助外部审计机构的专业力量提高银行信息披露质量，有助于对银行产生更强有力的监管和市场约束。

34. 外部审计作为一种外部监督机制，已经成为银行监管的重要补充，下列哪项不属于外部审计的目的？(　　)

A. 评估从商业银行收到报告的精确性

B. 评价商业银行总体经营情况

C. 评价商业银行各项风险管理制度

D. 评价银行各项资产组合的质量和风险暴露程度

【解析】除了 ABC 三项之外，外部审计的目的还包括：①评价银行各项资产组合的质量和准备金的充足程度；②评价管理层的能力；③评价商业银行会计和管理信息系统的完善程度；④商业银行遵守有关合规经营的情况；⑤其他历次监管中发现的问题。

二、多选题(下列选项中有两项或两项以上符合题目的要求)

1. 市场约束机制包括(　　)。[2018 年 10 月真题]

A. 监管机构对银行业金融机构所披露的信息进行评估

B. 完善的信息披露制度

C. 良好的市场环境

D. 健全的中介机构管理约束

33C　34D　▎　1ABCDE

E. 有效的市场退出政策

【解析】市场约束机制需要一系列配套制度得以实现，包括完善的信息披露制度、健全的中介机构管理约束、良好的市场环境和有效的市场退出政策，以及监管机构对银行业金融机构所披露的信息进行评估等。

2. 根据监管要求，银行业金融机构的市场准入包括(　　)。[2018 年 10 月真题]

A. 区域准入　　B. 机构准入

C. 高级管理人员准入　　D. 业务准入

E. 行业准入

【解析】根据国务院银行业监督管理机构的监管规则，银行机构的市场准入包括三个方面：①机构准入，指依据法定标准，批准银行机构法人或其分支机构的设立；②业务准入，指按照审慎性标准，批准银行机构业务范围和开办新业务；③高级管理人员准入，指对银行机构高级管理人员任职资格的核准或认可。

3. 根据监管要求，第三支柱市场约束有助于(　　)。[2019 年 6 月真题]

A. 商业银行进行资产规模扩张　　B. 保护公众知情权和公众利益

C. 增强银行经营和监管透明度　　D. 发挥外部监督作用

E. 促进银行业稳健发展

【解析】市场约束是指通过建立银行业金融机构信息披露制度，增强银行业金融机构经营和监管透明度，有效发挥外部监督作用，提高银行业整体经营水平，实现持续、稳健发展。无论是从保护公众知情权和公众利益的角度，还是从强化监督的角度来看，市场约束对银行业稳健运营均具有重要意义。

4. 在巴塞尔协议Ⅲ出台之际，我国国务院银行业监督管理机构适时推出(　　)四大监管工具，形成中国银行业监管新框架，积极适应国际监管新标准。[2016 年 11 月真题]

A. 流动性要求　　B. 拨备率　　C. 资本要求　　D. 杠杆率

E. 市场约束

【解析】2011 年，在巴塞尔协议Ⅲ出台之际，原中国银监会及时推出资本要求、杠杆率、拨备率和流动性要求四大监管工具，初步形成中国银行业监管新框架，以积极适应国际监管新标准。

5. 依据《商业银行风险监管核心指标(试行)》，属于风险监管核心指标的是(　　)。[2016 年 5 月真题]

A. 风险暴露类指标　　B. 风险迁徙类指标

C. 风险水平类指标　　D. 风险识别类指标

E. 风险抵补类指标

【解析】依据《商业银行风险监管核心指标(试行)》，风险监管核心指标分为以下三个主要类别：风险水平类指标、风险迁徙类指标、风险抵补类指标。

6. 国务院银行业监督管理机构现场检查的重点内容包括(　　)。[2023 年 10 月真题]

A. 资产质量、流动性、盈利能力　　B. 管理水平和内部控制

2BCD　3BCDE　4ABCD　5BCE　6ABCDE

C. 风险状况和资本充足性　　　　　　D. 市场风险敏感度

E. 业务经营的合法合规性

【解析】银行业监督管理机构现场检查的重点内容包括：业务经营的合法合规性、风险状况和资本充足性、资产质量、流动性、盈利能力、管理水平和内部控制、市场风险敏感度。

7. 银行监管中，采取市场准入的主要目的有(　　)。[2015 年 10 月真题]

A. 防止海外游资流入国内银行系统

B. 维护国有商业银行的利益

C. 保护存款者的利益

D. 维护银行市场秩序

E. 保证注册银行具有良好的品质，预防不稳定机构进入银行体系

【解析】市场准入应当遵循公开、公平、公正、效率及便民的原则，其主要目标是：①保证注册银行具有良好品质，防止不稳定机构进入银行体系；②维护银行市场秩序；③保护存款者利益。

8. 在有限的资源约束下，采用风险为本的监管是一种最具成本效益的选择，其发挥的重要作用有(　　)。[2018 年 10 月真题]

A. 明确了非现场监管和现场检查的职责，使二者分工更清晰、结合更紧密

B. 把监管重心转移到银行风险管理和内部控制质量的评估上

C. 明确监管的风险导向，提高银行管理层对风险管理的关注程度

D. 更多借鉴内部管理和外部审计的结果，减少低风险业务的测试量和重复劳动，提高现场工作效率

E. 通过事前对风险的有效识别，可根据每个机构的风险特点设计、检查和监管方案

【解析】除 ABCDE 五项以外，采用风险为本的监管发挥的重要作用还有：通过对机构信息的收集、对业务和各类风险及风险管理程序的评估能更好地了解机构的风险状况和管理素质，及早识别出即将形成的风险，具有前瞻性。

9. 监管机构对银行业金融机构进行审慎有效的监管，其主要目标有(　　)。[2018 年 10 月真题]

A. 推动银行业资产规模的快速增长

B. 努力减少金融犯罪，维护金融稳定

C. 通过相关金融知识的宣传教育工作和相关信息的披露，增进公众对现代金融的了解

D. 增进市场信心

E. 保护广大存款人和金融消费者的利益

【解析】银行监管的具体目标包括：①通过审慎有效的监管，保护广大存款人和金融消费者的利益；②通过审慎有效的监管，增进市场信心；③通过相关金融知识的宣传教育工作和相关信息的披露，增进公众对现代金融的了解；④努力减少金融犯罪，维护金融稳定。

7CDE　8ABCDE　9BCDE

10. 商业银行有效管理和控制风险的两大外部保障是(　　)。

A. 市场约束　　B. 市场准入　　C. 信息披露制度　　D. 监管部门监督检查

E. 风险处置纠正

【解析】监管部门监督检查与市场约束共同构成商业银行有效管理和控制风险的外部保障。BE 两项属于银行监管的主要方式；C 项属于市场约束机制的组成部分。

11. 下列关于银行监管必要性原理的论述正确的有(　　)。

A. 无论是国家所有还是非国家所有的银行业金融机构所提供的服务或产品都具有一定的公共性质，应当接受作为公共权力机构的政府或其授权机构的监管

B. 银行普遍存在通过扩大其资产规模而增加利润的发展冲动，但由于银行本身并不承担全部风险成本，因此容易引发银行机构在信贷配置方面的逆向选择与道德风险，造成金融市场效率低下

C. 外部宏观经济、行业、区域等风险因素的变化对银行经营及未来发展产生深远的影响

D. 银行业先天存在垄断与竞争的悖论

E. 为提高效率，可以通过市场机制实现资本的自由准入与退出

【解析】E 项，银行业具有内在垄断和过度竞争的发展趋势，难以靠市场调节自动达到适度竞争的均衡状态，也难以通过市场机制实现资本的自由准入与退出。需要政府适当干预和引导，对银行业的市场准入和退出进行适当限制和管理。

12. 中国银行监管应当遵循的基本原则包括下列哪几项？(　　)

A. 公正原则　　B. 公开原则　　C. 效率原则　　D. 公平原则

E. 依法原则

【解析】监管原则是对监管行为的总体规范，《银行业监督管理法》明确规定，银行业监督管理机构对银行业实施监督管理，应当遵循依法、公开、公正和效率四项基本原则。

13. 银行监管的“公开原则”的“公开”包含(　　)。

A. 行政复议的依据、标准、程序公开　　B. 监管执法和行为标准公开

C. 监管立法和政策标准公开　　D. 监管职权的信息公开

E. 监管范围的信息公开

【解析】银行监管的公开原则是指监管活动除法律规定需要保密的以外，应当具有适当透明度，主要包括三个方面的内容：①监管立法和政策标准公开；②监管执法和行为标准公开；③行政复议的依据、标准、程序公开。

14. 我国银行监管应当逐步从合规监管向风险监管的方向转变。风险监管是一种全面、动态掌握银行情况的监管，其目的是重点检查和评价涉及银行业务的各个方面，并关注银行的(　　)。

A. 业务风险　　B. 内部控制　　C. 风险管理水平　　D. 盈利能力

E. 支付能力

【解析】风险监管是指通过识别银行固有的风险种类，进而对其经营管理所涉及的各类

10AD　11ABCD　12ABCE　13ABC　14ABC

风险进行评估，并按照评级标准，系统、全面、持续地评价一家银行经营管理状况的监管模式。这种监管模式重点关注银行的业务风险、内部控制和风险管理水平，检查和评价涉及银行业务的各个方面，是一种全面、动态掌握银行情况的监管。

15. 风险为本的监管模式的特点包括（　　）。

A. 计划性强　　B. 目标明确　　C. 提高效率　　D. 节省资源

E. 操作复杂

【解析】风险监管是一种计划性强、目标明确、提高效率和节省资源的监管模式。

16. 风险评估环节包括（　　）。

A. 了解银行的业务和风险管理制度

B. 界定其主要业务领域

C. 用风险矩阵对每一业务领域的八种潜在风险逐一识别和衡量

D. 分析风险产生的原因

E. 形成风险评估报告

【解析】在风险监管框架中，风险评估是风险为本监管最为核心的步骤，其作用是认识和把握机构所面临的风险种类、风险水平和演变方向以及风险管理能力。风险评估环节包含四个阶段：①了解银行的业务和风险管理制度；②界定其主要业务领域；③用风险矩阵对每一业务领域的八种潜在风险逐一识别和衡量；④形成风险评估报告。

17. 风险水平类指标主要包括（　　）。

A. 流动性风险指标　　B. 正常贷款迁徙率

C. 信用风险指标　　D. 市场风险指标

E. 操作风险指标

【解析】风险水平类指标用来衡量商业银行的风险状况，以时点数据为基础，属于静态指标，包括信用风险指标、市场风险指标、操作风险指标和流动性风险指标。B项，正常贷款迁徙率属于风险迁徙类指标。

18. 下列关于风险迁徙类指标的说法，正确的有（　　）。

A. 衡量商业银行风险变化的程度

B. 包括正常贷款迁徙率和不良贷款迁徙率

C. 属于静态指标

D. 表示为资产质量从前期到本期变化的比率

E. 是风险监管核心指标的主要类别之一

【解析】风险迁徙类指标是风险监管核心指标的主要类别之一，用来衡量商业银行风险变化的程度，表示为资产质量从前期到本期变化的比率，属于动态指标，包括正常贷款迁徙率和不良贷款迁徙率。

19. 风险抵补类指标用于衡量商业银行抵补风险损失的能力，主要包括（　　）。

A. 不良贷款迁徙率　　B. 资本充足程度

C. 核心负债比例　　D. 盈利能力

15ABCD　16ABCE　17ACDE　18ABDE　19BDE

E. 准备金充足程度

【解析】风险抵补类指标主要衡量商业银行抵补风险损失的能力，包括盈利能力、准备金充足程度和资本充足程度三个方面。A 项属于风险迁徙类指标；C 项属于风险水平类指标中的流动性风险指标。

20. 下列各项中，(　　)属于银行盈利能力监管指标。

A. 资产利润率　　B. 资本利润率　　C. 成本收入比率　　D. 净息差

E. 利息收入比率

【解析】银行盈利能力监管指标主要包括：资产利润率、资本利润率、成本收入比率、净息差、利息收入比率、中间业务收入比率。

21. 在我国，按照法律的效力等级划分，银行监管法律框架主要由下列哪些层次的法律规范构成？(　　)

A. 法律　　B. 行政法规　　C. 国际金融条约　　D. 规章

E. 司法解释

【解析】按照法律的效力等级划分，我国银行监管法律框架主要包括：①法律，指由全国人民代表大会及其常务委员会根据《宪法》，并依照法定程序制定的有关法律规范，是法律框架的最基本组成部分，效力等级最高；②行政法规，指由国务院依法制定，以国务院令的形式发布的各种有关活动的法律规范，其效力低于法律；③规章，指银行监督管理部门根据法律和行政法规，在权限范围内制定的规范性文件。CE 两项是法律框架的有效补充。

22. 银行监管所依据的法律包括(　　)。

A.《银行业监督管理法》　　B.《中国人民银行法》

C.《行政许可法》　　D.《劳动法》

E.《商业银行法》

【解析】银行监管领域所依据的法律包括：《中华人民共和国民法典》《中华人民共和国银行监督管理法》《中华人民共和国中国人民银行法》《中华人民共和国商业银行法》《中华人民共和国行政许可法》。这些法律构成银行监管部门依法行使银行监管职能的基础。此外，《中华人民共和国信托法》《中华人民共和国票据法》《中华人民共和国公司法》等法律也从不同角度对银行业金融机构经营管理提出了基本法律要求。

23. 市场约束参与方主要包括(　　)。

A. 监管部门　　B. 公众存款人　　C. 评级机构　　D. 其他债权人

E. 股东

【解析】市场约束参与方主要有：监管部门、公众存款人、股东、其他债权人、外部中介机构(评级机构)和其他参与方。

24. 监管部门参与市场约束的作用表现在(　　)。

A. 实施惩戒　　B. 指导市场参与者改进做法

C. 建立风险的处置和退出机制　　D. 制定信息披露标准

20ABCDE　21ABD　22ABCE　23ABCDE　24ABCD

E. 引导公众对银行业务的选择

【解析】监管部门是市场约束的核心，其作用在于：①制定信息披露标准和指南，提高信息的可靠性和可比性；②实施惩戒，即建立有效的监督检查机制，确保政策执行和有效信息披露；③引导其他市场参与者改进做法，强化监督；④建立风险处置和退出机制，促进市场约束机制最终发挥作用。

25. 关于市场约束，下列表述正确的有(　　)。

A. 公众存款人是市场约束的核心

B. 市场约束的目的在于促进银行稳健经营

C. 市场约束的运作机制主要是依靠利益相关者的利益驱动，包括存款人、债权人、银行股东等

D. 市场约束是指通过建立银行业金融机构信息披露制度，增强银行业金融机构经营和监管透明度

E. 债券持有人的市场约束作用主要是通过债券的购买和赎回，对银行的资金调度施加压力，督促银行改善经营，控制风险

【解析】A 项，监管部门是市场约束的核心。

26. 商业银行董事会负责本行资本充足率的信息披露，信息披露需保证其(　　)，以便市场参与者能够对商业银行资本充足率作出正确的判断。

A. 真实性　　B. 准确性　　C. 及时性　　D. 配比性

E. 充分性

【解析】商业银行董事会负责本行资本充足率的信息披露，未设立董事会的，由行长负责。信息披露的内容须经董事会或行长批准，并保证信息披露的真实性、准确性、充分性、及时性、公平性，以便市场参与者能够对商业银行资本充足率做出正确的判断。

27. 信息披露通常通过(　　)等形式向社会公众披露公司及与公司相关的信息。

A. 招股说明书　　B. 上市公告书　　C. 定期报告　　D. 财务报表

E. 临时报告

【解析】信息披露通常是指公众公司以招股说明书、上市公告书，以及定期报告和临时报告等形式，把公司及与公司相关的信息，向投资者和社会公众进行披露的行为。

28. 下列哪些属于关于市场风险定量信息披露的主要内容？(　　)

A. 利率风险　　B. 股票风险　　C. 外汇风险　　D. 信用风险

E. 商品风险

【解析】关于市场风险的定性信息披露包括：标准法下计量市场风险覆盖的风险暴露，内部模型法下计量市场风险覆盖的风险暴露、所用模型的特点、压力测试情况；定量信息披露包括：标准法下利率风险、股票风险、外汇风险、商品风险、期权风险的资本要求，市场风险期末风险价值及平均风险价值，内部模型法下市场风险期末风险价值，报告期的最高、最低、平均风险价值，返回检验中的显著异常值。

29. 巴塞尔委员会在《有效银行监管核心原则》中要求银行监管者可以视检查人员资源状况，

25BCDE　26ABCE　27ABCE　28ABCE　29ABCDE

全部或部分地使用外部审计师对商业银行实施检查并达到一些目的。关于《有效银行监管核心原则》要求达到的目的，下列说法正确的有(　　)。

A. 评价管理层的能力

B. 评价商业银行各项风险管理制度

C. 评估其从商业银行收到报告的精确性

D. 评价商业银行总体经营情况

E. 商业银行遵守有关合规经营的情况

【解析】《有效银行监管核心原则》要求达到的目的，除 ABCDE 五项外，还包括：①评价商业银行会计和管理信息系统的完善程度；②评价银行各项资产组合的质量和准备金的充足程度；③其他历次监管中发现的问题。

30. 关于外部审计和监督检查的关系，下列说法正确的有(　　)。

A. 外部审计侧重于风险和合规性的分析，银行监管侧重于财务报表审计

B. 外部审计和银行监管统一采用非现场检查

C. 外部审计和银行监管都将审查银行会计信息、管理信息以及相关记录

D. 外部审计和监管意见共同成为市场主体关注、评价、选择银行的重要依据

E. 外部审计报告是银行监管的重要资料，银行监管政策、相关标准和准则也是实施外部审计所依据和关注的重点，二者互相配合并形成合力能促进银行机构完善管理，防范金融风险

【解析】A 项，银行监管侧重于合规管理与风险控制的分析和评价，外部审计侧重于财务报表审计；B 项，外部审计和银行监管都采用现场检查的方式。

31. 下列关于外部审计的说法，正确的有(　　)。

A. 外部审计与银行监管相辅相成

B. 信息披露有利于提高审计效率、降低审计风险

C. 外部审计和银行监管的方式、目标、内容存在共性

D. 外部审计有利于提高信息披露质量

E. 加强外部审计对银行的监督作用，虽然提高监管效率，但是大大增加了监管成本

【解析】E 项，适度发挥外部审计对银行的监督作用，有利于大幅降低监管成本，提高监管效率。

三、案例题

风险事件：

2014 年 4 月 3 日，经国务院银行业监督管理机构核准，中国工商银行(下称“工行”)正式获准实施资本管理高级方法。作为全球系统重要性银行，工行积极实施资本管理高级方法，学习借鉴国际先进经验，用更高的标准要求自己，不断提高风险管理能力，把工行打造成能够抵御住各种风险冲击的“百年老店”。

相关背景：

股改上市以来，面对国际金融危机和国内经济转型的挑战，工行积极探索，在各项业务保持持续发展的同时，控制住了风险。一是管好了战略风险。通过实施国际化战略、“大零

30CDE　31ABCD

售、大资管、信息化银行”战略，实现了风险的分散化与盈利的多元化。二是确立了稳健的风险文化。制定了本行的风险偏好，正确处理长、短期利益关系，形成了合规、严谨、稳健的风险文化。三是建立了完善的风险治理构架。从集团层面做到了各类风险的统一管理，使全行资产组合的布局更加合理。四是建立了科学的风险计量与监控体系。通过实施资本管理高级方法，利用大数据和系统手段，实现了对风险的科学化、精细化管理。

经济进入新常态后，银行面临资产质量劣变的压力，工行通过实施内部评级法，抓转型、促应用，不断完善风险管理的精细化、前瞻性手段，积极应对新的形势与挑战。

工行充分发挥自身的信息科技优势和信贷管理经验，于 2014 年成立了业内首个专业化信用风险监控机构——信用风险监控中心。该中心集信用风险的分析、监测、预警、管控于一体，以大数据分析技术为手段，确立了分析建模、实时监测、风险预警、核查管控、跟踪督办、反馈优化及考核评价的信用风险监控工作流程，实时开展融资客户、融资产品、信贷机构及信贷人员风险的监测预警及跟踪管控，并实现了监控工作的系统化运行，有效增强了工行信用风险管理的及时性和前瞻性，促进了全行信贷经营管理水平的提升。

在风险监测预警方面，工商银行在有效整合和深入挖掘行内外数据信息的基础上，分析融资客户风险变化规律，研发并投产了一系列信用风险监控预警模型，构建了覆盖信贷投放、资产质量、日常运营及基础管理等多维度的信用风险日常监测指标体系，有效监测信贷与代理投资业务运行情况，及时揭示和管控业务风险。同时，加强对内外部形势的深入分析和提前预判，针对风险隐患相对较大的重点风险领域开展专项分析和治理，为有效防范系统性风险发挥了积极作用。

根据以上案例描述，回答下列 6 小题。

(1)工行作为全球系统重要性银行，下列对其资本监管的要求，不正确的是(　　)。(单选题)

A. 最低资本要求方面，核心一级资本充足率、一级资本充足率和资本充足率分别为 5%、6% 和 8%

B. 2.5% 的储备资本要求和 0～2.5% 的逆周期资本要求

C. 工行作为全球系统重要性银行，其资本充足率不得低于 11.5%

D. 附加资本要求为 2%

【解析】《商业银行资本管理办法(试行)》明确提出了四个层次的监管资本要求，其中，第三个层次是系统重要性银行附加资本要求，国内系统重要性银行附加资本为 1%。

(2)工行在各项业务保持持续发展的同时，对战略风险进行了很好的管理。下列对商业银行战略风险管理的表述，不恰当的是(　　)。(单选题)

A. 银行正确识别来自于内、外部的战略风险，有助于经营管理从被动防守转变为主动出击

B. 战略风险可通过技术性的风险参数对其进行量化

C. 金融机构“重前台、轻后台”的发展模式很容易积聚战略风险

D. 有效的战略风险管理应当定期采取从上至下的方式，全面评估商业银行的愿景、短期目的以及长期目标

【解析】B 项，战略风险评估与声誉风险相似，战略风险也是无形的，因此很难量化。

---

(1)D　(2)B

(3)工商银行成立了业内首个专业化信用风险监控机构——信用风险监控中心，以便更好地对信用风险进行监控。有效的信用风险监测体系应实现的目标包括(　　)。(多选题)

A. 识别贷款组合的信用风险

B. 监测对合同条款的遵守情况

C. 识别借款人违约情况，并及时对风险上升的授信进行分类

D. 评估抵(质)押物相对债务人当前状况的抵补程度以及抵(质)押物价值的变动趋势

E. 对已造成信用风险损失的授信对象或项目，可迅速进入补救和管理程序

【解析】A项，识别信用风险是风险识别环节的工作，不是信用监测体系中的内容。有效的信用监测体系应实现的目标，除BCDE四项外还包括：确保商业银行了解借款人或交易对方当前的财务状况及其变动趋势。

(4)工行在快速发展中形成了合规、严谨、稳健的风险文化。风险文化是商业银行在经营管理活动中逐步形成的(　　)。(多选题)

A. 哲学　　B. 公司治理原则　　C. 内部控制体系　　D. 风险管理理念

E. 价值观

【解析】风险文化是商业银行在经营管理活动中逐步形成的风险管理理念、哲学和价值观，通过商业银行的风险管理战略、风险管理制度以及广大员工的风险管理行为表现出来的一种企业文化。

(5)在风险监测预警方面，工行研发并投产了一系列信用风险监控预警模型，构建了覆盖信贷投放、资产质量、日常运营及基础管理等多维度的信用风险日常监测指标体系。其中，需要进行风险预警的内容不包括(　　)。(单选题)

A. 适应监管底线的风险预警管理

B. 适应法律法规调整变动的风险预警管理

C. 适应有关客户信用风险监测的预警管理

D. 适应本行内部信用风险执行效果的预警管理

【解析】风险预警是指商业银行根据各种渠道获得的信息，通过一定的技术手段，对商业银行信用风险状况进行动态监测和早期预警，实现对风险"防患于未然"的一种"防错纠错机制"。需要进行预警的内容包括：①适应监管底线的风险预警管理；②适应本行内部信用风险执行效果的预警管理；③适应有关客户信用风险监测的预警管理。

(6)工行自股份制改革上市以来，建立了科学的风险计量与监控体系。下列对商业银行风险计量的理解，正确的有(　　)。(多选题)

A. 风险模型开发所采用的数据源应当具有高度的真实性、准确性和充足性

B. 风险模型应当能够真实反映商业银行的风险状况

C. 应确保所开发的风险模型准确并长期有效

D. 深刻理解不同风险计量方法的优缺点，采用多种分析手段相互补充

E. 所采用的风险计量方法/模型越高级，计量出来的风险越准确

【解析】C项，开发的风险模型要准确，并且能够在未来一定时期内满足商业银行风险管

---

(3)BCDE　(4)ADE　(5)B　(6)ABD

理的需要，这一模型并非一成不变的，需要考虑变化的市场环境、政策，要保证数据源具有高度的真实性、准确性和充足性；E 项，商业银行应当意识到，开发风险管理模型的难度不在于所应用的数理知识多么深奥，高级量化技术随着复杂程度增加，通常会产生新的风险，如模型风险。